美国前总统克林顿的内阁高参罗杰·道森先生与本书作者李连滨合影

我们为"企业家修炼"提供系统支持，推动那些想在只有一次的生命里活出最大可能性的人走完从创业者到企业家的涅槃之旅。

如果你想创业，你一定希望自己的钱越花越多。如果你是老板，你一定想让自己的企业做强做大。

我们的梦想是帮助你实现梦想。我们的目标是协助你达成目标。

跟我们走吧，去寻找那本《企业家修炼秘笈》。

生命彩排 系列丛书

幸福原来在这里

——影响孩子一生幸福的家长必读

李连滨 著

失败模式 | **成功模式**

跟幸福互动出感觉了，也就感觉到幸福了。

中国商业出版社

图书在版编目（CIP）数据

幸福原来在这里 / 李连滨著． -- 北京：中国商业出版社，2018.1

ISBN 978-7-5208-0234-5

Ⅰ．①幸… Ⅱ．①李… Ⅲ．①家庭教育－通俗读物②家庭关系－通俗读物 Ⅳ．① G78-49 ② C913.11-49

中国版本图书馆 CIP 数据核字（2018）第 020814 号

责任编辑：孙锦萍

中国商业出版社出版发行
010-63180647 www.c-cbook.com
（100053 北京广安门内报国寺 1 号）
新华书店经销
北京紫瑞利印刷有限公司印制

★

787 毫米×1092 毫米　16 开　16 印张　337 千字
2018 年 3 月第 1 版　2018 年 3 月第 1 次印刷
定价：43.00 元

★★★★★

（如有印装质量问题可更换）

生存之道
（自序）

两个饥寒交迫的乞丐萎缩在角落里，半块馒头在他们的手里传来传去。谁都舍不得先吃，谁都想让对方先填饱肚子，但两个人的手里只有半块馒头。空气中不时地传来"咕噜咕噜"的声音，那是他们的空腹在强烈地抗议：怎么还不给我点吃的？！

"爸爸，你先吃，我不饿！"小孩子使劲地咽了口唾沫，眼睛始终没有离开那半块馒头。

"儿子，你吃吧。爸爸刚才吃过了，酒足饭饱的，这块馒头是特意带回来给你吃的。"爸爸使劲地动了动脸部僵硬的肌肉，挤出了一丝笑意，眼睛也没有离开那半块馒头。

"我刚才找了你好半天了，原来你自己吃饭去了，也不带上我。你是个坏爸爸，我才不吃你的东西呢！"儿子倔强地转过了头，视线终于离开了那半块馒头。

"所以说，这块馒头是你的，爸爸不吃！爸爸不饿！"爸爸皱了皱眉头，往前递了递那半块馒头。

"我不吃！饿死也不吃！"儿子使劲地钻着那个牛角尖。

一段很长时间的沉默笼罩着这个角落。儿子的心里满是委屈，爸爸的眼里满是苦楚。

为了得到这半块馒头，他穿越了好几条街道，翻遍了几十个垃圾桶，终于从别人倒掉的饭菜中找出了这半块馒头。他确实看到过别人酒足饭饱，但自己却一直饥肠辘辘。他怎么会自己大鱼大肉，对儿子置之不理呢？不那么说，怎么能让儿子先吃馒头？

"儿子，你吃吧。看着你饿，爸爸很难受！"寂寞终于被打破了。

"就不吃！你是个坏爸爸！"儿子的执拗如同他坚持着翻捡着一个个垃圾桶。儿子此时一定想要得到某样东西，但好像不再是那半块馒头了。

"我坏？你这个没良心的！给你吃还不如喂狗！"巨大的愤怒弥漫了爸爸的整个身心，他使劲地把那半块馒头扔出了很远。

一只流浪狗也真的很听话，远远地跑过来，衔起那半块馒头，头也不抬地一溜烟儿跑了。爸爸傻傻地瘫坐在地上，心里想："真是条狗，连声谢谢都不说！老子还饿着呢！"

你愿意看着他们的内战升级吗？你知道怎么因势利导吗？他们的痛苦不只是来源于填不饱肚子，而是谁吃了那半块馒头也不会觉得痛快。我们愿意再三讴歌天下父母的那颗心，但也觉得他们的心里还有很大的成长空间。

这个成长空间在填满之前像黑洞一样吞噬着本应该用于建设的力量，他们的这种"吃得苦中苦"离变成"人上人"还差着十万八千里呢。我们并不想在自己人打自己人的战争中争取自己的光荣，相信你也不愿意把自己的快乐建立在自己人的痛苦之上。

往杯子里倒水的时候，你会发现：水满了之后才会往外溢。我们的心何尝不是个容器呢？在填满之前，只想不断地"要"。在填满之后，才有能力去"给"。用要饭的方式是要不到智慧的，帮别人的时候很想让别人看出来实际上还是在要。

我不否认故事中的这位父亲真的想给他的儿子那半块馒头，只是觉得他的心里一定还缺少点什么以至于他给不出那半块馒头。没有人愿意把自己的孩子培养成乞丐，我也非常想跟你分享怎样让你的未来充满光明。

《幸福原来在这里》从"经营家庭"的角度，对人类思维模式的形成过程、人与人互动时思维模式的排异与兼容以及有利于成功的思维模式的要素设置进行了系统性分析，以求通过家长觉醒来有效促进孩子的自强自立、有力推动家庭的和谐幸福。

这是一本为广大家长所写的书，为的是填满天下父母的成长空间。你不要只盯着那半块馒头，我也不知道怎么跟狗算账。那个由内而外洋溢的精神存在是需要用心来体会的，你感觉满足了，你的孩子才会去吃那半块馒头。

为了你的孩子能活着，你也得好好活着。活出最大化的价值是个不小的挑战，你可以从书中 100 个侧面不同视角地火力全开中找寻到达成目标的资源。我几乎把每一个十字路口的灯都打开了，你能借上哪一盏灯的光就不是我的事情了。只要有一丝光钻进了你的心里面，就足以将黑暗挤出你的世界。

每一次重大的转折来临之前，一定经历了 N 多次看似无关痛痒的决定。在不同的方面上日积月累，最终将展现出大相径庭的现实差异。跟现象纠缠不清是因为没去看本质，如果不能从源头上切断"生产问题的流水线"，正说明我们比问题本身更有问题。

盲人站在灯的下面也觉得四周是坑，瞎马总觉得拉着缰绳的那只手能给它方向，黑夜越深的时候其实星星越亮，深渊可不愿意承认自己是没事找事的主儿。经常有豁然开朗的感觉说明你的心里已经有光了，幸福忍不住就跑到你这里来了也许是因为盲人、瞎马、黑夜和深渊总凑不到一块儿去。

如果你认为自己已经很幸福了，那么在这里你将知道：你之所以幸福的原因；如果你认为自己还在寻找幸福的路上，那么在这里你将收获：你怎样能幸福的方法。

是继续赶路的时候了，我将在前面领着你，协助你找到和谐大家庭的幸福密码！

你值得拥有！

目 录

健 康

生理健康 002
心理健康 004
心灵健康 006
情绪稳定 008
关系和谐 010

关 系

利益关系 014
朋友关系 016
夫妻关系 018
亲子关系 020
自我关系 022

自 我

自我存在感 026
自我角色感 028
自我价值感 030
核心价值观 032
自我修复力 034

真 爱

爱不是控制 038
爱没有条件 040
爱需要时间 042
爱也有痛苦 044
爱的启动键 046

性　格

人性需求　　　　　　050

行为动机　　　　　　052

处事能力　　　　　　054

个性气质　　　　　　056

性格特征　　　　　　058

环　境

人与自然的和谐　　　062

人与人的和谐　　　　064

人与事的和谐　　　　066

事与事的和谐　　　　068

成长的氛围　　　　　070

思　维

独立思考　　　　　　074

换位思考　　　　　　076

正面思考　　　　　　078

系统思考　　　　　　080

全脑思维　　　　　　082

智　商

注意力　　　　　　　086

觉察力　　　　　　　088

想象力　　　　　　　090

应变力　　　　　　　092

判断力　　　　　　　094

情 商

情感是正能量	098
情绪是负能量	100
自我情绪认知	102
他人情绪感应	104
精神新陈代谢	106

财 商

真正的奢侈品	110
消费但不浪费	112
延迟满足欲望	114
让钱越花越多	116
家庭银行赢利	118

习 惯

生活习惯	122
学习习惯	124
工作习惯	126
正面角色	128
成功模式	130

境 界

人生的长度	134
人生的宽度	136
人生的高度	138
人生的深度	140
能量体升级	142

梦 想

谁偷走了我的梦	146
没有什么不可能	148
看到了才会相信	150
时间表和路线图	152
相信了就能看到	154

做 人

自 信	158
诚 信	160
担 当	162
感 恩	164
尊 重	166

做 事

心中有事 眼里有活	170
大处着眼 小处着手	172
爱岗敬业 不讲条件	174
方向不变 方法随变	176
日事日毕 日清日高	178

竞 争

跟自己比	182
向别人学	184
逆风飞翔	186
竞而不争	188
共生双赢	190

得 失

何谓多少	194
没有好坏	196
品味舍得	198
无中生有	200
顺其自然	202

自 由

守规则的人最自由	206
身体自由	208
心灵自由	210
财务自由	212
时间自由	214

生 死

离愁别绪	218
宿命轮回	220
因果循环	222
敬畏之心	224
善始善终	226

幸 福

放得下才过得去	230
活在当下的力量	232
提炼价值的习惯	234
感受幸福的能力	236
你高兴我才快乐	238

结束才是刚刚开始	241
别说再见	243

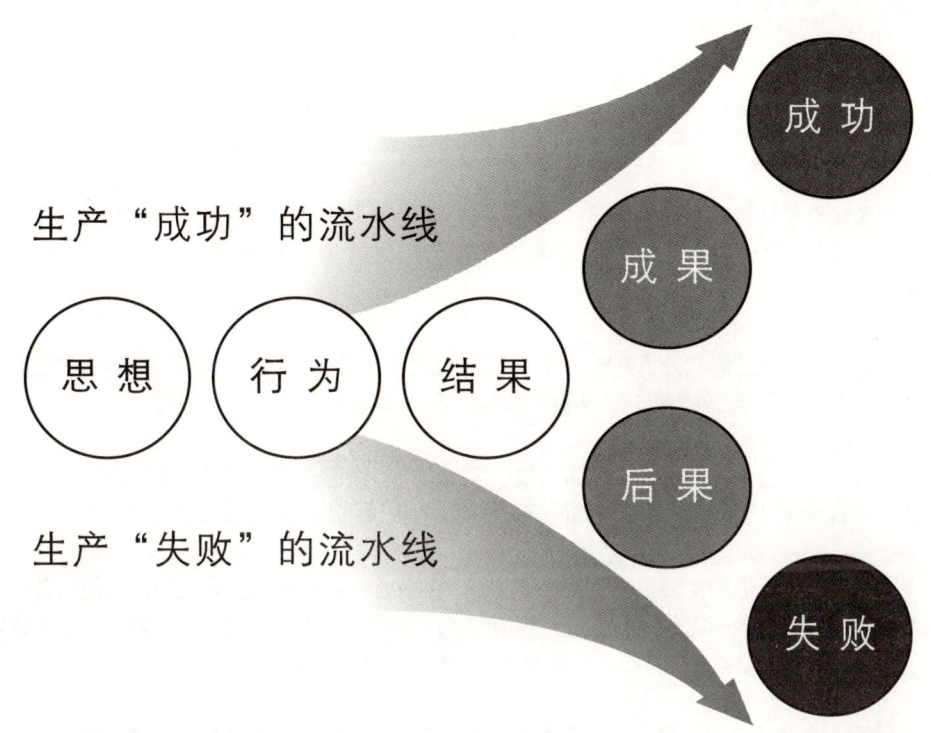

健 康

健康是幸福的保存期限。

生理健康

身体是革命的本钱

当 3 亿个精子里最强壮的那一个拥抱了成熟的卵子,受精卵就诞生了。随着细胞的分裂,胎儿越来越有人形。十个月之后,他来到了这个世界上。

很多父母目不转睛地盯着自己的孩子,检查着他身上的每一个零件是不是健全,愿意倾其所有来滋养这个小生命健康成长。随着时光的流逝,这个婴儿不断变形,走过了少年、青年、中年,最后步入了老年。

根据世界卫生组织的分析判断:除了 15% 的遗传因素、10% 的社会条件、8% 的医疗条件和 7% 的自然环境之外,影响人类健康长寿的 60% 取决于个人的生活方式。

养成了良好卫生习惯的人,通常习惯于早晚刷牙、饭前洗手、经常洗澡和勤换衣服。降低了身边的致病因素也就提高了身体的舒适程度,而是否感觉舒适是生理健康的一个指标。

一日三餐是我们的生活规律,但早餐吃好、午餐吃饱和晚餐吃少更能够让我们的身体充满活力。当我们吃饭的时候,营养被身体吸收、废物被排出体外。生理上的新陈代谢系统让我们不至于成为一个垃圾桶,相生的食物彼此加强也能够防止病从口入。

每天坚持 30 分钟的有氧运动可以周期性地清除体内多余的有毒物质,促进精神活动的欲望复苏。热身和放松跟运动一样重要。运动之前的热身让体温升高并提醒身体的各个器官各就各位,准备好了的状态将更能够享受运动的整个过程。运动之后的放松就是要逐渐降低运动强度直到身体恢复平静,这样可以防止血液的淤积、减少心脏的负担。

充足的睡眠对于健康而言也是很有必要的,而且孩子的生长速度在睡眠时最快。睡眠时会产生大量抗体,得以增强身体的免疫能力;睡眠时能促进组织器官的自我修复,帮助我们消除疲劳和恢复体力。累了的时候就应该休息,休息也是为了有力气走更远的路。

人类只是自然界中的一个普通存在,适应春生、夏长、秋收、冬藏的自然规律才能让我们最大程度地得到滋养。天人合一的境界过于玄妙,但养生的最高境界就是养心。

虽然我们不能改变生、老、病、死的客观规律,但是在活着的这段时间里能感觉倍儿爽也算是个不低的境界了。当我们来到这个世界的时候,由天地之气变成了血肉之躯;当我们离开这个世界的时候,也不过是换了一种新的状态存在。

谁都知道身体是革命的本钱，但公园里晨练的多是爷爷奶奶。没有时间了的时候才开始抓紧时间，有时间的时候却并不觉得这个世界上最值钱的就是时间。

人们都希望自己的身体具有全天候的作战能力，而注射疫苗便是防患于未然的有效手段。针对性注射的疫苗在身体里刺激了一下免疫系统，这样的"军事演习"调动了肌体的防御系统、预警了外敌入侵时的行为标识。当流行病毒大面积扩散的时候，身体里就会自动杀出千军万马，保卫我们的身体安然无恙。

很多人在病来如山倒的时候才开始意识到自己的身体不是钢铁做的，当病去如抽丝的感觉离开自己的身体之后就又寄希望于身体的自动疗愈能力。长期运转的机器一定会有所磨损，24小时连轴转的身体更不应该被当成一台永动的机器。

经常不吃早餐的人并没有节约出多少时间。食物的消化是通过胃肠的蠕动实现的，但空空如也的胃里并没有可以摩擦的对象。经常要互相摩擦的胃壁时常会感觉到疼痛，再加上没有食物来供给能量，很容易让我们头昏、无力、心慌或者出汗。常去医院的人会耽误工作，没有力气干活的人好像也经常干不出活来。

习惯了一日两餐的人通常饭量很大，胃的消化吸收功能经常被最大化地使用，这让我们变得越来越胖。很多想减肥的美女们觉得不吃早饭会让自己变得苗条，殊不知她们经常在两顿饭的时间里吃了平时四顿的量。

日常工作不能代替运动，劳动跟运动是完全不同的两码事。很多人觉得忙碌了一天了，腰酸背痛的，不就相当于运动了吗？事实是，单纯的劳动重复着单一的动作、活动着某几个肌群，而运动的范围并没有如此的局限。

头疼脑热未必都是坏事，能够借着它们的提醒找到身上的哪个零件快要坏了，可以让我们有时间修修补补。建议你经常关注一下自己的身体，感谢它任劳任怨地带着你东奔西走，嘱咐它累了的时候一定要提醒你让它换一种状态存在。

当生命走到尽头的时候，几乎每个人都愿意拿出自己的全部家当来换取更多的时间，但是苍天也不能做到再给我们500年。我们带走了皮肤之内的部分，身外之物已经不再归我们支配了，未尽的梦想也不能再身体力行了。

心理健康

心理是行为的驱动

我们都是自己思想的产物。思想就像子宫，孕育了大千世界里的林林总总。婴儿出生的第一声啼哭彰显了一个由内而外的转折，思想的诞生就如同受精卵的植入，经历了"十月怀胎"的过程之后，最终将变成某一个结果。

如果没有思想脉冲的驱动，我们就不会有任何的行为反应。怎么想就会怎么做，那么做了说明之前那么想过。正是日积月累的每一个动作，让我们变成了今天的这个样子。

每个人都渴望自己的理想能变成现实，但最终能真正生活在自己理想中的人却并不多见。这些美梦成真的人的脑海里大多有着非常清晰的未来画卷，他们对于自己的人生有着相当具体的规划设计。

视觉化带来相信感。一个相信自己不会失败的人会怎样地举手投足呢？当他在按图索骥的过程中遭遇挑战时，会把问题当成目标吗？请记住：有问题的人才会碰到问题，没问题的人才能解决问题。

别人的肉眼当然看不到我们心中的目标，我们也不用自己的肉眼来看待自己的未来。只有极度渴望的情感，才能勾勒出脑海里的璀璨画卷。希望我们能成功的人渴望用肉眼看到这个奇迹的存在，相信我们能成功的人才有机会亲眼见证这个久违的时刻。

并不是所有人的思想都没有上限，觉得自己值得拥有的人才心中有梦。知道"为什么"而活的人几乎能克服一切"怎么做"的问题，方法总比困难多，这让他们越来越觉得自己值得拥有。

我们当仁不让地接受别人的赞美，因为我们也觉得自己真的很不错。我们态度谦卑地聆听别人的批评，因为我们也想让自己变得更好。

正确地看待自己的方式也被用来正确地看待别人。我们有能力让自己感觉好，也习惯于给别人带来更加美好的感觉。这让我们迎来了健康的人际关系，这让精神避开了被病毒感染的风险。

身残志坚的人大多心理健康。接纳了自己身体的不健全，让他们得以腾出更多的注意力来经营自己的内心世界。就像春种秋收一样，种下什么就会收获什么；在哪里播种就会在哪里收获。

世界卫生组织发布的报告显示：截至2001年，全世界共有约4.5亿各类精神和脑部疾病患者，每4人中就有1个在其一生中的某个时段产生过某种精神障碍。很多人的心理年龄跟生理年龄并不匹配，7岁的眼神有时也会被安装在70岁的身体上。

客观世界对谁都是那般模样，而不同的主观认识却把我们带进了截然不同的精神世界。事情本身没有好坏之分，但不同的想法却给我们带来了好的感觉和坏的感受。外因通过内因才能起到作用，是我们内在的心理活动决定了外在的现实结果。

谁都想拥有更加美好的未来，但没几个人能100%相信自己能够幸运得美梦成真。结果打折的原因也许很多，但真正致命的却只有两个：要么是不相信自己值得拥有，要么是不清楚自己真正想要的到底是什么。

在我们很小的时候，在我们的自我意识逐渐形成的那个阶段，周围的人对于我们的看法直接决定着我们怎么看待自己。当他们有心情夸我们的时候，我们觉得自己天下第一；当他们没心情理我们的时候，我们觉得自己狗屁不是。渐渐的，我们不知道自己到底是谁了。渐渐的，我们不敢相信最美好的事物会没有悬念地降临到自己的头上。

在我们追求美好未来的过程中，理想与现实的差距给我们带来了压力。当问题变得比目标还大的时候，我们的视线里就已经没有了前进的方向。对于没有目标的风帆而言，任何方向吹来的风都是逆风。没有了导航图，让我们经常光临那个叫做海市蜃楼的地方。越来越觉得自己白日做梦了，越来越不相信自己了，越来越觉得自己应该有个问题了。

当我们吃饭的时候，营养被身体吸收，废物被排出体外。生理上的新陈代谢系统让我们不至于成为一个垃圾桶，而精神上经常念念不忘的却并不是我们真正想要的东西。

想要整容的人肯定觉得自己很不漂亮，而对自我的不认同却是最应该做手术的一个地方。心理有问题的人大多不容易在医院里找到个床位，不知道自己病在哪里怎么就知道别人病了？精神病毒的传播速度一日千里，让我们的朋友越来越不多，让我们的身体越来越不好。

想要追求幸福生活的人们大多沉浸在并不幸福的感觉里。经常性的失误逐渐变成了我们生活的常态，习惯了无病呻吟难道就是为了证明自己在遭受迫害？有些人天生就五毒不侵，而有些人怎么改也还是原来的那个样子。心理上新陈代谢的程序应该怎么设计呢？我们该如何提高自己思想的免疫力呢？

心灵健康

心灵是能量的来源

我们不过是自己过去生命体验的总和，而 6 岁之前的生命体验决定了心灵的健康程度。如果这些生命体验是我们主动参与的，是我们自己选择的，那么不管体验到的是痛苦还是喜悦，我们都会感觉自己在做自己。如果这些生命体验是我们被动参与的，或者是别人意志的结果，那么我们就会感觉自己不是在做自己。

孩子在跟父母互动的过程中，形成了内在的关系模式，也就是诸多现实关系的内化。如果这段关系里注入了更多的爱和自由，那么孩子的内心将无比强大。

爱是接纳。这份深深的理解和接受对于孩子而言至关重要。我们很难理解一个不会说话的孩子到底想要表达怎样的需求，通常习惯于直接给建议或者武断地下命令，而这恰恰打断了孩子独立的体验过程。我们入侵了他们的生命，而他们开始忘记了自己的存在。不能理解，就更难接受。于是，我们给爱附加了条件。好像只有孩子变成了我们想要的那个样子，我们才会献出自己的爱。

当父母这样做的时候，孩子就会把自己的注意力从内部转向外部。他放弃了自己真正想做的努力，因为那是父母不喜欢的。收获到爱的他不知道自己被父母"控制"了，等他长大后，就很"愿意"被别人控制。你愿意把自己的孩子培养成别人的工具吗？不管你愿不愿意，你的孩子好像早已经习以为常了。

自由意味着孩子的内在需求得到了充分的满足，他被允许做他自己，这将大大提高他的感受能力。当孩子进行自我探索时，我们既不要代替他完成，也不要限制他去做。

一个 3 岁的小男孩拒绝接受妈妈递过来的一小块披萨，他坚持要拥有整个披萨。妈妈着急了："吃不了不就浪费了吗？这披萨很贵的！"孩子的哭声撩拨着妈妈的焦虑，但是为了培养孩子勤俭节约的好习惯，妈妈也坚持着。最后，妈妈的斥责战胜了孩子的哀嚎，他接受了这一小块披萨。

我们不知道这个孩子是否从此就勤俭节约了，但我们很担心他是否从此丧失了对于完美的感受、渴望和追求。也许一块完整的小饼干就能够让他心满意足，但没有智慧的妈妈看到的却是孩子的贪婪。

90% 以上的生理疾病是由这些心灵创伤转化而来的，心灵的萎缩也让我们的面部结构越来越像个核桃。演你自己吧，因为别人都有人演了。也别那么累，因为你没有那么多观众。每个人关注的都是自己，只有心灵健康的人才最有机会在只有一次的生命里活出最大的可能性。

我们身体的海拔长了十几年才停止在某一个高度，而多数人心灵的高度在3岁到6岁期间就已经大厦封顶了。制式化了的思维模式伴随着我们一生，虽然面对着不同的事情，但用到的都是同一种看待这个世界的方式。

一位40岁的女士，有过两段失败的婚姻，因为前两任丈夫都很暴力。在她的第三次婚姻中，深爱着她的丈夫承诺不使用暴力，但还是在两周后暴打了她。回想起这段痛苦的体验，她想起了自己在吵架时曾经不断地对她的第三任丈夫说："你是不是想打我？就像我爸爸打我妈妈一样？你打我啊！你打我啊！你不打我，就不是男人！"

她为什么这么做呢？一定有她的理由！不管是什么原因，难道她非常希望尽早结束这段美好的姻缘吗？

也许这位女士的妈妈在挨打后，经常向女儿倾诉，希望博得女儿的同情。也许这位女士对爸爸充满了愤怒，想替妈妈讨回公道。如果爸爸太暴力的话，女儿未必敢把愤怒表达给爸爸，她可能把这个愤怒压抑在心中。君子报仇十年不晚，她最容易找到的机会就是在她自己的家庭里。在她的三次婚姻中，她无意间把自己的丈夫逼成了像爸爸一样的暴徒，然后再抛弃他，用离婚的方式达到自己复仇的目的。

她对自己潜意识里的暗流涌动浑然不知，她不知道是自己亲手断送了自己的三段婚姻。虽然生理年龄已经40岁了，但是在心灵深处，她依然是个孩子。不同的是，她要为此付出的代价可不再是过家家那么简单。

你觉得到底是她百般蹂躏了三个爱她的丈夫，还是三个不爱她的丈夫无缘无故就偷走了她的幸福？

如果能有幸得到高人指点，也许她会觉察到自己可以控制自己。当莫名其妙的冲动再度来袭时，她可以对自己说："停！妈妈没有完成的功课没有必要由我来做！"哪怕仅仅做到这一点，她的人生将不再只是别人生命的延续，从此将开始拥有自己的意义。

没有人愿意看到自己的女儿在三次婚姻后还没有找到自己的幸福。你一定希望她有能力将自己潜意识里的内容意识化。你一定希望她将自己的"自动反应"升级为"自我驱动"。你一定希望她能够从内心深处开始改变。幸运的是，一旦我们改变了看待这个世界的方式，那么以前控制着我们的非理性因素也就随之烟消云散了。

情绪稳定

发火是无能的表现

生理健康的人一般精力充沛。不需要花很多时间照顾自己的身体给人们带来了轻松的感觉，远离了疾病的困扰可以让他们不知疲倦地做着自己喜欢的事情。力量感给自己带来了"我很棒"的自我认同，也给别人带去了"跟我来"的精神召唤。自我感觉良好又少有人来破坏自己的良好感觉怎么会经常怒发冲冠？

总觉得身体很累的人会习惯性地关注问题，看着什么都不顺眼的习惯好像很容易撩拨别人对于问题的关注。同频共振的后果就是手拉着手"如愿以偿"地坠入问题的深渊。在这样的环境里，有问题似乎是正常的，不发火好像就不正常了。

心理健康的人大多态度积极。他们碰到事情的时候习惯于往好的方面想，即使不得不面对不好的那一面，也会努力寻找不好的那一面里的好的元素。眼前始终赏心悦目自然就会和颜悦色，就像照镜子一样，站在镜子面前的人变了，镜子里的人也就有所不同了。与我们互动的每一个人都是我们的一面镜子，折射出我们之前的所作所为。

成熟的反应机制让自己紧盯着目标，人们总能从他们的脸上看到满足的感觉。面对着别人羡慕的眼神，他们也总能回报以"你也很棒"的鼓励。互相抬轿的氛围熄灭了蠢蠢欲动的"战火"，没有人再有必要情绪激动了。

心灵健康的人通常内心强大。他们坚持自己的想法，也尊重别人的看法。他们的内心世界里有一个辽阔的回旋余地，所以不会被现实的问题束缚住手脚。他们多维度地看着这个时常给人带来麻烦的环境，而且有能力把压力转化为动力。

拒绝别人通常会招致敌意，但在关键时刻有勇气说"不"却能够赢得尊重。经常被礼遇的人找不到发火的理由，习惯了化敌为友自然也就远离了刀光剑影。和平的环境带来了持续的休养生息，身心放松的人不需要掩饰自己，没必要控制情绪居然也能够让心平、让气和。

身心健康不代表不会碰到问题，只是在碰到问题的时候，他们更有能力做出建设性的决定。他们允许自己悲伤，他们知道"表达自己是愤怒的"远比"愤怒地去表达"更有意义，他们控制了情绪而不是被情绪给控制了。他们让该来的来，他们让该走的走。没有人点火自然就心平气和，没有人点得着火当然就不会着火。

美国斯坦福大学生物系的教授罗德·费波特在自己不同的情绪下分别做了一个相同的实验：把一根软管的一头捅到鼻孔里，另一头插到冰水中，持续观察了10分钟的他看到了不同的结果。

在他心平气和的时候，冰水并没有变色；在他内疚惭愧的时候，冰水变成了白色；在他恼怒生气的时候，冰水变成了紫色。他把紫色的冰水抽出来注射到小白鼠身上，2～3分钟后，小白鼠就死掉了。

他进一步研究后发现：人在生气时，体内会产生大量的去甲肾上腺素。这是一种有毒的物质，其毒性仅次于蛇毒，这就是小白鼠丧命的原因。

后来的医学研究表明：情绪低落、容易生气的人患心脏病、高血压、胃溃疡、失眠和癌症等疾病的可能性比正常人大得多。生气还会加速肺功能的衰退，它像病毒一样对人体的健康有着非常严重的危害。

人类是群居的社会性生物，人与人之间打交道免不了会碰上不对脾气的人。不管是希望落空还是被人指责，都会对自己的情绪产生负面的影响。我们无法改变别人对我们的反应，但可以决定对"别人对我们的反应"的反应。

也许我们想通过大发雷霆来控制局面，但在"蛇毒"喷出去之前，它们在我们的身体里游来荡去。别拿别人的错误来惩罚自己了，总觉得别人有问题的本身也是个问题。

也许喷出去的"毒液"降低了自身的受害程度，但不想当"小白鼠"的人通常会逃之夭夭。很多人在沦为孤家寡人之后依然我行我素，但赶也赶不走的直系亲属未必都有"垃圾处理能力"。如果看着中毒身亡者那无辜的表情能有所觉醒，也不至于在面对挑战时继续的无能为力了。

当我们说别人不好的时候，通常是在掩盖自己并不很好的感觉。越不想让别人听到自己咳嗽的努力越是在提醒别人我们的呼吸道出现了问题，越想要掩盖自己并不很好的感觉也就越让人感觉不好。

心平气和的境界不是忍气吞声换来的，具备了化被动为主动的能力才能够让我们处方则方、处圆则圆。借着别人的大呼小叫找到自己可以更好的地方是一种修炼，不断地有能力找到平衡点才能够让我们在做腹式呼吸的时候真正的平静下来。请跳出情绪本身看着自己的那个情绪，这个时候，眼神是旁观者清的，结果也就不再像当局者那么迷了。

关系和谐

稳定的才是持久的

生命的根本动力是成为自己，但这个过程是在关系中完成的。在我们人生的不同阶段，不同的角色带来了不同的关系。有一项为期20年的研究证实：在影响寿命的决定性因素中，排在首位的是人际关系，远比健康饮食、经常锻炼和定期体检来得重要。人际互动的品质直接影响着我们的心理感受及健康状况。

身心健康的孩子和健康长寿的老人通常来自和睦的家庭。家庭是个避风的港湾，跟家人的朝夕相处修复着我们受伤的灵魂、汲取着我们前进的力量。现代生活的压力让很多人花大把大把的时间用于工作（学习），周末的时间也经常在加班（补习）而不是陪家人。工作（学习）场所取代了家的空间，成为了另一个更需要"被关怀"的地方。如果不能跟同事（同学）和睦相处，就等于在花时间让自己消失。

我们的很多需求都是在人与人的良性互动中得到满足的。不同关系的良性互动犬牙交错着孕育了我们赖以生存的发展环境，不同的人待在不同的世界（圈子）里，正所谓"人以群分"。感觉安全的时候才愿意多待一会儿，就像花儿离开了阳光、水分和养分的滋养就不能绽放一样，人类也需要相互温暖才能够长命百岁。得到满足的时候才能够相安无事，和平的环境让我们有时间把注意力集中于建设，不断地让自己变得更好让我们越来越有能力改造自己的世界。

多一个朋友就多一条路。当面临挑战的时候，拥有更多选择的我们将远离焦虑。因为不担心我们会抢走他们的饭碗，所以别人才愿意跟我们分享他们的资源。互通有无的过程已经为我所用，既然用完了就没用了，何必非要追求为我所有呢？

在人际交往中，相互满足是友好往来的基础。我们不必非要结交永远的朋友，只要确保彼此间有着永远的利益。我们用不着的东西也许别人想要，别人不想要的东西也许我们正满世界地找。我们可以通过满足别人的需求来解决自己的问题。我们并没有损失什么，不过是各取所需而已。

在人际交往中，互不侵犯是和平共处的前提，我们坚持自己的原则也尊重别人的底线。身体里数以亿计的生化反应、生活中数以万计的模式兼容动态平衡着，平衡的才是稳定的，稳定的才是持久的。

紧张的人际关系会让人感觉危机四伏，随时准备战斗的应激反应搞得我们四肢越来越发达但头脑却越来越简单。很多人在告别童年之后就已经不会笑了，请记住：没有人天生的使命就是让别人哭。

与其说我们不计成本地解决问题，不如说我们不知道自己在杀敌一千了之后也自损了八百。想想自己真正想要的是什么，自然就会各就各位于"物以类聚"的不同关系中。还没有解决温饱问题的人顾不上自己的精神需求，想要追求更高生活品质的人未必愿意紧盯着"一地鸡毛"。

不同的需求让我们奔赴了不同的方向，既然是不同的方向也就没有必要非把关系搞得天长地久。不同的时期结交不同的朋友，不同的朋友满足不同的需求。在相互满足的过程中，要么你把他救上岸，要么他把你拖下水。谁都不想死是共同的目标，但有一个人心理不平衡就已经打破了动态的平衡。

你多了我少了的唇枪舌剑太伤感情。这个时候，不说话则已，一说话就句句伤人。不想让别人先得到满足似乎变成了自我满足的一个条件，就算没人跟我们抢了就说明我们已经抢到手了吗？先下手为强是前辈们的教诲，那些遭了殃的人难道都是因为出手慢了吗？战争不断地升级，到处都在破坏，谁还有心思建设？

紧张的情绪促进了去甲肾上腺素的分泌，负面的情绪像流行病毒一样四处蔓延、煽风点火，想活下来的人似乎只有通过战斗才能够获得一线生机。这个时候，自己活的前提似乎就是别人死。你死我活的关系里出不来双赢的结果，经常浸润在有毒的气体里怎么可能活到99？

请表达你真正想要的，也许别人不知道他们送来的不是你想要的。请关注别人真正想要的，自己没有的话就别耽误别人到别的地方去找。请停止没完没了地抱怨，那只会让你的能量越来越弱、让你身边的自己人越来越少。

不同世界的人玩着不同的心理游戏，相同层次的人才能找到共同的话题。并不是所有认识的人都会成为我们的朋友，但只要不断提高社会关系的能量层级就可以看到越来越多的人愿意与我们肝胆相照。

多一个敌人就多一堵墙。当四处碰壁的时候，可不就只剩下死路一条？问题跟有问题的人是臭味相投的，没问题的人才不会觉得自己跟问题是最佳拍档呢。没有人在99岁的时候还能够横刀立马，在感觉力不从心之前请找到让彼此都感觉放松的方式。当肌肉不再僵硬的时候，我们的生命也就可以尽情地绽放了。

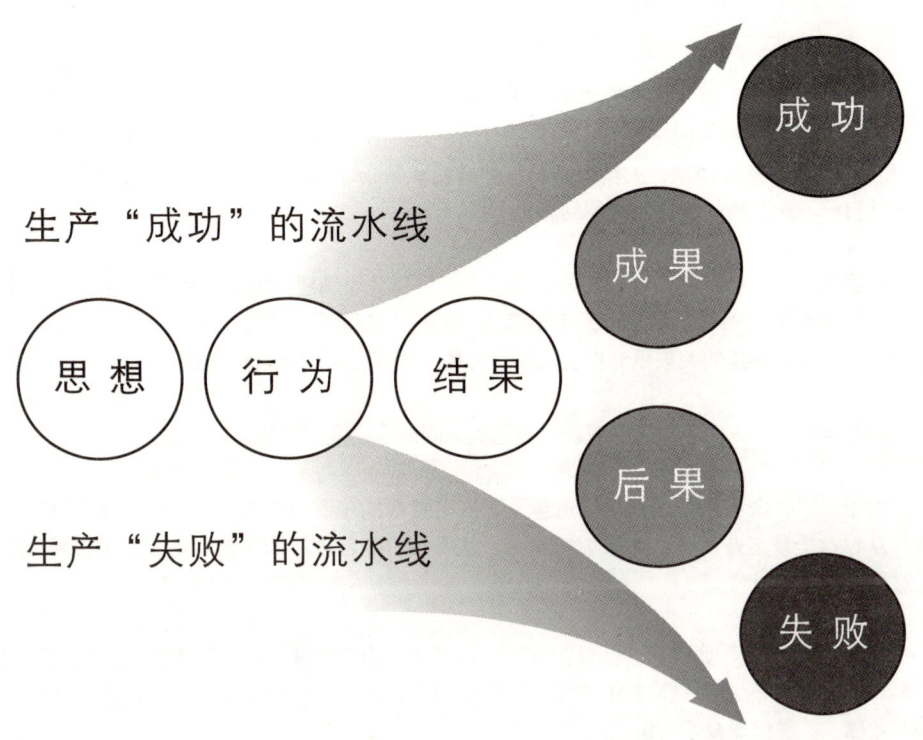

关 系

在影响一个人成功程度的诸多要素中,人际关系占80%,专业技术占20%。

利益关系

没有永远的朋友 只有永远的利益

在这个世界上，除了阳光和空气没人收费以外，我们很难找到免费的午餐。没有为鱼饵买单的鱼儿变成了别人的午餐，不想付出代价的我们也经常得不到自己真正想要的未来。尽管是自然界里的高级动物，人类也必须从外界摄取食物才能够活着。我们想要活得更好，就必须让自己不断升级的人性需求得到满足。

向谁要呢？谁会给呢？我们想要，别人也想！那些能满足我们需求的东西被统称为利益，我们也知道天下熙熙皆为利来、天下攘攘皆为利往。人际互动的存在给我们提供了从外界获得补给的端口，利益的关联延伸出了人际的关系，关系网实际就是利益链。

通过满足（别人的）需求来解决（自己的）问题是高人的高见。

之所以"善者不来"是因为你这里没有人家要找的东西；之所以"来者不善"是因为人家想从你这里拿走些什么。如果你愿意给，怎能不门庭若市？如果你给得起，也说明你没有错过利用别人的机会。

"你认识多少人"跟"多少人认识你"是截然不同的两码事。如果你是财神，谁见你都笑。只要不断提高自己满足别人需求的能力，我们的身边就不缺少朋友。不同的朋友圈就是不同的利益体，不被需要就没有价值。

都想要的时候很容易你争我夺，我们也经常困惑于不能满足所有人的所有需求。有眼光看到未来利益的人才乐于割舍眼前的利益，"凹"跟"凸"见了面的时候都想要让对方先得到满足。

久而久之，利益共同体升级为命运共同体。我们无法做到跟每个人都称兄道弟，但一定要跟能满足我们需求的人打成一片。需要用一生来维护的关系实际是我们生存与发展的生态环境，想实现自己利益的最大化，既要取之有道，又要有所不为。

不必执着于是看着人的面子还是看在钱的份上，因为利益变化的时候很可能就立场不同了。离开负债型的关系不算是不仁不义，因为没有永远的朋友。如果丧失了"给"的能力，谁也捍卫不了永远的利益。

我们关注别人的需求，别人才会打听我们在找什么。我们那么够意思，对方都不好意思不对着我们意思意思。互相"给"的动作滋养着相互满足的感觉，谁都期待着下一次的见面怎能不让友谊天长地久？

俗话说"有钱能使鬼推磨",但钱也不是万能的。金钱能买到房子,但未必能买到家的感觉。作为交换的工具,它代表利益但并非利益本身,那份满足感才是利益的根本所在。与其紧盯着眼前的利益,不如问问自己:"不要未来的利益了吗?"

互通有无的易货贸易就是为了拿走自己真正想要的东西,并通过它来得到满足感。我们利用别人是想满足自己的需求,别人利用我们是想满足他们的需求。不想让自己的付出"肉包子打狗"就要在各取所需之前表达真实的需求、明确验收的标准,有言在先的压力会让坏人都不得不在自己的脑门上贴上好人的标签。

我们很难从感情上接受被人利用的事实,但自己也经常在有事的时候才登别人的三宝殿。害怕被别人利用的人通常会错过利用别人的机会,经常得不到满足的感觉让他们周围的氧气变得越来越少。

如果鱼儿离开了水,那么就只有死路一条。没有人在真空的环境里还能够活蹦乱跳。我们每天都离不开人间烟火,但求生的本能常常让我们把相互满足的关系变成了你死我活的斗争。

通过(给别人)制造问题来解决(自己的)问题也是"高人"的"高见"。

想要的是同一个东西的时候难免会你争我夺。多数人执着于眼前的利益,似乎只有抓住当下才能拥有未来。他们很少想:当明天变成今天的时候,未来的利益也可以兑换成眼前的利益。多数人执着于自己的利益,似乎只有在自己酒足饭饱之后才有胸怀关照一下别人的需求。

我们不知道天上的哪块云彩会下雨,当风水轮流转的时候,也许才意识到:冤家宜解不宜结。快刀斩乱麻的动作也斩断了友好往来的通路,请我们推杯换盏的人也因此而变得越来越少了。没有人愿意做赔本的买卖,谁也不想让自己的酒钱"有去无还"。

"有借无还"也许能确保眼前的利益,但也断送了未来的利益。"只要不给"也许能确保自己的利益,但也损害了别人的利益。我们的利益是在关系的良性互动中得以实现的,让别人保持继续付出的能力才能让自己有机会继续地利用别人。这个时候,越自私的人应该越无私才对。

谁都知道"无功不受禄"的至理名言,但还是有人想不劳而获。我们不知道朝九晚五的生存状态是不是为了五斗米而折腰,不断克制自己的消费欲望难道就不必再起早贪黑了吗!总是要付出些代价的,之前付出的代价应该比之后付出的代价小得多。

朋友关系

所谓朋友就是能满足我们需求的人

见面的次数多了似乎就变成熟人了，互动频繁的人互称朋友，但只有能满足我们需求的人才会被赞叹为"真够朋友"。超脱于温饱的情感需求是人类跟动物的本质区别，"人生得一知己足矣"说的就是这种能够满足我们情感需求的关系很难一直保持稳定。

相对稳定的关系构成了朋友的圈子，不同的人待在不同的世界里，那么关系到底是怎么相对稳定下来的呢？

人际交往的过程伴随着起心动念的碰撞，不谋而合的时候自然相见恨晚，道不相同的时候难免唇枪舌剑。照镜子的时候，我们看到的是镜子还是自己？人际互动的时候，你以为看到的是别人，实际看到的是自己。别人怎样对待你，折射出他的内心；你怎样对待别人，折射出你的内心。

当被指责不够朋友的时候，我们通常会感受到伤心的感觉，但如果能意识到"他觉得你不够朋友"跟"你觉得你不够朋友"是两个不同的概念时，我们就不必纠结于他的"以小人之心度君子之腹"了，因为他不知道，他越想证明你有问题就越证明了他有问题。

自己已经不再是替罪的羔羊了，而朋友心中的许多冲突和不良情绪却无处宣泄。我们不再觉得必须哭泣了，但我们的朋友还需要关怀。怕被别人指责的人通常会先指责别人，而我们却能意识到他们正在用指责的方式来表达需求。

把注意力放在对方的需求而非表达需求的方式上时，一股温暖的感觉就会在你们之间冉冉升起。虽然人无千日好，但也日久见人心。披刀相助的次数多了，肝胆相照的概率也就相应地提高了。很像我们的人变成了我们的朋友，彼此间越来越愿意而且越来越能够满足对方的需求。

相互滋养的氛围孕育着相对稳定的关系。虽然都得到了满足的感觉，但手中拿着的未必就是相同的东西。不同的朋友想从我们这里拿走的东西不同，我们也能够从不同的朋友那里得到不同的满足。

断了联系的朋友已经跟我们没有了关系。事实是，在外在产生距离之前，内在早就已经沟壑不浅了。人与人之间的心理游戏驱动着人与人之间的分分合合，把自己的想法强加于人的习惯很容易失去客观的认知，不断重复地犯相同的错误让我们越来越没有了可以推心置腹的对象。

朋友之间的恩恩怨怨由来已久，没有关系的人根本就撩拨不起我们内心深处的波澜壮阔。很多时候，别人对待我们的态度直接决定了我们的未来。五毒不侵的灵魂需要修炼，内心强大的朋友可遇而不可求。

当我们认同了自己不够朋友的指责时，对方就会居高临下地宣泄他们的负面情绪，而我们就成了他们的垃圾桶。当垃圾桶越来越满的时候，我们也开始想倒倒垃圾了。我们好像已经习惯了碰到比自己高的人就俯首称臣，见到比自己矮的人就颐指气使。俯首称臣的时候衬托出了"和谐"的关系，颐指气使的时候除非碰到没有觉悟的人才会暂时不发生战争。

这样的朋友关系看似在各取所需，但内心深处那个真正想要的东西并没有从真正意义上得到过满足。每一次互动都在将彼此的心灵拉进更加幽暗的空间，持续积蓄的反弹力量不断撩拨着生命里尘封已久的心灵创伤。

当我们不认同自己不够朋友的指责时，越生气就越容易让对方觉得"说的就是你"。这个时候，我们被内心深处的某个东西紧紧地抓着，心里有鬼才能见到鬼。感觉无辜的人觉得自己理所当然应该离开，身边的自己人越来越少，请别说你有很多朋友。

斗智斗勇的关系不是人际关系的最高品质，表面一套背后一套不算是真的朋友。不能在精神层面得到满足的人最渴望用物质利益来弥补损失。这个时候，钱比人更有面子，而当人不如钱值钱的时候，这样的关系也就岌岌可危了。

别人怎样对待你，多数情况下是被你教的。你怎样对待别人，多数情况下也是被别人教的。我们确实给过别人某些东西，但未必就是人家真正想要的。没有得到满足的人不觉得自己应该买单，觉得自己在付出的人好像越来越有理由说别人不够朋友了。

朋友聚会的场合似乎是个化干戈为玉帛的地方，但有时候我们忍不住想证明"我过得比你好"，聊得越来越深时你也会发现：对方想说的，你未必想听；你想说的，对方未必听得懂，最后不得不不了了之。已经不是一个世界里的人了，朋友的称谓越来越不像那么回事了。

虽然我们的手机上存着上千个号码，但真正能在关键时刻为我们两肋插刀的好像也没有几个。当别人给我们发短信的时候，实际是想达成他们的目标。当我们给别人打电话的时候，难道全都是由衷的祝福吗？

夫妻关系

家和万事兴

不认识的人肯定不会结婚，结了婚的人应该已经认识一段时间了。从恋爱到结婚的过程有长有短，但这个过程中谁都觉得找对了人，才会下定决心将朋友关系升级为夫妻关系。我们很羡慕那些老夫老妻相互扶持着共度余生，我们很好奇是什么力量让他们把"人"这个字写得这么漂亮。

之所以恋爱中的女人最美丽是因为她们的自我在这个阶段被高度地认同，紧盯着对方所谓好的那一面可不就"情人眼里出西施"。就好像鲜花得到了牛粪的滋养而茁壮地成长，到了该开花结果的时候自然也就结婚生子了。

喜结连理的时候只是这两个人在场吗？不！双方的家庭也被裹挟了进来。只是这两个人结婚了吗？不！七大姑八大姨早已经各就各位了。虽然结合的当事人是一男一女，但利益的相关者却来自两个不同的家庭（家族）。我们不能离开这些错综复杂的需求来孤立地看待这两个人之间的关系，关注命运共同体的系统建设不代表就是在亵渎纯洁的爱情。

当一个女人当众宣布愿意跟随一个男人的时候，这个男人应该能意识到自己必须用一生来担当。越来越负责任的老公很快变成了"信得过企业"里的老总，经济基础更扎实了，感情基础更牢固了。

亲密的关系提供着滋养的氛围，让彼此的自我越来越完善。我们开始敢于深入到每一段关系中，即使受到伤害也会相互疗愈而不是互相指责。我们越来越有能力走进家人的内心世界，我们也越来越愿意让家人进入我们的心灵深处。

想区分包容跟纵容是需要智慧的。我们争取理解别人的想法，但也正确表达自己的需求。我们争取满足别人的需求，但也要求对方照顾我们的感受。皆大欢喜的场面是我们努力的目标，我们不愿意在自己笑的同时看着别人哭。

对方不足的地方正是我们大显身手的机会，我们马到成功的时候也没必要追求高人一等。尊重自己的人更能够意识到别人也想要被人尊重，自取其辱的结果背后隐藏着多少不为人知的不尊重别人的故事啊。

人的一生要经历风风雨雨，不是说天天刮风、日日下雨，而是相互理解和彼此认同的过程充满挑战。两性关系的和谐需要双方的共同努力，唤醒了彼此的感觉才能实现相互的滋养。既然已经修来了同船渡，那么有什么理由不一起走？

荷尔蒙的大量分泌刺激着我们想找个对象，但那些宁愿坐在宝马车里哭也不愿坐在自行车上笑的人看重的应该不只是我们这个人。谈婚论嫁是需要经济基础的，似乎只有门当户对才能推动交易的双方愿意主动地进行资产的重组。

有句老话叫"夫妻本是同林鸟，大难来时各自飞"，我们不知道老祖宗是怎么提炼出来的这句名言，但如果只是因为利益的关系而发生关系，那么在利益发生变化的时候就很容易出现关系的变化。

恋爱中的女人更愿意打扮自己，而结了婚的女人却未必觉得还需要继续掩饰，不断放大着所谓"不好"的那一面，让女人越来越没有心情为"'不悦己者'容"了。锅勺儿不可能一辈子不碰锅沿儿，叮叮当当的响声有时像合奏的乐章，有时像隆隆的战鼓。争吵的结果可以让彼此更了解对方，而争斗的目的大多是想让对方变成自己。

"夫妻相"曾经被人拿来形容"天生的一对"，但我们发现：他们在越来越像对方的同时也越来越不是自己了。放弃了自己事业的贤妻良母越来越要求另一半要养家糊口，越来越疲惫的战士经常忍不住说"自己一个人在战斗"。

让上一段关系结束的模式也会让下一段关系那样地结束，除非我们本身发生些什么变化。漫长的余生需要共同经历不同的阶段，不同的阶段里想要的东西大多不尽相同。如果不能持续地提高自己，就会给对方带来加重的负担。另一半确实承诺过要照顾我们一辈子，但我们怎么忍心看着他们弯着腰走路？

同床异梦把彼此带进了不同的世界，只让别人担当的要求并不能体现自己正在担当。两个孤独的人相遇只能互相利用，不能相互满足。追求更高的生活品质需要心往一处想，劲使不到一块儿去的时候还不赶快共同成长？

再次被凝聚的共识是相互妥协的结果，心与心没有靠在一起说明中间还有隔阂。抱团取暖的刺猬需要保持距离，太近了容易扎到对方，太远了就不再感觉温暖了。相濡以沫的夫妻应该情感契合，互相理解。

为什么一个人的时候不觉得孤单？为什么有了伴侣的人还觉得孤独？单独的人不应该让自己的主心骨长在别人的身上，满足伴侣的需求不代表要让对方一辈子都离不开自己。帮助另一半变得因为他（她）自身的存在而感觉满足是个不小的挑战，让自己不再被需要才是真的很负责任。

亲子关系

孩子人格的健全程度来源于亲子关系的健康程度

没有人是从石头缝里蹦出来的,每个人都曾有过父母的陪伴。不管这段时间是长是短,都给我们的生命刻下了深深的印记。没有父母不爱自己的孩子,每个孩子都在模仿自己的父母。孩子跟父母的关系是最重要的人际关系,这种与生俱来的关系就像模板一样影响着我们同走进自己生命的每一个人的互动品质。

晋级为父母的家长还是别人的孩子。虽然无证上岗,但是每个人都有机会借着当父母学会怎样当父母。孩子健康成长的指标不仅是身高和体重,还要有一个健全的人格,而孩子人格的健全程度来源于亲子关系的健康程度。

孩子真正想要的不是玩具而是陪伴。如果没有肌肤的接触,婴儿的夭折率高得可怕。如果一天到晚都见不到父母,孩子就很难对身边的环境产生安全感。多拿些时间来陪陪你的孩子吧,让他们有足够的时间从你这里学习怎样给别人带来安全。

稳定的亲子关系给孩子带来了安全感,带着安全感长大的孩子很容易交到天长地久的朋友,很容易找到白头偕老的对象。你们之间的美好时光越长就越能够提高孩子的幸福指数,值得吧?!

平等的关系有利于培养孩子的独立个性,觉得自己是有别于他人的个体才不会成为别人的负担。再长寿的父母也无法陪伴孩子一辈子,所以千万别让他们觉得离开了你地球就不转了。既然总有一天要离开父母,还不如从现在开始就让他们自由地活动。

平衡的关系有利于培养孩子爱的能力。孩子会学着父母爱自己的方式来爱父母。如果孩子能感受到父母的爱,父母也应该能从孩子那里得到满足的感觉。只是付出不求回报的父母很容易培养出只知道索取不知道回报的孩子,这样的孩子将来在社会上经常会碰到"坏人",或者你的孩子会认为他们不像你那么好。适当地要求孩子给予你回报,不仅是你爱自己的表现,更能够让孩子有机会尝试着去爱别人。

问题少年在父母眼里是个天大的麻烦,殊不知现象在孩子身上而根源却在父母那里。每一个30岁的人都有过3岁的经验,但3岁的孩子未必知道30岁的角色该怎么演。让自己先于孩子发生变化才能让我们的孩子发生变化,儿童教育的本质其实就是父母的自我教育。父母好好学习了,孩子也就天天向上了。如果夫妻之间的互动没问题,就不会产生有问题的孩子。孩子不过是我们的一个复制品而已,老子英雄才能儿好汉。

孩子天生就是一张白纸，在上面涂涂画画的我们可得小心谨慎了。改来改去的动作会让孩子无所适从，即使最后改对了，白纸也不像当初那么白了。

在孩子学会说话之前，我们不知道怎样跟他们沟通，但孩子的哭声通常能把我们吸引到他们的面前。渐渐的，孩子知道了怎样跟我们保持联系。问题少年的潜意识里希望出现个问题来吸引父母的目光，虽然家长觉得麻烦来了，但他们却觉得有人陪了。满脸焦虑的家长很难带来高质量的陪伴，不能双赢的局面持续发酵，早晚会让孩子发现父母也有个问题。

没有智慧的父母习惯于把孩子当成权力斗争的工具。你爱爸爸还是爱妈妈？如果我们分开了，你决定跟着谁走呢？制造分裂的本事炉火纯青之后，孩子就很难交到知心的朋友了，因为我们用这样的方法也没有得到另一半的青睐。

孩子的一半来自父亲、一半来自母亲。如果只能认同一方，那么就无法从另一方的身上汲取能量了。当婆婆逼着儿子在媳妇和自己之间做选择时，不管儿子选择站在哪一方，最终都将变成一个牺牲品。真不知道这样的家长到底是爱自己，还是爱孩子。

很多家长困惑于孩子的叛逆，他们当年不是也很执着吗？觉得孩子有问题是因为没有意识到这是自己亲手栽培的结果。越觉得孩子有问题就会看到孩子的越多问题，看到越多孩子的问题也就越觉得自己没问题。孩子的武功是从我们这里学来的，我们都不知道什么是真正的问题，孩子可不就觉得自己总被外在的什么东西给控制着？

其实，这个世界上没有对错，只有因果。生命中的大多数关系都是孩提时期跟父母关系的复制，这套自动化的反应模式既是指南，也是障碍。如果跟父母的关系良好，就会把相同的欣赏与感恩带进下一段关系；如果跟父母的关系缺失，往后就会一直带着这份不满而把下一段关系搞糟。关系中的伤痛使我们跟较低的意识同频共振，让自己"不假思索"地进入到"事与愿违"的自毁程序，最终"如愿以偿"地看到了人际关系中的诸多困扰。

让孩子害怕自己，看似可以很快地解决问题，但是你愿意看到一个越来越懦弱的孩子吗？幼稚的孩子不一定知道"爸爸不喜欢我这个人"和"爸爸不喜欢我这件事"有着本质的不同，一旦认为自己不值得被爱，一个失败的人就"成功"地出炉了。

该接受教育的不是孩子，而是父母。不管我们的教育水平是否专业，我们都想成就自己的孩子。不管孩子的理解判断能力是强是弱，我们都是他们学习的"榜样"。与其冲着瑕疵发飙，不如模板变得正确。产品跟模具之间是个整体的关系，你也得加油，别光让孩子一个人奔跑。

自我关系

我和我的关系是一切关系的基础

我和我的关系就是"内在的小孩"和"内在的父母"的关系,这个内在的关系模式大约在6岁之前就已经定型。我和我之外的人的互动就是在这个模板的基础上不断重复地演出、相对不变地演绎。

所谓"内在的小孩"就是孩子一方角色的内化。所谓"内在的父母"就是父母一方角色的内化。这种内在的关系模式基本上是童年时期孩子跟父母等重要亲人的现实关系的内化。

每一个独立的身体里都激荡着两股此起彼伏的能量,我们的意识很难觉察这些潜意识领域里的暗流涌动。人与人的关系就是"这个我"和"那个我"的关系,就是"这个我"里的"内在的父母""内在的小孩"和"那个我"里的"内在的父母""内在的小孩"相互投射与认同的模式。

人际交往中,你只有一次机会来建立你的第一印象,而别人对待你的态度有时将直接决定你的未来。想要改善人与人的关系就要升级我和我的关系。通过重塑"内在的父母",让"内在的小孩"真正长大。所谓重塑父母,不是让你回家修理自己的父母,而是修复你跟父母的这段关系。需要改变的是人类对于自己经历的解释,而不是赋予我们这段经历的父母。如果能在潜意识层面清楚地看到过去父母对于我们的影响,进而在内心深处塑造出给予我们支持性体验的、无条件接纳的"父母",并且利用这些建设性的结论来指导我们的举手投足,那么我们也就有能力自我支持了。

"他怎么看我"是他的事!"我怎么待我"是我的事!连小孩子都知道自己的事情要自己做,我又何必非要拿别人的错误来惩罚自己呢?外在的压力动摇不了自我的支持,这样的心灵才是真的强大。

内心强大的人通常外表平和。他们"内在的父母"有能力关心爱护"内在的小孩",他们"内在的小孩"也知道如何回报"内在的父母"。有能力爱自己才能意识到别人也需要爱,有了相互满足的前提才能让人与人之间建立联系、发生关系。

往杯子里倒水的时候,我们会发现:水满了就会往外溢。已经很满足的人在跟别人的交换中才会舍得给而且给得起。谁不愿意跟能给自己带来好处的人交往?(内在)没有问题的人才不会碰到(外在的)问题!

身体累了的时候,就让自己停下来休息一会儿。心里累了的时候,就让内在的两个我面对面说说话。请你对自己好一点,因为只有自己每天都和你在一起。

我们不仅要从内在关系的角度看自己,也要从内在关系的角度看别人。如果学会了这一招,我们就会眼前一亮,原来这个世界上到处都是假自信、假自爱和假自尊。

外表强大的人内心未必强大。非要用别人的弱小来衬托自己的强大实际是在伪装,害怕别人知道自己并不真的内心强大才是他们如此执着的真正原因。在他们内在的关系模式中,"内在的父母"过于强大、"内在的小孩"过于弱小。在他们外在的人际关系里,让自己扮强大的父母、找别人演弱小的小孩。这一类人有个显著的特征:如果没有人哭,他们就笑不出来。人是有尊严的,当一方没脸见人时,另一方也就见不着这个人了。当彼此都无法面对时,关系也该就此结束了。

没有得到爱的人不知道怎样爱自己。当我们不爱自己时,就远离了能量的源头,越来越习惯于从别人的眼神中揣摩自己该卖个什么样的价钱。当别人对自己高度赞赏时,我们又不敢接受了,因为我们并不相信自己真的会有那么好。

不爱自己的人没有能力给别人爱。人际关系中的一点风吹草动都会让我们战战兢兢,习惯性地把责任推卸给别人似乎就没有人说我们"该死"了。愿意把我们当朋友的人越来越少了,我们也越来越有理由不相信别人了。

之所以接受不了别人的所谓缺点,是因为自己就没有多少优点。只有接纳了自己,我们才会愿意接受别人跟自己的不同。如果自己的眼前都一片漆黑,我们怎么能看到别人人性中的璀璨光辉?我们没有必要跟黑暗斗争,只要让光明进来,黑暗自然就走了。我们也没有必要去解决问题,只要我们没有问题了,我们也就不会再碰到问题了。

怎样让"内在的小孩"真正长大呢?我们可以尝试着自我对话,也就是让"内在的小孩"跟"内在的父母"自言自语。从人性层面上跟父母接触,可以让我们打开全新的视角来重新看待我们的父母以及我们自己。我们可以感受到自己的父母也不过是个普通人,如果事先知道自己的某些行为会给你带来如此深刻而持久的伤害,那么之前他们肯定不会那样去做。他们已经交过学费了,我们就不要再重复地交了。"原谅"父母吧,虽然给的不是最好的,但拿出来的却是全部的。在这个充满关怀的氛围里,更新我们的认知体验,将过去的经历跟现在的体验分开,让自己从被压抑的童年生存规则中解放出来。

再小的孩子也有长大的一天,但不是所有的父母都能习惯不再把孩子当孩子那样看待。虽然已经成人了,我们也有害怕的时刻。事实是,感受到惊吓的不是外在的大人而是内在的小孩。父母也并不是活在你的外面,而是活在你的里面。

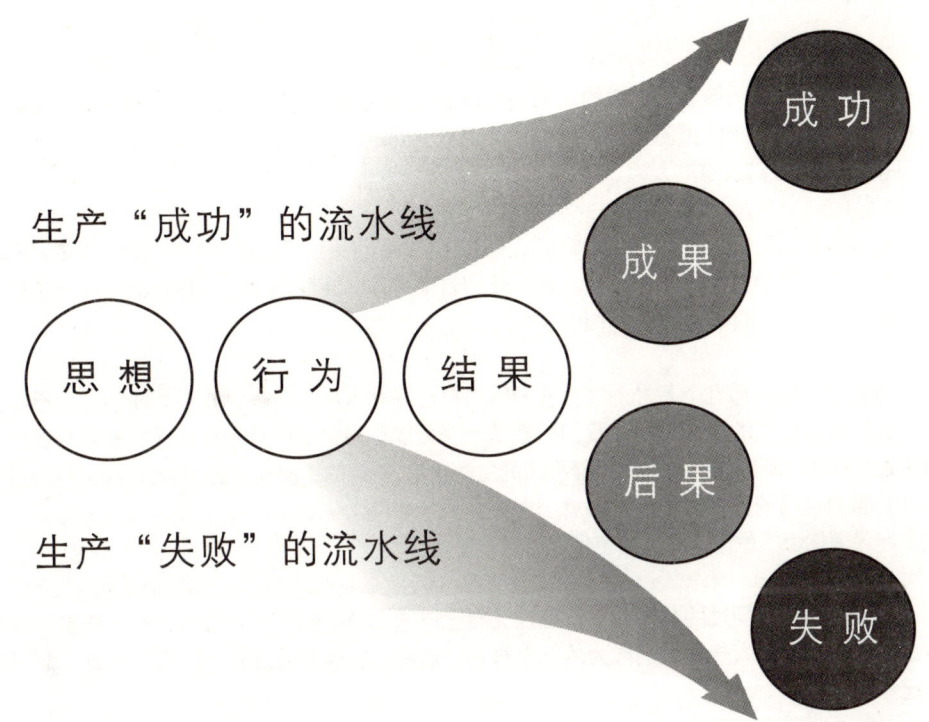

自我

我是谁?

自我存在感

谁都不想死

没有人是从石头缝里蹦出来的,我们也都是经由父母的亲密合作才有机会从天地之气变成血肉之躯。子宫里的恒温环境让我们没有温差变化的切身体验,衣来伸手的美好经历让我们觉得自己就是宇宙的中心。

细胞的新陈代谢让我们不断"变形",生理指标的变化见证了自己走过的幼年、少年、青年、中年和老年。谁也摆脱不了生、老、病、死的自然规律,当呼吸、心跳停止之后,我们就将带着自己皮肤之内的部分离开这个世界了。

行走江湖的人都有个名号,我们的名字将自己跟别人区别开来、我们的角色让自己跟别人产生不同。过去的生命经验让我们积累了一些可以代表自己的符号,这些标签就是我们曾经来过的痕迹。不同的人类个体有着不同的生命轨迹,不同的生命轨迹彰显着不同的自我存在。当我们看着自己的画像时,更能够意识到这个画像跟鲜活生命的本质不同。同样的道理,你的名字代表你但不是你,你的角色代表你但也不是你。

我们从小到大受过的教育几乎都是在让自己皮肤之外的部分好上加好,别人羡慕的眼神激励着我们变成别人想要我们成为的那个样子,但在我们越来越像别人的同时也越来越不是自己了。

我们皮肤之内的部分只有肉体吗?不!还有"感受"以及"对于感受的感受"!没有人能够代替我们去上厕所,必须亲自出马。除了自己,没有人能够切身体验我们的心理感受。即使有人说理解我们的感受,那也只是在说"他曾经感受过的他自己的感受"未必就是"我们正在体验着的我们自己的体验"。

据说人体的细胞每11个月就会更新一遍,也就是说,11个月之后的我已经不再是11个月之前的我了。都说士可杀不可辱,但到底哪一个我想找个棉花垛撞死?尽在不言中的至高境界需要用心表达而非用嘴说话,肉体做不到经年不腐而精神却可以长生不老。

如果以地球为圆点,当然是太阳围着地球转;如果以太阳为圆点,自然就是地球绕着太阳转了。人与人之间也是相对而言的,当眼睛往外看时,我们围着别人转;当眼睛往内观时,别人绕着我们转。

既然这个世界上没有另外的一个你,那么以你为原点的视角就注定了你是你的世界的中心。生命的过程里充斥着体验,你在精神层面上"是什么"才是你的存在。

很多时候，别人对待我们的态度决定了我们的未来。多数人渴望得到别人的重视、肯定和表扬，以此来换取自己还算活着的感觉。很多时候，我们对待自己的态度决定着别人对待我们的态度。谁都不想死，但想要活得更好就必须在内心深处不委屈自己。

学走路的时候，我们发现屁股下面的板凳不会跟着自己移动。肚子饿了的时候、嘴巴渴了的时候、身体累了的时候，我们才意识到自己的肉体也是一个真实的存在。把注意力的焦点放在自己身上可以让我们不必再看别人的脸色，依循内在的声音来举手投足才是真的在做自己。

忙于生计的父母也许顾不上用正眼看自己的孩子，不被关注的心灵越来越觉得自己是个多余的存在。想要自杀的孩子未必就是无所畏惧，被别人看上一眼就脸红心跳说明他们太不习惯别人把自己当回事了。

当父母拿着我们跟别人比较的时候，我们越来越忘记了自己也是个独一无二的存在，越来越嫉妒起前面那个挡住自己去路的家伙。父母的初衷是想让我们变得更好，而我们最先关注的却是自己并非最好。

为了不被别人看扁，我们极力地包装自己。当别人看着我们的包装时，包装里的那颗心咚咚直跳。当我们看着别人时，通常注意不到那颗被层层包裹着的心。和一个虚假的存在互动得不到真实的结果，想找个地缝钻进去多是因为不想让别人的矛指向自己的心。

有一位姓李的局长退休了，老年大学里的同学们都喊他老李。没有人再管他叫局长了，这让他每天失魂落魄的。我不知道他是怎么登上局长宝座的，但是我知道：他的第二春从他成为老李的那一刻起才刚刚开始。灵魂已经离开身体很远了，正好可以借着这个机会让它回家。

有的人20岁的时候就已经死了，但到70岁的时候才被埋葬。到底是哪一个我死了？僵尸的身体里没有心灵，身心合一的人才会有活着的感觉。想从别人那里得到认可的需求让我们越来越害怕彰显自我，孤独的灵魂似乎只有跑到别人的身体里待着才不会感觉到寂寞。

身体的海拔和心灵的高度相辅相成才算是健康的成长。你的孩子不仅是你的孩子，还是他们自己。你一定不希望自己的孩子永远都是个孩子，那就请你让他们独立的存在吧。没有独立的个体不会觉得自己应该承担责任，太自我的人很容易忘记别人也有个自我的存在。

自我角色感

不同的角色关联着不同的关系

同一个演员可以在不同的剧本里扮演不同的角色，演别人的时候，他用的是别人的名字；做自己的时候，就不再是戏中的角色了。既进得去又出得来才不至于角色混乱，在假戏中能真做才能够让观众也有身临其境的感觉。

人生又何尝不如戏呢？在这匆匆的几十年里，我们还真扮演过不少的角色呢！

爸爸妈妈没有经过我们的同意就把我们带到了这个世界上，我们也没有经过系统的培训就开始担任儿子（女儿）的角色了。看着自己生命的延续，爸爸妈妈也甘当配角，我们演得也越来越像小皇帝（大公主）了。

当N多的小皇帝（大公主）济济一堂时，我们才开始意识到不能都演主角；当我们想跟同学交个朋友时，他们有时并不拿我们当兄弟；当老师对着我们发号施令时，自己才发现必须要演一个学生了。

学业有成之后就要为社会做贡献了。想扮老板的人必须找到想演员工的人才能够开业大吉，但不是所有的老板夫人都愿意扮演一个唯命是从的财务经理。在公司里，财务经理要向老板汇报工作；回到家里，老公是否还记得自己曾经承诺过要照顾老婆一辈子？

认同了自己的角色才能够在扮老总的时候对着财务经理公事公办，转换了自己的角色自然会在演老公的时候对着老婆大人毕恭毕敬。我们经常在不同的角色之间往来穿梭，演什么就像什么才说明我们成熟了，像什么就是什么才能够赢得观众发自内心的掌声。

有了孩子之后的我们就晋升为爸爸妈妈了，但同时自己也是别人的孩子。频繁的角色互动让各自的台词越来越多，千丝万缕的关系就像无数条绳索束缚着我们的身心。快刀斩乱麻切中的未必都是要害，断绝了关系也就没有演戏的机会了。

主角跟配角的遥相呼应才能唱出一台好戏，就算在自己想演的角色里我们也不能想怎么演就怎么演。并不是所有演主角的人都能获得最佳主角奖，而能把主角捧红的配角通常能获得最佳配角奖的无上荣光。

虽然没有孙悟空的七十二般变化，但我们很想要丰富多彩的人生。角色就像件衣服，它并不是你本身。衣服可以换来换去，但里面的那个你要时刻准备着以不变应万变。没有了角色就很难在社会上立足，但每一段关系的结束也是礼物，让我们不得不停下来回首过去和展望未来。

成人礼的仪式为的是让孩子认同自己已经长大成人了，具备了演员的资格不代表就能演出好的角色。不喜欢自己名字的人演别人的时候经常张冠李戴，自己都不知道自己是谁怎么能够把别人诠释得惟妙惟肖？

没自我的人不觉得自己该承担责任，习惯了别人替自己做决定让我们没有了精神的脊梁。想演绎出角色的精气神就必须要进入状态，只是换了身衣服根本不代表我们已经进入了角色。

很多人的媳妇不是自己找的，父母感觉不赔本就凑成一对了。表面上是两个人的结合，实际是两个家族的结盟。"你想让我演丈夫的角色"跟"我想让我演丈夫的角色"有着本质的区别，如果没有"这个自我"跟"那个自我"的心心相印，我们很难感觉他们就是天生的一对。

太自我的人容不得别人对自己的角色指指点点，他们不知道只有观众说好才是真的好。害怕别人看到自己里面烂了，就拼着命地想让自己的外面看起来好看些。努力成为社会上的成功人士就会有很多人想跟我们发生关系，其实手握在一起并不代表心也在一起。

想扮演好母亲角色的人满眼都是自己的孩子，而此时的老公好像没有了老婆。孩子的美好未来的确让母亲的角色熠熠生辉，但意识不到自己还是别人的妻子就别怪自己的老公去演别人的丈夫了。

形神兼备的前提是体验过那个角色的体验。有能力进入别人的心灵深处怎能不知道自己的内心正在发生着什么样的变化？只会背台词不是演员的最高境界，习惯讲真话才能够把角色表现得出神入化。

杂技演员可以同时顶着N个盘子，而错综复杂的关系很容易把我们给捆成粽子。如果各种角色的重心没有在自己身上，我们就会失去平衡。多数人经常不假思索地出演生活中的各种角色，但到底是哪一个我上场了却很少有人去深思熟虑。

季节更替的时候需要增减衣物，角色变化的时候需要调整自我。但不管角色如何变化，演员都是我们自己。演你自己吧，因为别人都有人演了。虽然每个人都盯着你，但他们也只是在配合你的演出。不管你以怎样的装束出镜，都代表你自己，满足别人期待的同时也莫忘自己还有个初衷。角色消失了的时候不代表自我也跟着没有了，重新打扮一番之后还可以继续闪亮登场。

自我价值感

对于自我的认同程度就是自我价值感

如果将我们身体的器官明码标价，比如眼睛 100 万、鼻子 100 万、耳朵 100 万、嘴巴 100 万、手脚 100 万、心脏 100 万、肾脏 100 万等等，你会想要把它们兑换成现金来让自己变成千万富翁吗？

再爱财如命的人在这个时候也不会要钱不要命。都说猫有九条命，那么人有几条命呢？

皮肤是自我的第一道防线。

除了阻挡病原体入侵人体之外，皮肤还能在出血化脓时利用细胞增生来修复损伤。从皮肤里渗出的汗水不仅调节着人体的温度，还能带走身体里多余的废物。一旦皮肤包裹着的血肉之躯停止了呼吸和心跳，我们也就没命了。每个人的生命只有一次，没有人能像小草那样被春风吹过之后就又活过来了。

头脑是自我的第二道防线。

鱼儿离开了水简直生不如死，演员没有了观众就会无地自容。为了赢得更多的掌声，头脑记住了很多观众可能会叫好的标准，不断地展示"我有什么"似乎才能锁定对方的目光。这个时候，很少有人能意识到他们看着的只是我们的包装，而这些东西不过是自己的身外之物。

心灵是自我的第三道防线。

"别人感觉我们好"是别人的感觉，"我们感觉我们好"是我们的感觉，不同自我的感觉未必都是相同的感受。很多在别人眼里的成功人士并不觉得自己成功，他们谙熟评委的标准胜于感受自己的感受。

没有了氧气的空间真让人窒息，需要"进口"认同才会去讨好观众。每个人都试图满足他自己，即使有时有人在满足你的自我，也是想通过这个手段来满足他自己。向外求认同的努力常常让我们受限于外、受制于人，主动权不在自己手里就别说命运掌握在自己手里。

就算全世界的人都抛弃了你，还有你和你站在一起。没有必要让别人替我们注解"我是什么"，只有自我才最知道自我的体验。虽然别人对待我们的态度决定了我们的未来，但我们对待自己的态度却决定着别人对待我们的态度。

里面没有了才会向外面伸手去要，很认同自我的人才不会害怕自己会被唾沫淹死。对于自我的支持让他们内心强大，越认同自我就越觉得自己很有价值。自我价值感很高的人不会敷衍自己的角色，自我价值感不高的人才会胆战心惊地等着别人给自己打分。

　　等到我们有机会给别人打分时，不句句伤人都不觉得过瘾。不评价评价别人怎么显得自己很有水平？我们感觉好极了，而别人却感觉糟透了。我们追求成功的努力经常搅得周围人心惶惶，除非在碰到人外有人的压力时，才会暂时地消停一会儿。

　　自我价值感低的人习惯于"愤怒地去表达"，而自我价值感高的人在感受到悲伤的同时也会把注意力放在对方想要表达的需求上，同时也会不失时机地"表达自己是愤怒的"。既然是因为害怕被别人拒绝才先拒绝别人，那么在确认对方没有敌意之后又何必非要继续地进攻呢？

　　两个习惯于"愤怒地去表达"的人相遇时，彼此看到的是指责而非需求。声调的提高不但没有让对方注意自己的需求，反而让自己越来越有理由去指责。饥肠辘辘的人狼吞虎咽是为了填饱肚子，面红耳赤的两个人到底想要的是什么呢？

　　甜言蜜语在这个时候通常会麻痹我们的神经，离不开拍马屁的人怎么能说我们本身就是一座宝藏？能够自给自足的人相信自己是独一无二的存在。因为不跟别人比，所以让别人都找不到进攻他们的理由；因为相信别人也是有价值的，所以别人都不好意思不把自己最好的那一面向着他们展开。下次碰到这类人的时候，请由衷的对他说："谢谢你让我知道了'我是谁'。"

　　"矬子里面拔将军"可以让我们暂时地脱离痛苦，但周围都是不如自己的人让我们在需要帮助的时候都找不到能够支援我们的人。太阳出来的时候普照万物，我们出手的时候能不能让别人也走进光明？

　　觉得自己真的很不错的人也有能力看到别人的闪光之处，自我感觉良好绝对不是找个人踩在脚下的自娱自乐。都说打人不打脸，当打得别人没脸见人的时候，我们也就跟这个人失去联系了。久而久之，自己身边的人越来越少。长此以往，我们的世界越来越萎缩。

核心价值观

相信什么就会成为什么

之所以知人知面不知心是因为我们的肉眼看不见身体里的非物质存在。就像错综复杂的各类管线被装修工人埋藏在墙体里，墙面上留几个按钮就可以让我们的想法触手可及。指挥着身体东奔西走的不仅有显意识还有潜意识，找到了这些开关就能够打开紧闭的心门。

从小到大受过的教育让我们的显意识越来越发达，随之而来的思想碎片大多被扫进了潜意识。虽然冰山让人仰止，但真正令人敬畏的力量却深藏在水面以下。

人的思想中激荡着两股能量：满足自己需求的感性冲动和兼顾别人感受的理性控制。油门与刹车的协调作业才能让汽车纵横驰骋，当自我的冲动与别人的冲动相碰撞的时候知道踩刹车（理性控制），那必然会降低事故发生（产生问题）的概率。

修车的技术再好也不如开车不出事故。相互妥协的共识变成了约定俗成的标准，约定俗成的标准升华为生存与发展的指导思想，生存与发展的指导思想驱动着生命个体的举手投足。

心灵深处的是非标准就是核心价值观。从不同环境中走出来的人秉持着不同的是非标准，走进了相同环境里的人到底该以谁的标准为标准呢？虽然自然人最终都要变成社会人，但不同人的社会化程度却不尽相同。个体的社会化是个持续终身的过程，可能会变化的体验随时可能修改心灵深处的是非标准。

在心田里萌芽的种子就是起心动念，外因通过这个内因才能起到作用。数以万计的切身体验撩拨着我们的心弦，经年累月的定向选择固化着思想观念。装修就是把不养眼的东西遮盖起来，而提炼是非标准的整个过程却被淹没在了潜意识里。

农民可以目睹植物从种子到果实的全部生长过程，而我们却不能看到从精神到物质的转化路径。自动化了的反应模式已经根植于灵魂深处，谁知道心灵的密码就可以把我们给一键启动了。

没有了驱动程序的电脑不过是个废品，我们的思维模式里也有很多"应该怎么样"和"不应该怎么样"的行为指令。心灵的导航让不同的人各行其道，道不相同的人很难和平共处在相同的环境里。播种什么就收获什么，怎么想就会怎么做。我们都是自己思想的产物，相信什么就会成为什么。

我们身体的海拔长了十几年才停止在某一个高度，而多数人的心智在3岁到6岁期间就已经大厦封顶了。制式化了的思维模式伴随着我们一生，虽然面对着不同的事情，但用到的都是同一种看待这个世界的方式。

刻舟求剑的故事不是一个夸张的笑话，现实中的很多人在情况变了的时候依然不假思索地套用原来的成功模式。过去的成功之所以有时会成为继续成功的障碍，是因为自认为追求成功的指导思想早就已经经过时间的检验和实践的考验了。

小时候，不听老爸的话就会被老爸修理；长大了，不听老板的话就会被老板修理；结婚后，不听老婆的话就会被老婆修理。迎合社会的标准才能找到容身之处，不能随着社会变化而改变标准很容易丧失立足之地。

"不听别人的话"是因为"想听自己的话"。一脚踩油门一脚踩刹车的双管齐下带来的并不都是双赢的结果，自相矛盾的是非标准常常搞得我们身心疲惫。原地不动的汽车可能不知道自己在打自己，而到处乱跑的身体却经常会自己人打自己人。

艰难的生活让我们相信没有钱是万万不能的，有奶便是娘的取舍标准让我们越来越觉得自己不如钱值钱了。害怕嫁错郎的女人不会把我们当成潜力股投资，因为她们想找的是一个比钱还值钱的人。"利益"也许是我们核心价值观里不可或缺的一个选项，但更有智慧的人还会把"价值"作为自己一生追求的目标。

如果没有核心价值观来凝魂聚气，我们的身体就会无所适从。埋藏在墙体里的各类管线是一次性完工的，而我们想开灯的时候有必要每次都检查一遍线路吗？不同的开关关联着不同的灯泡，认同了不同情况下的不同标准也就能够像开车一样在红灯亮了的时候停、在绿灯亮了的时候行。

颠覆了一个人的价值观就如同重新装修一栋旧的房子。并不是每个人都能拿得出装修的工钱，一片狼藉的施工现场换来的也并非全是期待已久的美好未来。不同的习惯动作很可能出自相同的价值取向，有以不变应万变的指导思想才能够确保殊途也能同归。

土壤有栽培种子的习惯，不同的"因"一旦等到机会就会变成相应的"果"。好种子跟坏种子在变成果实之前就大局已定了，想要得到福报的人们大多并不习惯翻捡自己内心深处的起心动念。

自我修复力

成长 成熟 成功

几千年来的集体潜意识沉淀在每一个看似普通的生命个体里，但并不是所有人都相信自己值得拥有。就算有人知道自己本身就是一座宝藏，也不是每个人都有能力开采出自我的最大价值。

"能量守恒定律"中指出：能量既不能凭空产生，也不能凭空消失，它只能从一个物体转移到另一个物体、从一种状态转化为另一种状态。在转移或转化的过程中，其总量保持不变。

内在的价值感和外在的价值量也是在守恒的前提下相互转化的。外在的拥有折射出内在的富有，越相信自己是一个有价值的人就越能够给社会创造出价值。"我是什么"最终将转化为"我有什么"，想拥有美好的生活就需要想办法提升自己值得拥有的感觉。

很小的时候，我们可以饭来张口、衣来伸手，但父母却必须要起早贪黑、忙忙碌碌。我们不知道天下没有免费的午餐，但父母必须为我们的不劳而获付出代价。当父母被生活的压力重重包围时，我们还极度渴望得到父母的陪伴。看不到父母关注的眼神就好像禾苗得不到雨露的灌溉，觉得自己是多余的，怎么会相信自己很有价值？

成人了以后，我们的身体虽然跟父母一般高了，但内心深处的那个小孩似乎并没有真的长大。很多人的自我是残缺不全的，想要弥补缺憾的努力若隐若现。很多父母埋怨自己的孩子叛逆，但问题少年也不知道改变自己对于自己经历的解释远比改变父母更能够满足自己的需求。

想重塑自我就必须重塑父母。除非在我们的内心深处塑造出可以给我们提供支持性体验的"父母"，否则我们根本就无法在真正意义上修改自己潜意识里的驱动程序。只要不再以孩子的视角来解释过去父母对于我们的影响，就有机会重新获得来自源头的能量补给。

相互关怀的氛围滋养着自我支持的力量，不断更新的知觉将过去的经历与现在的体验区别开来，使自己有可能从童年压抑的生存规则中解放出来，进而得以随心所欲地伸展开充满着无限可能的自我。

高度的自我认同让我们配得上美好的客观存在。我们都是在不断犯错的过程中才逐渐知道什么是正确答案的，但不重犯错误让我们的成长能在某个恰当的时刻最终转化为成功。随着人格的逐渐成熟，原来的小成功也长得越来越大了。

发生在我们生命里的那些挑战就像是针对性注射的疫苗一样，刺激着免疫系统进行"军事演习"。当那些挑战换了身行头再度来袭时，身体里就会自动杀出千军万马，把这些班门弄斧的家伙拒之于心门之外。

自我修复的过程就是不断提高自我价值感的过程。当觉得自己值得拥有时，在面对挑战的时候才会表现出当仁不让。自我价值感提升了以后，将大大增强我们面对挑战时的战斗意志及作战能力，大大提高我们达成目标的效率与效能。

病入膏肓的人需要补品才能维持阳气，感觉自己没有价值的人习惯于站在不如自己的人面前才感觉良好。愿意奉上自己的价值感任人咀嚼的只有自己身边的亲人，不想成为别人补品的人可不会继续围着我们团团转。

很多人的自我价值感需要从外面"进口"，渴望得到别人认同的努力让他们西装革履的满世界乞讨。很多事业大佬并不是人生赢家，虽然有人羡慕他们的成功，但不是所有人都觉得他们值得效仿。那些从胜利走向胜利的人也不是从来没栽过跟头，自我价值感的自给自足让他们也能从失败里孕育出成功。

苍蝇不叮无缝的蛋。与其指责别人让你恶心，不如谢谢他们让你发现了自己的漏洞。修复了思维模式的系统性缺陷，苍蝇就会觉得不配跟我们待在一起了。如果不能在心灵深处认同自己是一个有价值的人，就会在现实生活中经常碰到往我们身上倒垃圾的人。别怪他们把你当成垃圾桶了，谁让你一直做着收集垃圾的习惯性动作呢？

人类的显意识不过是冰山一角，强大的潜意识值得我们持续开采。潜入水下更深的地方需要专业的装备，进入心灵的幽暗空间还需要鼓足勇气面对生命中尘封已久的心灵创伤。越来越感觉自己充满力量，也就越来越能够从胜利走向胜利。

我们无法给到别人连自己都没有的东西，感觉自己没有价值的人不敢去拿很值钱的东西。内圣外王的先贤智慧告诉我们没有内化也外显不了，让自我成为希望的种子才能够给我们带来更加美好的未来。

自我修复的出路未必都要皈依佛门，在红尘当中摸爬滚打也能历练出一身真功夫。平静的水面才能呈现清晰的倒影，武装自己比包装自己更能够一劳永逸。调整内在的自己才能调动外在的世界，心里没鬼的人好像也见不到鬼。

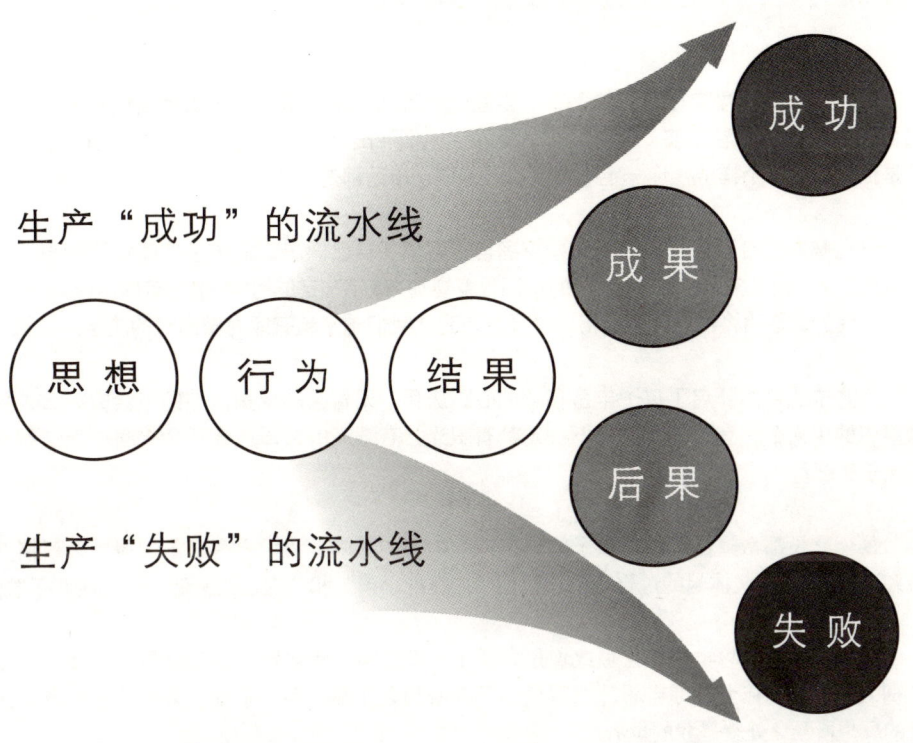

真 爱

爱是通往幸福的唯一道路。

爱不是控制

给孩子戴上紧箍咒就是为了将来给唐僧打工

如来佛允许孙悟空在自己的手掌心里翻个十万八千里的跟斗是因为他自信齐天大圣逃不出自己的手掌心。想让孩子展翅高飞，最好让他们飞出父母的视力（势力）范围。请允许孩子是他自己的那个样子，你一定不希望自己的孩子永远都是个孩子。

命运掌握在自己手里不过是句励志名言，习惯了自己做决定的孩子才能体验到自己就是命运的主人。做对决定的时候，自我的认同程度增加。做错决定的时候，也没有理由说别人该死。自我实现的道路始终畅通，不断得以修复的自我让我们越来越有能力做出对的决定。

全方位的自由开启了孩子丰富多彩的心路历程，无盲区的视角让他们不会成为盲人摸象故事中的主人公。有眼睛的孩子不一定都有眼光，有眼光的父母应该不会想当个无证驾驶的马路杀手吧？

每个家长都希望自己能对孩子的未来产生积极的影响。我们没有必要觉得什么事情都应该知道，和孩子一起体验的过程也会让我们"内在的小孩"和"内在的父母"更加能和平共处。

父母跟孩子的教学相长让彼此像是多长了一双眼睛，借着别人的眼睛看世界让我们看到了别人的世界。伟大的成吉思汗觉得他的马蹄所到之处都是他的领地，强大的自我意识认为我的思想所及之处就是我的世界。

如果我们的体验能涵盖别人的思想，你说谁更有能力进入对方的世界？之所以能让对方感受到我们的爱是因为我们曾经到过他们现在的这个位置。感同身受的同频共振瞬间就能显化我们的潜意识，都眼见为实了谁还会把指点解读为指责？

我们的孩子不是我们的，他们代表的是他们自己。国家的主权是不可侵犯的，思想的自由是千金难买的。肢体的残缺会影响我们的生活，思想的残疾难道就不觉得悲哀吗？既然哀莫大于心死，就让孩子伴随着我们鼓掌的节奏伸展开翅膀吧。

解放了思想才能够解放生产力。制衡的关系虽然能够带来所谓的稳定，但你希望自己的孩子时刻准备着战斗吗？想证明自己是个战士的努力需要有个敌人来烘托气氛，习惯了四面树敌的人怎么可能碰不到对手？爱你没商量实际是在控制，越抗拒什么就越会被什么给黏住。非要用"不应该"来表达爱时，可以大声地这样说："不许不快乐。"

很多父母在离开了这个世界之后，他们的孩子很多年都走不出阴影。没有哪一个父母愿意把自己的孩子也拖进坟墓，但在这之前为什么不让孩子学会挺起自己的胸膛？精神脊梁就像玉一样不琢就不成器，但很多父母没意识到雕琢只是手段，而成器才是目的。

做错决定是需要付出代价的。孩子没有行为能力，父母就必须替孩子买单。对父母而言，替孩子决定比替孩子买单的成本低。对孩子而言，总是被父母选择让他们越来越没有了做决定的能力。

多数孩子在"应该怎样""不应该怎样"的指手画脚中完成了社会化，他们体验到的多是别人想让他们体验的。盲人摸象的故事并非空穴来风，有眼睛的人对于精神领域而言也有个盲区。

如果不能打败天下无敌手，孩子也会看到父母失手。别怪孩子不听话，因为他们也不想失败。都说孩子到了青春期很容易叛逆，不想想经历了十年如一日的耳濡目染，谁还学不会父母控制局面的那几个招式？

我们确实很付出，拿出了几乎所有自己想给的。我们的孩子也很委屈，因为这里面的某些东西并不是他们真正想要的。"给你想给的"是你需要，"给他想要的"才是他需要。很多人觉得你需要，实际是他需要。

不被需要就没有价值。想让孩子长大的父母未必都想让他们独立，害怕自己没有价值的感觉居然胜过让孩子拥有价值。自我价值感不高的父母在内心深处也不过是个孩子，在自己的孩子成为别人的父母之前请允许他们超越我们内心深处的那个孩子。

作茧自缚的本事在蚕的家族里代代相传。很多人想成为命运的主人，但总觉得被外在的什么东西给控制着。鱼跃龙门的壮观场面是思想飞跃的必然结果，戴上了紧箍咒的孙悟空就别想再大闹天宫了。

因为我是为了你好，所以你必须听我的。很多父母习惯于用这样的逻辑跟孩子沟通，他们不知道孩子接收最多的竟然是负罪感。有罪的人当然觉得自己应该任人摆布，把孩子变成别人手中的木偶难道就是父母努力的初衷？很多在别人眼里的成功人士并不觉得自己满怀喜悦，虽然他们变成了父母想让他们成为的那个样子，但好像只有在远离人群的时候才能够找回他们自己。

爱没有条件

有爱心的人未必都有爱的能力

这个世界上的每一个人都是独一无二的，所以我们总能找到人与人的不同之处。自己的孩子长得不像别人正说明这是我的孩子，自己的孩子不如别人优秀未必都能够让父母接受。如果不能做到无条件的接纳，请别说你爱自己的孩子。

接纳孩子的优点谁都能做到，接纳孩子的缺点真让人为难。"尺有所短"让"比寸长的尺"多了个缺点，"寸有所长"让"比尺短的寸"多了个优点。不管是优点还是缺点，都不过是不同的特点而已，所以善于因材施教的大师很少会把"跟自己的不同"当成"这个人的不对"。

把"孩子这个人"跟"孩子做的事"分开来看是父母的智慧。"我不喜欢你"的陈述就像万箭穿心，而"我不喜欢你这样"的描述却可以让孩子把注意力集中于怎样才能让自己变得更好。能够把"事不对"跟"人不好"区别对待的孩子即使失败了，也是成功的失败了。做错事情的本身并非十恶不赦，知道自己错在哪里了也就可以让这个人好上加好了。"我有错"没有被解读为"我有罪"，确保了他们的自我价值感没有被稀释，觉得自己还有价值的人才有机会在某个时刻让你的眼前忽然间就一亮。

提高服务孩子的水平是父母的当务之急。好与坏都是相对而言的，相信孩子是个好孩子，孩子就不好意思露出坏的习气。如果能提前知道自己的某些行为不能给自己带来想要的结果，孩子会自己跟自己过不去吗？

我们的孩子需要指点而非指责。我们对孩子吆三喝四觉得是为了自己的孩子，别人对我们的孩子吆五喝六会让我们觉得他们没一点私心？孩子的思想超越不了我们的局限，未被满足过的父母很难知道该怎样去满足孩子。

理解孩子的感受不等于认同孩子的行为。被接纳了的心灵不好意思继续把自己的意志强加给别人。跟孩子讲道理的同时也要意识到孩子也有他们的想法，能碰撞出火花对双方而言都是成长。

无条件地接纳我们的孩子会让孩子无条件地接纳他们的自我，所以请声情并茂地告诉你的孩子："无论发生了任何事情，爸爸妈妈都永远爱你。不管人生的道路如何坎坷，回家的路始终畅通无阻。"我们跟孩子的互动就像照镜子一样，让孩子看到了他们到底是个什么样子。自我认同的人不会乞求外在的认同，能够自给自足的人才会舍得给，才能给得起。

有条件的爱不是爱别人，而是爱自己。

面对着孩子 59 分的成绩单，很多家长难以保持淡定："如果不给我考个 95 分，就别再叫我妈妈了，我可丢不起这个人。"也许你的孩子愿意向 95 分冲刺的动力来自于不想让你给别人当妈妈，除非你愿意接纳这个 59 分的孩子，否则他根本就没有能力走到 95 分的那个终点。

就算孩子得到了 95 分的成绩，但在幼小的心灵深处也记住了这次交换的条件：我给你 95 分，你给我爱。当我们躺在病床上等着孩子来尽孝时，如果孩子说"你已经没有交换的筹码了，也就别跟我讲什么条件了"，不知你作何感想？当然了，你有充足的理由倚老卖老，但突然开窍的人会联想起自己当年指教孩子时的点点滴滴。

相互"要"的动作给彼此带来了压力。如果家长比孩子更需要爱，那么孩子很容易变成爱的工具而非爱的对象。也许是担心孩子不给才会以爱的名义去要，没有真正被给过的孩子哪里知道不求回报才是真的给了？要的是同一个东西就会打起来，习惯了自己人打自己人的人竟然最习惯打着爱的旗号通过"声东"来"击西"。

爱可以没有条件，但不能没有原则。

皆大欢喜的幸福感是在互相"给"的前提下得以萌生的。在"内在的父母"爱"内在的小孩"的同时，"内在的小孩"也要学着"内在的父母"的样子去爱"内在的父母"，都能感受到爱的话才算是具备了爱的能力。

不管考了多少分，你都是我的孩子。我当然希望看到一个得了 95 分的孩子，但我也看到了一个得了 59 分的孩子渴望得到别人帮助的眼神。相对于小孩子而言，大人们总是多知道一些东西的。我们愿意给你一些建议，让你能够冲刺到 95 分的终点。该奖的时候奖、该罚的时候罚，将大大降低损人不利己的事情发生在你身上的概率。

如果你的亲身经验告诉你某些原则捆住了你想要张开的翅膀，我们也愿意修正之前那些没能双赢的原则。请接纳你的父母也是个凡人，他们也不想在错误的方向上快马加鞭。不管是谁先交的学费，都能够让我们学会如何去爱。心中有爱的父母会这样跟孩子讲条件："我不能照顾你一辈子，在我不能继续照顾你之前，请你学会照顾自己。"

爱需要时间

给谁时间就是正在爱谁

两颗心想要真正结合在一起需要谈情说爱很长时间，愿意把自己的心掏出来放在对方那里存着可不是胆子大就可以随便做的事。失恋的人之所以痛苦无比是因为他们的心被别人偷走了，我们不想像鬼一样四处游荡的话，就需要通过爱的滋养来一点一点地修复身心割裂的感觉，而这的确需要点时间。

没有十个月的怀胎，我们也不会来到这个世界上；没有十几年的养育，身体也不会拥有一个海拔；没有几十年的修炼，心灵也不会再上一个高度。折断的骨头通过石膏可以暂时地固定，受伤的心灵通过陪伴才可能移情别恋。都说伤筋动骨一百天，陪伴的时间不够也不能愈合心灵的伤口。

父母在陪孩子的同时孩子也在陪父母。孩子跟人互动的关系模式是在潜移默化的过程中从父母那里学来的。如果父母的关系模式中"内在的父母"跟"内在的小孩"能量平衡，就会促进孩子的自我完善。我们也可以从孩子的身上看到自己，借着孩子的关系模式中"内在的父母"跟"内在的小孩"的感同身受，父母可以修复自我中需要完善的部分。

高质量的陪伴能够升华彼此的体验。保姆式的家长恨不得连续 24 个小时坚守岗位，但导师型的家长却能够让孩子在短暂的相聚中感受到陪伴。"十万个为什么"不是三言两语就能说完的，带着孩子的思想遨游非常需要有一段时间不被打扰。潜意识里的精耕细作让孩子越来越成熟，真可谓花时间才会有功夫。

父母多有耐心，孩子就有多优秀。父母的知识结构相对健全，应该比孩子更有能力先发生变化。如果跟在后面的孩子能经常看到自己怎样才能更好的标准，那么他们也就能够更加自信满满地昂首阔步了。

孩子的不同阶段需要不同的人来陪伴。当你感觉到孩子想单独行动的时候，就悄悄地离开吧。虽然父母看不见孩子了，但孩子不会觉得父母没有跟他们在一起。如果没有汲取到足够的力量，孩子还会死缠着父母。请相信你的孩子！请相信你已经付出了你的爱！

虽然说"两情若是久长时，又岂在朝朝暮暮"，但真正爱你的人随时随地都有空。互相给时间才会有生命的交集，兑现了厮守一生的承诺才算是相亲相爱的一家人。能够感受到父母的存在会让孩子远离孤独，内心里充满了爱的人才不会去掏别人的心。

没有谁一出生就能长到一米七五，但有些家长很喜欢拔苗助长。他们恨不得自己的孩子14岁就考上大学，他们总觉得不用陪伴，孩子也能够自己长大。有些人的心理年龄跟生理年龄并不匹配，很可能是在他们心田缺水的时候没有及时地得到灌溉。

我们不能说父母外出打工不对，但留守儿童几年都看不到父母的境况却会迟滞他们心灵的成长。给谁时间就是正在爱谁。不管他们嘴上怎么说爱自己的孩子，但我们看到的是他们的眼睛正紧盯着金钱。不管他们寄回家多少钱，也还不上孩子对于自我认同的欠账。

跟人约会的时候会听到对方说"没时间"，她没时间跟你在一起可就有了时间跟别人在一块儿。觉得重要的事会优先安排，觉得重要的人才不敢怠慢。也许孩子不知道这些高深的道理，但他们的潜意识却在逐渐地强化"我不重要"的认知。

叶公好龙的故事谁都知道，但谁知道叶公在机会来了的时候为什么要主动放弃？美好的生活谁都想要，但有人跟我们争的时候不是谁都觉得自己很配。拔腿就跑违背了努力的初衷，不相信自己能走到终点为什么还要装模作样地在路上走呢？

有些父母被手机偷走了，他们的孩子也觉得跟手机亲密就像在父母身边。不要怪手机影响了孩子的学业，连我们都没能经得起它的诱惑。如果我们陪着孩子，孩子就会觉得已经没有必要非得通过离家出走的方式去寻找爱了。

心灵的空间不同于世俗的世界。正眼看一下你的孩子就会让他感觉自己正在被爱，等到他不看你的时候说明他已经非常满足了。抱一抱你的孩子不会比干一天活更让人疲惫，带着爱去打工就会把赚钱当成手段而非目的。

你不能说孩子与你无关，因为那是你的孩子。经常看不到父母的孩子很容易忘掉父母的模样，没有跟父母发生过关系的孩子常常觉得周围很不安全。有安全感的人才会让人感觉安全，跟我有关的事才值得我拿出我的时间。

不要在真的没有时间了的时候才开始抓紧时间。子欲养而亲不在是生者的痛苦，不知道孩子是怎么长大的其实也是父母的悲哀。我们有十几年的时间来让自己的孩子变得更好，没必要在事到临头的时候才开始全力以赴。也许我们走错了一段路，但现在我们知道了应该怎么样去走。

爱也有痛苦

烦恼即菩提

让心爱的人不受伤害是我们的承诺,一有头疼脑热就第一时间往医院跑确实能体现出我们有爱心。身体不疼了可以算完成任务了,但能问问"心里还难受吗"更说明我们的心里有爱。找到了心脏的位置不等于摸透了对方的心思,修复了心灵的创伤才能够从源头上切断往身体上转移的疼痛。

不想在围城里待着的人肯定是不快乐了,进去的想出来难道是不想被判无期徒刑吗?同床异梦让婚姻名不副实,爱你的口难开不知道是不是因为我们不懂爱。走进婚姻殿堂的人都承诺过要照顾对方一辈子,半路想跑的人没那么容易被无罪释放。

觉得被抛弃的人后悔自己选错了对象,抛弃了别人的人已经不再觉得自己是个好人了。不管是不原谅别人还是不原谅自己,都让我们被爱所累。受过伤的人不敢再乞求别人的爱,想表现得更好一点的人通常又不得其门而入。

父母有很多功课没有做完就开始教孩子怎么写作业了,学的是产生烦恼的模式还想要让他们跟自己不同?自己的生命没有活出精彩就够让人痛苦的了,万一自己生命的延续也窝窝囊囊怎么能让人受得了呢?

提前消费痛苦让孩子莫名其妙,重复消费痛苦让我们对痛苦越来越脸熟。我们的潜意识里已经习惯了跟痛苦为伴,万一哪一天痛苦不见了,还真有点不习惯呢。看着父母不痛快,"懂事"的孩子都觉得只有戴上痛苦的面具才算是对得起父母。实在忍不住的时候,把自己的快乐建立在别人的痛苦上好像还可以让我们不再那么痛苦。老鼠打洞的本事就这样代代相传,难怪鸡窝里飞出个凤凰来那么得让人吃惊。

这个世界上最远的距离其实是心与心的距离。很多老夫老妻厮守了一生都没有走进对方的内心世界,他们的子女向谁看齐才能学会不做一个垃圾桶呢?如果所有人都站到了船的一侧,那么肯定会翻船。既然现在的这个位置不能给自己带来想要的感觉,那么向站在船的另一侧的人学习应该不会让我们白交学费。

白天和夜晚构成了完整的一天,不必追求完美的我们可以尝试着看看烦恼背后的那些启示。很多心存感激的人说自己"痛并快乐着",我们也可以想想怎样通过痛苦使自己变得更加强大。痛苦和快乐实际同出一心,也许你错过了太阳的光辉,但不要再错过漫天的灿烂星辰了。

听说天堂里没有痛苦，但没有人真的想去。当痛苦来敲门的时候，它的手里也拿着礼物，但很多人不敢打开心门。虽然外面没有锁，但是里面插着栓。他们知道"不经历风雨怎么能见彩虹"的道理，但却不敢大声地呐喊："让暴风雨来得更猛烈些吧。"

家庭暴力是伤害的夸张表现，面无表情的冷战更让人心里难受。从不吵架未必就是好事，但自动化反应很容易让我们错过形式背后的那个内容。频繁打脸的动作确实打开了尘封在记忆里的创伤性体验，但找对面的这个人算账很容易让他越来越有理由火冒三丈。

没有人看得见你心灵上的那道伤口，但你的思想却可以穿越时空。找到了伤口的位置才能够对症下药，看着别人顺眼了也就不容易被揍了。如果你没有问题了，你也就不会再碰到问题了。

孩子经常看到什么样的脸，将来就会变成什么样的脸。智慧的父母不仅看到了孩子委屈的眼神，更能够看到自己还可以更好的地方。长时间哭泣会让眼睛浮肿，他们可不想用这样的方式来帮助孩子整容。

佛祖也不过是个觉醒了的人，我们应该有机会大彻大悟。天色越黑，星星就越亮。烦恼多说明我们成长的空间大，智慧总是一闪一闪的也就不用再以泪洗面了。能知道疼说明我们还活着，能感受到爱也就忘了疼了。

我们没法说清楚爱情跟面包到底哪一个重要，总觉得财神爷应该喜欢那些满怀喜悦的人。爱恨交加的复杂情绪其实是一体两面，看着这一面的同时请别忘了还有那一面。跟你没有关系的人不会在乎你的死活，跟你要死要活的人也许正在捍卫你们之间的亲密关系。

对你撒谎的孩子很容易让你找到伤心的理由，但我们也看到了一个害怕失去爱的灵魂。如果孩子能确认自己道出真相不是另一个受到攻击的借口，他难道不盼着被高人指点指点吗？驴唇不对马嘴的互动经常让我们劳而无功，不知道怎样做才值得忙碌真让人苦不堪言。

抱团取暖的刺猬既想要亲密关系又害怕亲密关系，因为太近了会刺激对方，太远了又都觉得冷。手术之前打点麻药可以让身体对疼痛失去感觉，而那些精神已经麻木了的人难道是已经习惯了痛苦吗？很多人不觉得自己已经习惯了自寻烦恼，如果不找点刺激，他们都觉得关系疏远了呢。

爱的启动键

真正的爱是帮助别人绽放自我

不管什么机器都有个开关，想要就打开、不想要就关掉，想要哪个就打开哪个、不想要哪个就关掉哪个。人体又何尝不是一台机器呢？各个器官各司其职的连轴转，每天一万次眨眼、两万次呼吸、十万次心跳。

神经系统将人体整合为一个统一体，就像电脑的驱动程序一样指挥着人体适应环境和改造世界。心理学上有个术语叫做"心锚"，它就像插在心里的书签一样在需要的时候调度出曾经有过的心理状态。

再倒霉的人也不会没有一段充满爱的故事，伴随着当时心理状态的本能反应已经根植于潜意识里了。人类的很多行为是条件反射的结果，只要找到那个按钮就可以重温爱的体验。

一个为生计奔波的父亲回到家的第一件事情就是抱一抱自己的女儿，在女儿感受着被爱的同时自己的愧疚感也渐渐地消失了。后来这个女儿嫁给了这样的一个男人，他每次回到家的第一件事情也是搂一搂自己的爱人。拥抱的动作就像爱的启动键让这位幸运的女人始终沉浸在幸福的感觉里。

也许这个故事还有另外的一个版本：一个为事业打拼的丈夫回到家的第一件事情就是在沙发上躺一会儿，他想恢复一下体力再开始服务老婆大人。妻子下班后的第一感觉就是丈夫不爱自己，她觉得自己也累了一整天了。争吵升级的时候谁都觉得无辜，不知道妻子想要一个拥抱就会继续地争吵。

句句入心才能够声声入耳。送人玫瑰尚手留余香，看着别人心花怒放才会让我们笑得合不拢嘴。真正的爱是帮助别人绽放自我，是你爱的人让你的努力变得有意义，想闻到爱的味道就要先把爱给传出去。

发射信号的人也在接收信号，听见了不等于听懂了。之所以我一见你就笑，是因为你能给我爱。之所以能推开别人的心门，是因为已经敞开了自己的心扉。之所以不担心自己会受到伤害，是因为手里面紧握着爱的启动键。

很多人不知道爱的启动键在什么位置，所以笑起来还很是节约。在爱的感应达到峰值时总会伴随着某种刺激，当这个刺激再度浮现时就会发出爱的呼唤。这个刺激也许是有节奏的掌声、也许是大声地喊YES、也许是很OK的手势，一旦启动了这个按键就会让我们瞬间充满力量。

与其跟黑暗斗争不如在心里点灯，因为当光明来了的时候，黑暗自然就走了。生命的能量大多被锁定在潜意识的软件程序里，激活这些被压抑的部分就能够让我们在面对挑战的时候拥有更多的建设性选择。

没有智慧的人越努力越适得其反。因为担心自己的爱不够分享，所以在自己酒足饭饱之后才愿意让出某些残羹冷炙。靠吃嗟来之食长大的孩子没有知恩图报的素质，有奶便是娘的习惯让父母也越来越想收回自己的"爱"了。

关掉了传导爱的开关让我们的心里漆黑一片，逼着鲜花在冬天里绽放简直就是强人所难。努力完成不可能完成的任务不算是矢志不渝，必须用拳头说话时也不见得谁的声音大谁就是真理。

有一个女孩上学读书的时候一直住校，只有在放假的时候才能够回家。父母起早贪黑地忙活生计，只有奶奶可以全程地陪伴她度过整个假期。随着女孩一天天长大，奶奶的耳朵越来越不灵光了。每次跟奶奶在一起的时候，这个女孩总是对着奶奶的耳朵大声说话，奶奶乐呵呵的表情也给了这个女孩不尽的喜悦。

结婚以后，这个女孩住在婆婆家里。她依然习惯性地对着婆婆的耳朵大声说话。婆婆心情好的时候会看看媳妇的笑脸，婆婆心情不好的时候就会觉得媳妇在没事找事。冲突很快就爆发了，婆婆列举媳妇的罪状就是不孝敬父母，媳妇觉得委屈的地方就是自己想让婆婆高兴。

都罚酒三杯了还不依不饶，夹在中间的儿子快被挤成相片了。他经常私下里纠正妻子说话的音量，而伴随着说话音量减少的还有妻子脸上的笑容。看不到媳妇脸上的微笑让婆婆的心情越来越糟糕，音量降低了还不能得到表扬让丈夫的威信越来越扫地了。

婆媳之间的冲突最终转化成夫妻之间的战争。妻子总觉得大声说话能打开爱的开关，而丈夫却认为关掉妻子的音量才能让自己的妈妈高兴。总是短路让他们之间越来越没电了，关系快要瘫痪了还不赶快重装一遍系统？

如果没有爱的滋养，我们不会活到今天。伴随着巅峰体验的刺激是因人而异的，撩拨起爱意的按钮位置也是不尽相同的。面对奶奶的时候，大声说话能够减少爱的流失；面对婆婆的时候，保持微笑也许就是一个找到爱的开关。

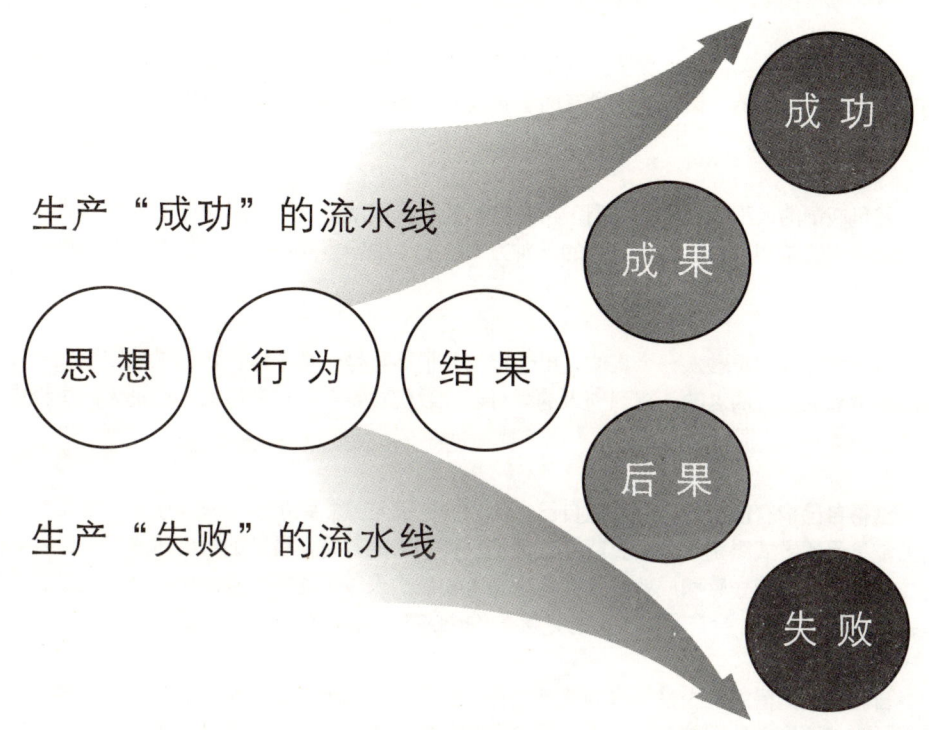

性　格

性格是一种非遗传的生存模式。

人性需求

天下熙熙皆为利来 天下攘攘皆为利往

衣食住行是人类的基本需要，满足不了这些生理需求就会让我们难以生存。想要活下去的动力是非常强大的，饥饿的感觉有时会挑战礼义廉耻，英雄气短的表现有时仅仅是因为一分钱难倒了英雄汉。

酒足饭饱的人不会再狼吞虎咽，待在熟悉的环境里就是为了满足自己的安全需求。缺乏安全感的人通常担心自己会以另外的一种方式死去，他们喜欢结交固定的朋友、从事稳定的工作。

出于害怕我们想融入一个集体，出于害怕我们不再是一个个体。我们想从归属感中找到爱的对象和品尝爱的滋味，得到别人的爱可以让我们觉得自己很有价值，爱别人的过程中也会让我们觉得自己很有个人样儿。

觉得自己很有价值的人会尊重自己，他们的自信与独立绝不仅仅来源于体面的工作。以对方能接受的方式跟别人互动更能够让他们获得别人的尊重，晋升的机会越来越多、社会的地位越来越高。荣誉感和成就感是在尊重别人和被别人尊重的良性互动中油然而生的，始终觉得自己很有价值才会在尽情表演的时候不必担心被别人当成小丑。

自我实现的需求是人性需求的最高境界。追求这个满足的企业家普遍具有使命感，他们所做的事情跟别人的利益直接相关、跟自己的利益间接相关。他们对别人那么够意思，别人都不好意思不对他们意思意思。看起来像是不食人间烟火，到最后他们并没有因为不顾自己而没有了自己。

伴随着生理需求、安全需求、归属需求、尊重需求和自我实现需求的不断升级，我们越来越是一个大写的人了。未被满足的需求驱动着我们满世界奔跑，最大程度上被满足过的人才最知道怎么让别人也能够得到满足。

不同的人有着不同的需求，相同的人在不同的阶段也会有不同的选择。因为通过满足别人的需求才能够解决我们的问题，所以需求层次越高的人越能够在帮助别人不断满足的过程中让自己的满足感不断涌向高处。

很多人坚信：天下熙熙皆为利来、天下攘攘皆为利往，但少有人知道：这里的"利"不仅指利益，更是指需求。攫取利益不过是满足需求的手段，很多人网罗了一堆建筑材料却并没有真正意义上的开工建设。

相对于人生的目的而言，企业的战略也不过是个手段。商业组织通常追求利润最大化，企业员工也想在给老板打工的过程中满足自己的需求。稳定的收入可以解决自己的温饱问题，高额的进账可以让自己在给别人买礼物的时候不必再斤斤计较。

有些老板习惯于挥舞着手中的钞票让员工努力工作，不知道自己的下一顿晚餐在哪里的人会趋之若鹜，月收入上万的人一般不会因为多涨了一百元工资就感恩戴德。虽然胡萝卜能吸引小白兔的注意力，但大灰狼却并不稀罕这个没有一丝荤腥的东西。

鱼儿跟鱼饵的斗智斗勇让紧张升级，"一家人"非要说"两家话"还是自己人吗？没有了安全感的人很难去相信别人，不知道该把自己的心存放在哪里让我们充满恐惧。虽然确定性带来安全感，但是把别人关在外面的同时自己也被锁在里面了。心不在一起的一群人不是团队而是团伙，劲都使不到一块儿去还想让公司更有未来？

不觉得员工应该有想法的老板不过是个奴隶主，把员工当人看的企业家才能够释放出这些人的潜在能量。找你提意见的人实际想得到表扬，给别人建议的时候千万别让对方觉得你看他不顺眼。员工想要公平的背后是想被尊重，更想被尊重的老板很希望维持等级森严的上下级关系。都想要的时候就会互相地抢，自己人先打起来了还怎么一致对外？

别期待员工为公司的未来奋不顾身，他们只会为自己的需求全力以赴。奋战在公司不同阶层的人想要的东西不尽相同，基层通常盼着别拖欠工资、中层非常渴望更上一层楼、高层多么享受前呼又后拥。穷得只剩下钱的老板很难有这样的胸怀：不怕你要，就怕不知道你要什么。

因为拿人家的手短，所以你有机会挽回损失。不想被别人利用的人也将失去利用别人的机会，说别人计较的人自己正计较着呢。这个世界上到处都是聪明绝顶的人，好不容易找到个傻瓜后来才发现他大智若愚。想满足自己的需求并非自私，为自己而战的人会让你看到：越自私的人越无私。

很多有钱人并没有登上人生的巅峰，到达目标的时候才发现并没有达到目的。人性需求相对于肉眼而言是个看不见的精神存在，如果不能超脱对于物质的追求，就很难摆脱人类的动物属性。

行为动机

行为的背后是动机

人类行为的背后都有某种动机，就是这些看不见的内在动力驱使着我们做出了映入别人眼帘的行为。把"行为"跟"动机"分开来看更容易让我们的眼光穿透变化莫测的现象，当看着本质的时候，应该就不会觉得眼晕了。"无利不起早"的说法已经抓住了早起背后的主观原因，能够获得补给才会激励下一个动作的脱颖而出。

当别人打电话找你的时候，多是为了达到他们的目的。当你给别人打电话的时候，一定有你想要满足的需求。相同的动作竟然起源于不同的动机，想接别人电话的动力也许是觉得对方能够为自己所用，挂断别人电话的原因可能是认为对方正在耽误自己的好事。

追求快乐的动力让我们主动去干，因为想获得利益。逃避痛苦的压力让我们不得不干，因为想减少损失。趋乐避苦的凡人本性驱动着身体左突右冲，找到了这一连串动作的源头也就能够控制住行为的强度甚至倾向。

发动机点火和方向盘调整给了汽车动力和方向，行为背后的动机也直接关联着人性需求中的某个层级。并不是所有的动机都能如愿以偿，在我们想要的同时也许别人也想。撞车的现场告诉我们大家都在抢占同一个地盘，非要把别人给挤出去的努力通常让自己也损失惨重。

车流的背后是人流，汇聚到一起的人都觉得在这里可以满足自己的需求。N个人分一个苹果会越分越少，一个想法在N个人之间分来分去会越分越多。达成目标的资源之于目标相当于目标之于目的，不过是些满足需求的工具而已。很多人的行为动机是想把别人的变成自己的，少有人的起心动念里知道手段不是目的。

凹凸互补才愿意往来，各取所需才愿意交换。人类的潜意识能够识别出对自己不利的外来指令，选择了错误的工具就别想达成正确的目标。因缘际会才能产生结果，外因也必须通过内因才能够起到作用。

知道"为谁而战"和"为何而忙"就会为外在的行为注入动力，能够追溯到能量的源头就可以影响对方的行为。我们的很多习惯性动作折射出自己的需求层次，想往高处走的人可不会一直拽着把自己往下拉的手。

为了让别人填饱肚子的人更有机会填饱自己的肚子，满足了底层的需求才能够产生更高的追求。上楼的时候顺着台阶走自然就步步登高，始终徘徊在一楼的努力很难让我们一直都有满足的感觉。

并不是所有的人都拥有相同的动机，也不是所有的动机都搬得上台面。想要知道谁是真正的幕后推手，只要看看最大的受益者是谁。想通过"损人"来"利己"的人不想有人跟自己作对，给别人做一身嫁衣就能够获得"尊重"好像也没有让事与愿违。

有一位老师经常埋怨学生迷恋上网，但有一次他被自己的学生在网吧里抓了个现行。

学生："老师！不让我们上网，你怎么在网吧里坐了这么长的时间？"

老师："我占一个座位就可以拯救一个人，不是吗？"

觉得老师在无理狡辩的学生可能认为老师也有寂寞的时候，觉得老师在舍己为人的学生很可能就改变命运了。既然不同的台阶上都有自己想要的东西，何必非要盯着那些现在够不着的对象？心里不平衡的人也许是没有抓住利用别人的机会，不知道自己想要的是什么才会让自己的很多努力失去意义。

未被满足的需求会产生一种紧张的心理状态。当遇到某种能够满足需求的目标时，这种紧张的心理状态就会转化为动机，推动着人类产生行为。一旦达成目标，心理上就会获得满足，紧张感就会自然消失。吃饱了饭的人过一段时间又会感觉到饥饿，新的需求又会产生新的动机，新的动机开始指向新的目标，我们又行动起来了。

不断地伸手向外面要说明里面有个大窟窿，什么时候填满了才会往外溢。层次越高的需求越需要不断给予才能够感觉满足，不求回报都不担心会倾家荡产说明里面是多么得有啊。并不是谁都能有机会找到自我实现的捷径，很多人停止在某个需求层级上而不知道山外有山。相对稳定的行为模式勾勒出了性格的大体轮廓，不同的人在不同的世界里寻找刺激，这就渐渐出现了人以群分的社会结构。

同一个行为的背后也可能蕴藏着很多个动机。我们总觉得那些大额捐款的"菩萨"是为了救苦救难，但看到他们在商业渠道四处炫耀那些捐款照片时才意识到他们还有另外的需求。你觉得那个吃了嗟来之食的人会知道自己也有个"善举"吗？到底是谁渡了谁呢？

我们的眼睛看得见别人的行为，但看不见行为背后的动机。眼见为实的习惯让我们把注意力放在了包装上，里面到底是什么其实也是在不断变化的。假动作是为了掩盖自己的真需求，没有人挡住我们的去路好像就能让我们越来越靠近自己的目标。

处事能力
能力比学历更重要

　　一个知道"为什么"而活的人几乎能克服一切"怎么做"的问题。没有人一出生就是武林高手，本事都是一点一点练出来的。不断被满足的过程让我们逐渐知道了自己的内心里面还有个世界，想闯进别人的地盘就要先处理心情再处理事情。

　　心情不好的背后一定有未被满足的需求，自顾不暇的时候没有人会关心你想要什么。"说什么"不过是想表达你的心思，而"怎么说"才最有可能让对方听懂你的意思。英国人当然能听见中国人说话，但没把汉语翻译成英语来表达就很难让他们听懂我们想说些什么。说话的方式和表达的态度是传播的媒介，理性的内容如果不用感性的方式来传递，也很难让对方的心接收到我们的信号。

　　"多听少说"可以让我们先找到对方的位置，句句都往对方的心里面去怎么会浪费我们的"子弹"？有的放矢的万箭齐发不可能全都脱靶，只要有一句听进去了，我们就有机会说第二句了。言多有失并非都是我们的不对，只要对方不愿意听，我们就白忙活了。

　　"多问少答"可以减少对方的攻击，同时也能让我们确认自己所找的位置是否真的精准。非要说话的时候提一个问题就可以让我们有机会继续聆听了，被充分尊重的那个人应该不会不给我们点时间来说说我们来这里的目的吧？其实答案都在问题里，一问一答的过程中，我们想说的话也许就会被对方主动说出来了。

　　正确地描述问题可以大大降低人际互动时的沟通成本。把问题当成目标的努力是没有奖赏的，只有真正的问题才值得被当成目标。共同的目标是满足各自需求的工具，如果你的话能给别人带来好运，谁不愿意听你夸夸其谈？

　　正确地表达自己才不至于被别人把你的到来当成威胁。自私的人不相信别人没一点目的，不被感恩就不再赴汤蹈火了能说你没一点私心？人正不怕影子歪常被拿来形容别人错了，其实我们也可以心平气和地告诉对方："我的目标是协助你达成目标，所以我请你帮助我达成我的目标！"

　　想吃你的鱼饵的鱼儿可不想被你吃掉，给鱼儿一个管吃管住的地方首先要自己不愁吃不愁穿。我们无法给到别人连自己都没有的东西，被充分而系统的满足过的人才更有能力去满足有着不同想法的人。

读过很多书的人不一定都能从黄金屋里找到这些解决问题的方法，只会说不会做也不是有能力的最高境界。学历不过是能力的一种表现形式，专业不对口的时候还能够混得下去说明仰仗的不全是学历。

一个8岁的小男孩屋里屋外地跑来跑去玩得不亦乐乎，蚊子一个劲地往屋里飞也没有引起他的注意。爸爸看到了一个有问题的孩子，生气地说："把门关上！真不懂事！"孩子不知道把门关上的价值与意义，却很在意爸爸对自己的负面评价。房门被不情愿地关上了，孩子的眼眶里也挤出了几滴委屈的泪水。妈妈感应到了孩子的需求，把他拉到了一边。

妈妈："你想让蚊子咬你吗？你昨天晚上可是被骚扰得不轻啊！"

儿子："不想。"

妈妈："爸爸也不想让你继续被蚊子骚扰，他觉得把门关上可以将蚊子拒之门外。"

儿子："可是他说的是我，不是蚊子。"

妈妈："你觉得一个不想让蚊子咬自己孩子的爸爸是好爸爸还是坏爸爸？"

儿子："好爸爸。"

妈妈："你觉得一个好儿子会忍心看着蚊子咬自己的爸爸吗？"

儿子："不会。"

妈妈："如果你为了这个而主动把门关上，确实是一种懂事的表现。"

儿子："我也冤枉爸爸了。"

妈妈："去安慰安慰爸爸吧，他还在那里生自己的气呢。"

儿子冲着爸爸阴沉的脸吐了一下舌头，爸爸也有点不好意思了。

都说旁观者清，你觉得这个孩子最爱听谁的话呢？在妈妈的眼里，只有目标，没有问题，毕竟解决问题也是为了达成目标。解决问题的方式有问题也会产生新的问题，如果目标比问题还高大的话，谁还会把问题看在眼里呢？职业化的微笑是经过训练的表情，内心喜悦的人的脸上应该不会缺少笑容。言传不如身教，自己做到了才有资格说。

个性气质

美丽的人不一定有魅力

外表美丽的女人通常会被多看一眼,再加上香水的气味也许还能被高看一眼。香水的品牌不能让香水的气味维持一生的时间,人格的魅力却可以让一个人的吸引力保持一世。由内而外洋溢的气质不是一天就能熏陶出来的,每个人的个性既代表了他自己也标注着他的出处。

在一个普通人家的客厅里,妈妈坐在沙发上做着手工,8个月大的儿子在地板上爬来爬去。他好奇地探索着自己的世界,地盘越来越大,渐渐离开了妈妈的视线。一阵痛苦的嚎叫惊醒了低头做事的妈妈,当她抬头张望时却怎么也找不到自己心爱的宝贝。搜遍了各个房间之后,她终于在大衣柜的最底层看到了一张惊恐的脸。妈妈帮儿子摆脱了层层的重压,克制着不满的情绪静静地抱着自己的孩子,一直等到他挂满泪水的脸上绽放出笑容。恢复了自信之后,这个小宝贝挣脱了妈妈的臂膀,又开始了一个人的旅行。妈妈不再一直坐在沙发上了,孩子爬到哪里,她的视线就会覆盖到哪里。他们的目光偶尔会碰到一起,孩子在咯咯笑了一通后,又继续勇敢地往前爬。

学会了走路和说话之后,这个孩子上幼儿园了。有一天,他拿回来一张奖状,上面写着"最勇敢的小宝贝"。妈妈兴奋地问:"宝贝,这个'最勇敢'的光荣称号是怎么来的?"儿子高兴地说:"今天老师问我们'谁会开飞机',我举手了,老师就说我很勇敢。"妈妈疑惑了:"只有你一个人举手了吗?"儿子解释道:"小朋友们都举手了,但是我的手举得最高。"妈妈会心地笑了,孩子也觉得自己真的很不错。

说来也巧,当这个孩子就要高中毕业的时候,空军正好到他所在的学校招收飞行员。儿子看着妈妈:"我想报考飞行员,您同意吗?"妈妈笑着说道:"我的孩子,你3岁的时候就已经会开飞机了,怎么现在还没玩够?"儿子自信地说:"我以前会开假飞机,我现在想开真飞机。"妈妈郑重地说:"这么多年来,你一直能自己的事情自己做,未来想做什么仍然是你自己的事情。不管你做了怎样的决定,妈妈永远都相信你能行、支持你做到。"儿子对着妈妈伸出了大拇指,妈妈又一次会心地笑了。

每个人的个性气质都是被"环境"不断浸润的结果。每一个闯进我们生命的人都或多或少对我们产生过影响,不同点仅在于是往哪个方向施加了影响。能够自给自足的人不会习惯性地东张西望,无欲则刚是因为让别人抓不住要挟我们的把柄。

我们看不见磁力线的存在，但可以看见铁粉蠢蠢欲动地向着磁铁靠拢。我们说不出能量场的结构，但能感受到气场足的人多是某个世界的中心。看不见摸不着的心理状态润物细无声地影响着不同肤色的笑脸是否百花齐放，看得见摸得着的习惯动作此处无声胜有声地彰显着每个人的个性气质。

　　在一个普通人家的客厅里，妈妈坐在沙发上做着手工，8个月大的儿子在地板上爬来爬去。他好奇地探索着自己的世界，地盘越来越大，渐渐离开了妈妈的视线。一阵痛苦的嚎叫惊醒了低头做事的妈妈，当她抬头张望时却怎么也找不到自己心爱的宝贝。搜遍了各个房间之后，她终于在大衣柜的最底层看到了一张惊恐的脸。妈妈帮儿子摆脱了层层的重压，抑制不住自己的情绪冲着孩子大呼小叫。孩子的哭声换了一种腔调，泪水一直挂在稚嫩的脸上。发泄完之后，妈妈抱起了自己的孩子。过了一会儿，当她想把孩子放下的时候，孩子死死地纠缠在妈妈的臂弯里。

　　学会了走路和说话之后，这个孩子上幼儿园了。有一天，他拿回来一张奖状，上面写着"最勇敢的小宝贝"。妈妈兴奋地问："宝贝，这个'最勇敢'的光荣称号是怎么来的？"儿子高兴地说："今天老师问我们'谁会开飞机'，我举手了，老师就说我很勇敢。"妈妈疑惑了："只有你一个人举手了吗？"儿子解释道："小朋友们都举手了，但是我的手举得最高。"妈妈指着孩子的鼻子说："你这个傻瓜，开飞机有那么简单吗？现在的老师也真是的，就欺负这些不懂事的小孩子。"孩子困惑地问自己："到底谁对呢？"

　　说来也巧，当这个孩子就要高中毕业的时候，空军正好到他所在的学校招收飞行员。儿子看着妈妈："我想报考飞行员，您同意吗？"妈妈不屑地说："你以为开飞机是闹着玩的，万一掉下来，我怎么办？"儿子着急了："这关系到我的未来，我想做自己喜欢的事情。"妈妈生气了："这么不懂事，只想着自己高兴，就不问问妈妈喜不喜欢？"儿子像被霜打了的茄子蔫在那里了，妈妈反而觉得自己把问题给解决了。

　　不同的人给人不同的感觉，被满足了的心到底该由怎样的脸来代言呢？里面满了的时候才会不断地往外溢，里面没有的时候就会不断的向外要。给财神过节是想让他出手大方，向乞丐施舍时，谁会往他的破碗里放上百万英镑？虽然机会通常乔装成困难来考验我们这些平常人的心，但财神跟乞丐的个性气质应该有着天壤之别吧？

性格特征

不同的性格特征显化着不同的关系模式

人类的基因编码并没有决定谁该外向、谁该内向，就算是最内向的人在他刚出生的时候也没有不好意思哭。性格是一种非遗传的生存模式，在后天的摸爬滚打中逐渐衍生出某些特征。不同的性格特征显化着不同的关系模式，外部的关系模式折射出内在的关系模式。

经过很多年的艰苦奋斗，一个白手起家的创业者终于摆脱贫困了。他心满意足地在办公室里抽着雪茄，旁边是正在忙碌的女秘书。

烟雾渐渐把女秘书包围了起来，她下意识地用手捂了捂鼻子。这个动作让老板非常不爽，他不自觉地脱口而出：“我一天的进账比你忙活一年的还多……”美丽的女秘书愣了一下，脸上露出了一丝自卑的神情。

老板挺了挺自己的胸膛，女秘书也利用这个空隙调整了一下自己：“您说的没错，也许我干一辈子也比不上你一个月的收入，但是我觉得你很累……”就在这一刹那，自卑感离开了女秘书的身体，老板的腰杆儿也不再那么直了。

我不知道你会怎样评价这位老板，但是我想说：“他让人自卑，是因为他自卑。”从别人莫名的自卑中捡回自信是很多人的生存技能，当别人觉得自己不配时，他们想要的感觉好像就没人来抢了。

一个人想跟你建立什么样的外部关系，意味着他有一个什么样的内在模式。当这位老板对女秘书说"我一天的进账比你忙活一年的还多"时，显然是在重申"我行、你不行"的游戏规则。正因为心灵深处的模板上深深地镌刻着："内在的父母"行、"内在的小孩"不行，所以说在自己可以指手画脚的机会到来之时就会扮演"内在父母"的角色而将"内在小孩"的角色投射给对方。识相的员工多会主动附和"我不行、你行"，因为他们认同了"内在小孩"的角色同时把老板看成了"内在的父母"。

尽管老板希望员工给公司创造价值，但也不希望他们抢了自己的风头。非要看着别人哭才笑得出来的德行沦丧着人格的魅力，让自己人失去自信的努力也在降低着自己的战斗力。学会了做出乞讨姿势的员工把握住了坚守岗位的机会，身边都是比自己矮的人可不就会在天塌下来的时候首先被砸吗？也许是不想认输的性格让这位老板走到了今天，想更有未来的特征难道还是谁也别想赢？

面对着"我行、你不行"的强大火力，懂得自爱的女秘书通过启动"你行、我也行"的关系模式而躲过了一劫。我们很佩服这位员工的父亲或者母亲，如果没有这两位高人指点，他们的女儿恐怕必须要跪着走路了。"内在的父母"跟"内在的小孩"互相爱的过程会诞生"我行、你也行"的关系模式，不管是谁先爱谁，都能让我们看起来人见人爱。

我们不知道这位老板是否能从这段经历中获得成长，但我们知道他在这位员工面前不会再那么放肆了，因为这样的人天生能觉察到别人的假自信。只要老板不往她这里倒垃圾，她也不会跟老板去计较。就算老板继续在她的世界里随地吐痰，她也能让他明白不能在五星级酒店里这么没有素质。

当两个内在模式都是"我行、你不行"的人相遇时，通常会拼个你死我活。不想被人抓住把柄的老板会下意识地把比自己强的员工驱逐出境，不允许别人展示强于自己的那一面还怎么通过他们的"水涨"来让我们的"船高"？不想有任何闪失就必须捡软的柿子来捏，本来想找个人帮忙，怎么他们越帮，我们却越忙？

如果父母不爱自己的孩子，又经常折磨自己的孩子，就会在孩子的关系模式中留下这样的烙印："内在的父母"不行、"内在的小孩"也不行。这样的人通常行为非常极端：如果你不嫁给我，那么我就弄死你。你否定我是认为"我不行"，我能夺走你的性命可以说明"你更不行"。

这样的危险人物惹不起可以躲得起，但很多追求到成功的人就是这么得手的。他们怀揣着"我行、你不行"的强大信念一路过关斩将，最后变成了所谓的成功人士。榜样的力量让越来越多的家长效仿他们的成功秘笈，难道就是想等到孩子长得跟自己一般高的时候再"以其人之道还治其人之身"吗？让别人自卑是想控制局面，担心孙悟空跳出自己手掌心的人还是如来佛祖吗？

播下一个行为，收获一种习惯；播下一种习惯，收获一种性格；播下一种性格，收获一种命运。性格缺陷是一种系统性漏洞，如果不能从源头上查漏补缺，就很难维持各种关系的良性互动。堵上漏水的缺口才能让水位不断上升，获得满足的程度越来越高才能让自己无悔于这短暂的一生。

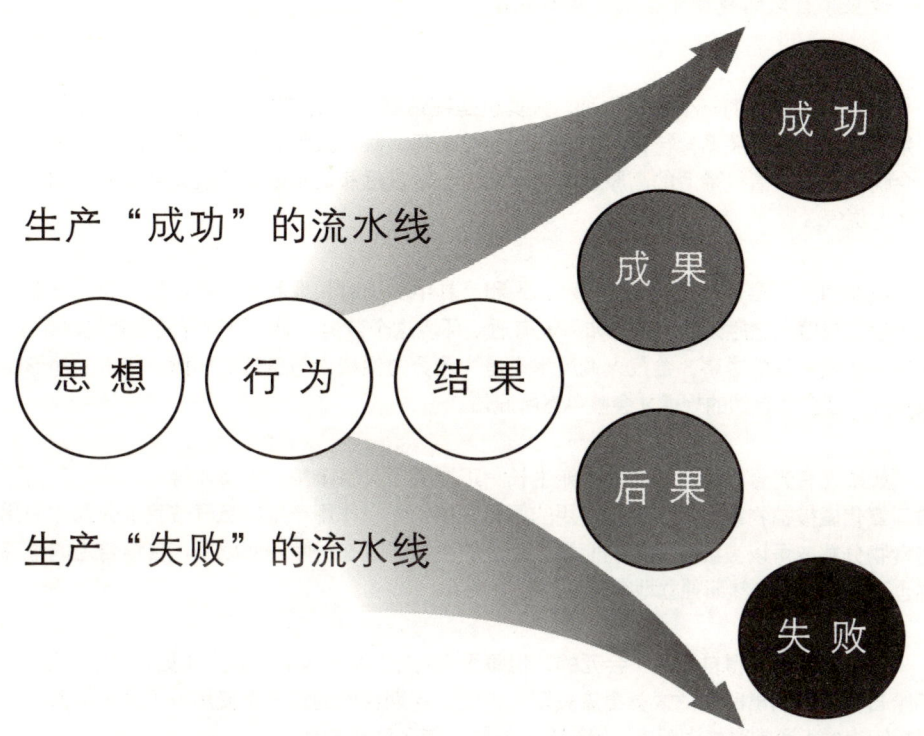

环　境

我们都是环境的产物。

人与自然的和谐

适应了自然的规律才会被自然所庇佑

作为自然界里的一个普通物种，人类也是在适者生存的选择中一步一步进化到现在的。如果不能跟水搞好关系，待在水里的人就会被淹死。假如太阳哪一天不来上班了，我们很可能会瞬间消失。氧气稀薄的高原上人烟也稀少，跟自然和谐相处才有机会采日月之精华、集天地之灵气。

成功的三个要素包括天时、地利、人和，其中的天时和地利就是拜自然所赐。自然灾害的发生挑战着人定胜天的信念，如果没有适应环境这个前提，想改造世界简直就是以卵击石。呼风唤雨是神仙的本事，给凡人调风水也是为了努力促成人与自然的和谐。飞机的外形由风来决定，适应了自然的规律才会被自然所庇佑。

如果没有光合作用，植物就不能生长。正是有了五谷杂粮，人类才得以延续。我们呼出的二氧化碳被植物拿去做了光合作用的原料，植物光合作用产生的氧气被我们吸入体内用于将食物分解成可以被细胞利用的能量。人类的生命不过在一呼一吸之间，自给自足的最高境界也不是要脱离自然而独立地存在。

很多年轻人觉得自己是不会死的，但每天 23 点之前进入梦乡的人才更有机会永葆青春。不给自我修复留出时间的人类会流失阳气，没有定期保养的汽车也使用不了太长的时间。不想折阳寿的人通常跟着太阳走，始终有补给的人怎么会透支？

我们应该给太阳发个全勤奖，感谢它在春生、夏长、秋收和冬藏的漫长过程中不吝啬自己的能量。生理的新陈代谢系统也一年四季不闲着，在我们不知不觉间将营养吸收进来、把废物排泄出去。

洁净的空间是最好的风水。细胞干净的人气色不错，气色不错的人好像看着什么都顺眼。他们对于自己周遭的布置很容易让别人产生有利于他们的联想，始终处于正能量波段的人一定是找到了天人合一的某道法门。

人体活动的生化反应伴随着电子的移动，而运动的电荷会产生磁场。在适应宇宙大磁场的情况下，人体的小磁场才能够维持正常的生理活动。内外磁场的互相感应显化了我们的生态环境，而适应了什么样的环境就会变成什么样的人。同频共振的自然规律让不同的存在各归各处，稳定在什么频率上才能从什么地方获得补给。虽然铁粉跟磁铁之间相互吸引，但磁铁绝不会向铁粉靠拢。既然人是自然界里的沧海一粟，那就要想办法跟自然搞好关系。

在公园晨练的人经常会听到树上的鸟儿叽叽喳喳，在晚上运动的人再怎么注意也听不到一声鸟叫。日出而作、日落而息是人类几千年来的生活规律，阳气上升的时候借光、阳气下降的时候收藏才有利于固守元气、延年益寿。

"生命在于运动"的格言激励着我们不断折腾。比太阳起得还早的人不仅遭罪而且找病。赶时间上班的人没时间锻炼，晚上回家就有时间在健身房里伸展筋骨了。必须拿出体内储存的阳气才能够汗流浃背，肌肉充血的同时脏腑也在亏虚，而此时周围充裕的可都是阴气啊。将"只出不进"坚持到底未必能迎来胜利的曙光，你一定知道"只出气不进气"的呼吸节奏能给我们带来什么样的结果。

很多毒素能随着汗液离开我们的身体，但空调正努力想取代汗腺来调节体温。被锁定在体内的毒素加重了肝肾的负担，来不及休息也就没时间疗愈，长期的入不敷出将不再只是亚健康那么简单了。

很多人想通过加班来让自己的一天能有两天的收成，早出晚归似乎是必要的代价。有位成功人士号称自己一天要吃四顿晚餐，并不是说他饿得不行，而是说他要在18点到24点之间应付四波可能会决定他命运的不同客户。大量的代谢物不能在睡觉的时候排出体外就会被身体反向吸收进而萃取出结石，就算能不断起夜也打乱了自我修复的节奏与进度。凌晨1点的时候，他终于可以休息了，而凌晨5点的闹铃又在提醒他该追逐梦想了。早晨睡早起的习惯让一些人登上了成功的巅峰，很多想成功的人正在遵循他们的成功感言"早睡早起"。

冬泳的习惯跟冬藏的规律是背道而驰的，37度的体温跟不足10度的气温也是不和谐的。虽然应激的反应可以增强器官的活性，但敞开全身的细胞让寒气逼进身体应该不是想把这项运动发扬光大的初衷吧。

春天来了的时候种子才发芽，跟冬天打成一片的梅花也可以绽放。不同的环境孕育了不同的生命，不同的生命在适应环境的前提下才能够活出精彩。南极的地盘上找不到北极熊的踪影，人体的生物钟早就已经跟自然很默契了。

人跟自然是个统一的整体，生理活动的周期节律匹配着地球自转的24个小时。一旦不同步，就难免要头疼脑热了。身体会提醒我们哪里有功课要做了，看看自然是什么节奏就应该知道自己该在什么时间干什么事了。

人与人的和谐

适应了人性的规律才会被群体所接纳

人的社会性决定了人与人的和谐程度直接影响着我们的生活质量。谁都知道家和万事兴的道理，周围都是希望你能成功的人才能让我们觉得自己应该有个目标，周围都是相信你能成功的人才能有机会整合到达成目标的资源。

有一位刚刚退休的阿姨经常出现在游泳馆的赛道上，虽然很卖力地吸气吐气，仍然不时地挡着别人往前游。有个小姑娘忍不住了："阿姨！这一把年纪了还想给国家争金夺银啊！"阿姨噗嗤一声笑了："你有所不知啊！我儿媳曾经给我儿子出了道考题，说如果她跟我同时掉进水里的话，问我儿子先救哪一个。为了不让儿子为难，我得赶紧在这之前学会游泳。"

能跟这样的婆婆相处真是福气，给别人活路又不委屈自己可谓皆大欢喜。潜艇跟海水之间有个减压舱让潜水员出出进进，人与人之间也得有个缓冲地带来让自己不被侵犯。有安全感的人才能给到别人安全的感觉，想从胜利走向胜利就要让别人觉得你的目标就是协助他们达成目标。这个时候，你会发现：越自私的人越无私。

当你能喊出别人的名字时，对方应该不会好意思说不认识你。当别人记住你的名字后，你就已经进入到他的世界了。当你越来越了解别人时，对方应该不会再拿你当外人。都称兄道弟了还分什么你的我的？都说亲兄弟明算账是为了不让自己吃亏，其实越算账越能够让对方觉得我们真够朋友。

很多人习惯于找自己之外的某个人来保存自己的隐私。跟自己说悄悄话的人肯定是自己的人，能意识到对方想从我们这里拿走什么有时比单纯地增加库存更让人喜悦。出门靠朋友的人非常希望有钱的出钱、有力的出力，光说不练的假把式可不喜欢听别人给他们讲滥竽充数的寓言故事。

"人生得一知己足矣"的感慨洋溢着内心的满足感，但我们的人生不能只有一个朋友。人民外部矛盾跟人民内部矛盾不应该相提并论，多杀个敌人就会多一线生机，用对付敌人的模式跟自己人斗争等于在自毁长城。

如果不跟朝夕相处的人变成一个样子，我们就会被唾沫淹死。虽然不知道下一个站在自己面前的人到底是谁，但我们是什么样的人最终将决定什么样的人会滞留在我们的生命里。

猪八戒照镜子是想让自己有个人样儿，有些人不管怎么努力仍然里外不是人。学游泳的人少不了喝几口苦水，但一个劲儿地在水里喝水难免会打断呼吸的节奏。不知所措的神情里隐藏着求救的信号，没有智慧的人越努力越适得其反。

一对热恋中的男女正在公园的角落里说着悄悄话。

女孩不好意思地问："如果我跟你妈同时掉水里了，你会先救谁呢？"

男孩信誓旦旦地说："这还用说？当然是先救你了，我妈能跟我一辈子吗？"

女孩顿时愁容满面："你对你妈都这样，能对我好到哪里呢？"

男孩马上话锋一转："刚才是开玩笑的，当然是先救我妈了，没有她哪有我？"

女孩生气地转过头："跟你妈结婚去吧！你根本就不爱我！"

很多走到一起的新人们都会面临如此的挑战，虽然不是相同的剧情，但感受通常极其得相似。表面上是两个人结婚了，实际是两个家族结合了。彼此都扩大了自己人的范畴，为什么还要那么见外地说："你听我的，还是你妈的？"同姓的人500年前都是一家，500年后的同室操戈应该不觉得对方还是自己人了吧？

都说人活一口气，这个"气"不仅是氧气还是指骨气。精神层面的需求不能从食物中获得，万物之灵很渴望心与心的照应。越想让人保密的消息传播得越快，越了解自己的人越知道怎么置自己于死地。我们不敢告诉别人自己想要什么，因为害怕送上门来的礼物里藏着钓鱼的钩子。我们不知道别人真正想要的是什么，所以在拍马屁的时候经常会拍到马蹄子上。这真是"麻烦"遇见"麻烦"，麻烦大了。

除了人格的平等之外，人确实有三六九等之分。上等人之间人捧人，中等人之间人比人，下等人之间人踩人。我不知道你经常光顾哪一个圈子，但看人下菜碟的过程足以证明自己在别人的眼里到底几斤几两了。当然了，我们也可以通过别人递过来的盘子来判断他究竟是何方神圣。

不是一个世界里的人不会待在相同的空间里，资源对等的人才能够关系融洽。利用别人不过是个战术动作，能在背后称赞你的人才是真的很感谢你曾经给予他们的无私帮助。既然我们所处的不是无菌的环境，那就在吃饭之前记得洗手啊。

人与事的和谐

环境污染来源于精神污染

　　人与人在共事的过程中加深了联系,没有共识作为前提就会出现不对的人、不对的事。事是人做出来的,"对的人"知道哪些是"对的事","把对的事做对"更加见证了到底谁是"对的人"。

　　我们都是在不断犯错的过程中才逐渐知道什么是正确答案的,想把我们培养成武林高手的父母未必都有能力替我们买单。见微知著的家长用"我不喜欢你这样"来提醒孩子不要重复地犯相同的错误,忍无可忍的家长用"我不喜欢你"来鸣枪示警,结果被孩子翻译成不是"自己这件事不对"而是"自己这个人不好"。

　　"我不喜欢你这个人"跟"我不喜欢你这件事"会给孩子带来截然不同的感受,前者让孩子着眼于争取外在认同进而渐渐学会了乞讨的动作,后者使孩子注意到有一个可以让自己变得更好的机会。

　　把人和事分开描述是父母的智慧,不断探索的孩子总能在"对的方向"上找到"对的方法"。当自己的兴趣跟某一件事情合二为一时,我们的核心竞争力就开始初见端倪了。如果将来能有幸把自己的爱好变成事业,就更有机会修炼到人剑合一的最高境界了。

　　有了伟大的事业作为参照,我们就能很清晰地知道该做哪些事情、不该做哪些事情。摸爬滚打的过程中何必在意别人拖泥带水的评价,把注意力集中于更好的方案总比找出一个人来宣布他有罪更有利于我们再往前迈进一步。

　　不管是眼前的事情还是未来的事情都是我们的事情,解决眼前问题的同时又能规避未来的问题让我们越来越没有问题。知道这些不代表你从此就不再碰到问题,有能力在限定的时间内做完该做的事、做好该做的事才会让我们不必一直都在路上。

　　"我想干"和"我能干"是干成事情的必备要素,觉得适合自己当然就有意愿度,都成功过很多次了显然具备胜任力。志愿者的意志是无坚不摧的,只要思想不滑坡,方法总比困难多。

　　做人是做事的前提,有人跟我们玩才有机会玩出花样。人事匹配后才能够在社会上找到属于自己的位置,不断创造价值的过程也不断地证明着我们很有东西。修炼到人剑合一的人已经不需要手中拿剑了,都已经心中无剑了正说明真正实现了人与事的高度统一。

很多人习惯于用竹篮子打水，似乎只有忙碌的身影才能够掩盖空虚的心灵。得不到奖赏多是因为做了不值得忙碌的事情，殊不知"把事情做对"的努力少不了"做对的事情"这样的前提。虽然绕地球一周也能够让南辕北辙的主人公到达终点，但一辈子都在路上走也太累人了吧。

不听话的孩子得不到家长的待见，着急上火的神情比语重心长的话语更能够让孩子印象深刻。对于一个知识结构尚不健全的孩子而言，他无法完全理解我们的苦衷。对于一个全身心都处于体验状态的人来说，他完全能够感受到我们的情绪。照镜子的动作让我们看到了自己的样子，而自己的价值含量只能通过别人对待我们的态度才揣摩得出来。觉得自己没有价值的孩子做不出漂亮的动作，想让孩子不输在起跑线上就要让他相信"你相信他是一个可以跑得更快的人"。

害怕被人抓住把柄的人不敢轻举妄动，多一事不如少一事的心态让他们越来越无所事事。没有独立意志的人随时等待着别人发号施令，有能力帮助别人达成目标的人居然没有自己的目标。只顾眼前的习惯让他们像是戴了眼罩的驴子围着磨盘转圈圈，偶尔想起了自己还有人的尊严就会间歇性地尥蹶子。抽在身上的鞭子让他们想起了自己的工作，当好一头驴子跟成为一个好人好像是截然不同的两个目标。

觉得孩子应该有个问题是家长的问题，把问题当成目标的努力简直是没事找事。不感兴趣的事情无法让我们废寝忘食，为了填饱肚子而坚守了一辈子的稳定工作怎么能让我们的脸上洋溢着激情？

有事做的人未必都有自己的事业，得不到人性需求的最高满足让很多人丧失了万物之灵该有的灵气。情绪的变化无形中告诉了别人自己丢了东西，不能从手头的事情上获得精神层面的满足让我们越来越没有动力继续全力以赴了。

不想干的人随时准备着拔腿就跑，没能力干的人越干越觉得自己没能力。习惯了找理由证明自己应该失败还忙活个什么劲儿啊，还没出招就输了说明里面早就已经有些不对了。虽然"事不对"不代表"人不好"，但如果放弃了证明自己是个好人的努力等于在不断地证明自己不是好人。外在的环境污染来源于内在的精神污染，很多时候只要人对了，事好像也坏不到哪里去。

事与事的和谐

彼此成就才能和平共处

人与人之间的稳定关系让事与事之间绵延不绝，坏人好事的人得不到君子的称号，没事可干的人迟早要退出江湖。植物是通过光合作用跟外界进行能量交换的，人类想通过建功立业来证明自己是一个有价值的人。

每个人的生命里都有一股莫名的力量驱动着自己去追求最高满足，而成功的人更容易找到一件事来让他们成功。十年如一日的兢兢业业不可能只做过一件事，不管换了什么样的交通工具，都没有忘记自己上路的初衷。虽然做过不同的事，但都是为了自己的梦想添砖加瓦。虽然做着不同的事，但心里面很明白"一生只干一件事"到底是个什么意思。

小成功靠个人，大成功靠团队。我们的事跟别人的事不一定就是一回事，别人凭什么把我们的事当成他们的事？要想让人与人之间相互扶持，要么先统一思想，要么能统一目标。立场坚定的人更容易坚持，利益相同的人才能够为伍。

如果别人知道"我们的梦想是帮助别人实现梦想"，那么他们一定会跟我们分享他们的梦想。如果别人相信"我们的目标是协助别人达成目标"，那么他们一定会协助我们达成我们的目标。

彼此成就才能和平共处，为了别人的同时其实也在成全自己。你中有我、我中有你的浑然一体，让来自五湖四海的人奔赴了共同的目标；心往一处想、劲往一处使的同频共振，让我们"众志成城成大事"。

连古人都知道一屋不扫何以扫天下，进化到现代的我们难道还不知道应该让每一个细节尽可能尽善尽美？卖油翁的成功秘诀不过是"但手熟尔"，想在真实的现实中兑现价值就必须让自己手头的工作精益求精。滴水穿石非一日之功，"认真做好每件事"最终让平凡的人做出了不平凡的事。

虽然可以一石二鸟，但一心不能二用。想在最后5分钟里干完100件事是一件不可能完成的事，但很多人经常忙碌于重要而且紧急的事。重要但不紧急的事是每天必须按部就班向前推进的事。之所以重要是因为跟目标相关，之所以不紧急是因为有时间让事情变得更好。不重要但紧急的事通常是别人的目标，在顺路的时候送兄弟一程也不会耽误自己的时间。既不重要又不紧急的事就别搬上议事日程了，因为干了也白干。

为了找到适合自己的工作，很多人像跳蚤一样跳来跳去。不清楚自己人生的定位怎么能知道该在什么地方落脚？不清楚自己竞争的优势怎么能知道该怎样跟别人比赛？快刀斩乱麻的动作截断了事与事之间的来龙去脉，只有目的地、没有出发点的人根本就订不上直航梦想的机票。

我们所做的每一件事都或多或少地关联着内心深处的某一个需求，想登上人生的巅峰就必须穿越人性需求的不同阶段。没有长期的规划就没有经营的主线，不能从最大化满足的高度看待手头的事情就会经常看到自己的所谓努力像浪花一样搁浅在沙滩上。

很多成功人士是经过多次升级才华丽转身不见了一路风尘的，不管他们跟家人、员工和客户之间发生过什么事情，都能让人感受到他们为人民服务的伟大使命。为人民币服务的人处于人性需求的初级阶段，有钱能使鬼推磨的指导思想驱使着他们什么赚钱就干什么。同样是起早贪黑的忙忙碌碌，不同的人却有着不同的"为了什么"和"为了谁"。到达目标不过是达到目的的手段，手段应该是为目的服务的，而有时候我们拿来应付万变的所谓不变居然是手段而不是目的。

老板跟员工的组合真的是凹凸互补，一个要未来的利益、一个要眼前的利益让他们各得其所。家长跟孩子的关系可不能互相利用，解决眼前问题的同时一定要认真地想一想会不会制造出一个未来的问题。

你要这个、我要那个让不同的人做着不同的事，如果能从相同的事情中各取所需，就更容易加深彼此的联系。稳定的关系让我们有心思专注眼前的问题，这件事跟那件事保持内在的逻辑才不至于把接力棒掉到地上。

看得很远的人才有能力安排事情的轻重缓急，没有眼光的人只知道一手交钱一手交货。未来的事总有一天会变成眼前的事，未来收获其实也是我们的收获。拔苗助长的努力断送了今年的收成，饮鸩止渴的习惯迟早会葬送我们的未来。

为了找到属于自己的事业，成功的人也换过不同的工作。虽然从不同的起点上路，但都是为了到达相同的终点。内在逻辑的递进关联让两码事变成了一回事，始终在自家的园子里浇水怎么能只看到别人的庄稼疯长？

环　境

成长的氛围

不断进化自己

之所以小草能吐出嫩芽，是因为春风唤醒了它的记忆。我们要是不营造出有利于自我进化的氛围，孩子就很难健康地成长并顺利完成社会化。逼着种子在冬天里发芽起不到磨炼意志的作用，一年四季都是温室的效应也是在摧毁孩子的体验。

不管孩子怎么嚎叫，家长一定会坚持给孩子打完各种各样的防疫针。针对性注射的疫苗在身体里刺激了一下免疫系统，这样的"军事演习"调动了肌体的防御系统、预警了外敌入侵时的行为标识。当流行病毒大面积扩散的时候，身体里就会自动杀出千军万马，保卫我们的身体安然无恙。

虽然喜、怒、哀、惧是人类的基本情绪，但没有人愿意每天以泪洗面。都说宝剑锋自磨砺出，但害怕让孩子吃苦的家长通常会错过让他们成长的机会。身体的痛苦通常有个截止的日期，但心灵的痛苦却不是说好就能好的。

四处碰壁又没有勇气选择死亡的人会在某个时刻痛定思痛，找到了痛苦背后的根源才能够把痛苦连根拔起。这个世界上没有对错，只有因果。既然原来的方式不能得到我们想要的结果，那为什么不换一种方式重新开始呢？

不清楚自己该做些什么的人通常会掉进无聊的深渊，想让生活充满色彩的冲动不时地刺激着他们去寻求突破。酸、甜、苦、辣、咸的个中滋味丰富着孩子的人生阅历，没有好坏之分的评判标准让他们更有能力跟周围的环境融为一体。

从别人的错误中汲取经验就不用自己交学费了，保持三人行必有我师的觉察让我们随时随地都能得到启示。光明来了的时候，黑暗不想走也得走了。就算有时候错过了太阳的光辉，黑夜也会在漫天星辰的震慑下不敢再那么黑了。

父母无法让孩子改变，除非孩子自己想要改变。只让孩子"改"而自己却不"变"的父母有着很大的成长空间，把孩子的问题当成自己成长的信号才能够给孩子营造出绽放的环境。和他们并肩作战的时候需要家长身先士卒，苦尽甘来的体验一定会让我们的未来更有未来。

人一定会死亡，但人类却不会消失。不断提高我们服务孩子的水平可以让我们的孩子不断进化，"三年一小变"不只是身体长高了，"五年一大变"更是指个性成熟了。我们允许自己犯错误，因为这会带来成长；我们不允许自己相同的错误犯第二次，因为更想要的是成功。

并不是每一粒种子都能够得到土壤的栽培，但每一位家长都愿意给自己的孩子提供成长的环境。想干不等于能干，号称是孩子第一任老师的父母大多没有老师的上岗证书。很多时候我们知道错了，但不知道错在哪里了。这个时候，指点比指责更容易深入人心。

我们跟孩子互动的每一个细节都在影响着他们的自我认知，觉得自己始终在进步才敢于不断的往前走。与其执着于指着孩子的鼻子说"你怎么这样做"，不如问一问自己"我应该怎样做"。我们没有必要觉得什么事情都应该知道，孩子的很多举动其实也能够给家长带来不少启示。

炸了别人也毁了自己的手榴弹没有机会反思同归于尽的代价，我们也很难在指责的氛围里做到闻过则喜。现实常常连一点商量的余地都没有，如果错过了那个转化的时机，就只能等待下一个轮回了。之前的白干了还不是最严重的后果，机会再也不来了还怎么把成长转化为成功？

不希望我们能成功、不相信我们能成功的人不会给我们带来氧气，离他们越远似乎就越能让我们找回自己。俗话说：相由心生！境随心转！看来改变心境就能够改变环境。只要把合理的要求当成训练、把不合理的要求当成磨炼，我们就有机会看到更多希望我们能成功、相信我们能成功的人。

谁都想让这个世界按照自己想要的样子呈现，但并不是谁都能把自己修炼成可以在冬天里绽放的梅花。净化环境是为了不让自己被病毒感染，进化自己将能够让我们有能力改变环境。如果不能改变环境，就只能适应环境了。既然已经适应了环境，不就相当于改变环境了吗？

脚板跟地面的摩擦力的反作用力给了我们一个往前走的动力，出现在我们生命里的每一件事情也是在提醒着我们怎样才能让自己变得更好。保持着成长的惯性才不会被环境所左右，想要的感觉能自给自足也就没有必要对着外面磕头作揖了。

蛇在蜕皮后才能够长得更大一点儿，如果不想忍受皮肤被岩石摩擦的疼痛，很可能会被小鸡给啄走。几次蜕变之后，蛇就可以满世界追着小鸡跑了。调整了内在的自己之后，外在的世界也就能被我们调动了。不想跟冬天搞好关系的候鸟不得不长途跋涉，看来不管用什么样的方式活下来，都是要付出点代价的。

呼吸的节奏无师自通，成长的渴望人人都有。自我修炼的出路未必都要皈依佛门，在红尘当中摸爬滚打也能历练出一身真功夫。即使不成功，我们也成长了。反正都对我们有好处，还有什么心态问题？你一定有机会闻到春天的气息，只要你始终保持着吸气和吐气的（工作／生活）节奏。

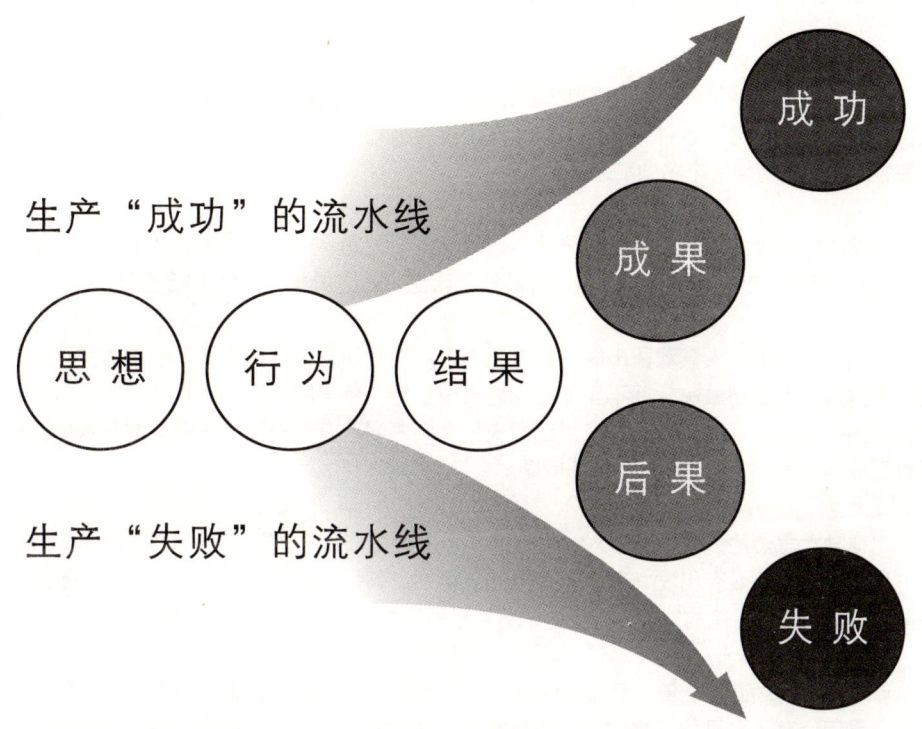

思 维

三思而后行。

独立思考

独立思考是获得独立人格的唯一途径

所谓独立思考就是使用自己的大脑来分析。虽然每个人都有头有脑，但是很多人并不习惯独立思考。自己尝试各种可能性的时候有可能会被扣分，记住别人给的"标准答案"就可以在别人出题的时候考个名列前茅了。

习惯独立思考的人喜欢找个地方让自己思考。不把别人的信息当成自己的结论让他们避免了"当局者迷"，把别人的结论当成自己的信息让他们跳出圈外，进而有机会做到"旁观者清"。

习惯独立思考的人喜欢留出时间让自己思考。混有沙土的水在静置了一段时间之后就会格外得清澈，不立刻做决定就不至于把问题当成目标。解决问题是为了达成目标，如果不知道自己的目标是什么，又怎么知道应该解决什么问题呢？有些问题是没有必要解决的，解决了真正的问题之后才能够真正地解决问题。

习惯独立思考的人喜欢自我对话。来自内心深处的一问一答让他们预演了各种达成目标的方案，在身体还没有出发之前，心灵早就从出发点到目的地往返好几个来回了。想给别人当向导就必须知道沿途的每一个路标，沿着自己的思路走才能够走出自己的路。

就像平静的湖面才能够呈现清晰的倒影，一颗静如止水的心最容易看到真相。能以不变应万变是因为有了自己的思想体系，在有所为的同时能有所不为是因为知道只有靶子上的十环才最值得被当成目标。没有人能够代替我们走完我们的一生，用自己的头脑指挥自己的身体才算是过上了自己的生活。

地球人都知道 1+1=2，但是一个不想说自己不知道的小朋友居然给出了这样的答案：1+1=11。从学习数数到学会运算有个循序渐进的过程，刚学会数数的我们知道了 1 和 11 的存在，还没有学习运算的自己把两根火柴棒凑在一起时总觉得它们很像 11。我们不知道那个小朋友是怎么异想天开的，但我们知道他好像觉得凑到一块儿就是加在一起。

独立思考是获得独立人格的唯一途径，没有了精神脊梁的人长得再长也站不起来。很多学富五车的人除了学习之外什么也不会，虽然记住了很多别人的知识，但在自己面临挑战时却并非很有智慧。想让孩子飞出家长的世界，就要让他们张开自己的翅膀。发不出自己的声音就不得不听从别人的命令，有能力帮助别人达成目标的人为什么不去给自己确定一个方向？

听话的孩子并不习惯独立思考，但他们很习惯崇尚权威。粉丝们在捧着自己的偶像时很容易忘掉自己是谁，没有自我的人不觉得自己应该有个属于自己的体系。传话筒并不是声音的来源，经常被打扰就会忙得没时间思考。

虽然谎言重复 1000 遍也会被人当成真理，但尝试过 1000 种可能的人才最知道哪一个放之四海而皆准。不想让孩子没头脑就别再替他们做决定了，不管是成长还是成功都能够让他们越来越接近各种可能的极限体验。直接记住答案的人很容易忽略产生结果的前提，有可能发生的各种情况都体验过了怎么可能不知道哪一个是正确的答案？

常听人说"人不为己天诛地灭"。凡事都从"为了自己"的角度考虑虽然能让我们充满动力，但如果别人不愿意"牺牲自己"，我们也整合不到资源。原来以为"如果人不为了自己就会被天诛地灭"，现在觉得"如果人不修为自己就会被天诛地灭"。我们尊重别人的理解，但更坚持自己的主张。

过五关斩六将成就的是关羽关云长，而跟着他走了一遭的那些人有谁在青史上留下了自己的姓名？谁都知道失败是成功的妈妈，但很多妈妈并不想让自己的孩子输在起跑线上。知道自己哪里错了就不会再那么做了，自己能够继续前进怎么可能一直都在路上？

作为芸芸众生中的一个分子，在互相的干扰中保持定力并非易事。在相互作用的过程中，要么你把他救上岸，要么他把你拖下水。水性不好的人很希望抓住一根救命的稻草，水性很好的人也有的在见义勇为之后再也没有浮出水面。

害怕死亡的恐惧让我们的心怦怦直跳，水面上泛起的阵阵涟漪让倒影不再清晰。很多人觉得眼见才为实，其实肉眼看到的不过是现象。没有眼光的人看不到现象背后的本质，让自己静一静才最有机会听到来自不同自我的声音。

让孩子放弃 1+1=11 的思路也许能让他在考试中不被扣分，但也可能断送了他通往未来的出路。很多成绩很好的学生毕了业之后找不到工作，也有些没有考上大学的孩子在社会这所大学里自学成才之后成为了给别人发工资的那个人。

听了谁的建议就会变成谁的样子，而很多人的内心深处似乎并不喜欢他原来的那个样子。家长的这个称谓并不代表无所不能，我们可以教孩子一阵子，但不能教孩子一辈子。跟他们一起体验这个思想升华的过程吧，我们也需要学学怎么使用我们的大脑。

换位思考

换位思考才不至于盲人摸象

所谓换位思考就是站在对方的角度看问题。盲人摸象的故事由来已久，没有站在对方的角度看问题让他们每个人都觉得谁的声音大谁就是真理。英国人跟中国人无法沟通，除非我们把汉语翻译成英语。给眼睛看不见的人看、跟耳朵听不见的人讲的动作不算是换位思考，越讲（自己的）道理的人越不讲（别人的）道理,越不讲（自己的）道理的人越讲（别人的）道理。

很多时候，不是我们看不到，而是我们没有站在那个角度上去看。谁都知道交换场地的意思就是把彼此的位置互换一下，但是想走进对方的内心世界好像并不是一件很容易做到的事。用嘴说话确实能传播我们的声音，但用心聆听更有机会听懂对方的意思。虽然心与心之间没有直达的高速公路，但是借着别人的眼睛看世界可以让我们避免像"盲人"那样去"摸象"。

装满水的杯子容不下其它液体，倒出去旧的才能够装进来新的。我们的心也很像一个容器，想往别人的心里装东西就要先让对方的心里没有东西。看着给自己拜年的黄鼠狼，鸡的心里不可能没有东西。自己没安好心就别怪对方以小人之心度君子之腹了，与其埋怨对方不给开门，不如改变一下自己的扮相。

站在对方的角度用自己的脑袋看问题通常会看到问题。虽然换了汤，但是没换药。问题不能被产生问题的程序本身加以解决，如果不改变我们看待问题的方式，也许会把转机加工成危机。一旦对方觉得我们是假慈悲，猫跟耗子的游戏就没完没了了。

站在对方的角度用对方的脑袋看问题才会多一个思路。自己的盲区也许正在别人的视力（势力）范围，像别人那样想问题很可能就会让我们不钻牛角尖或者走出死胡同。设身处地为他人着想才能够打消对方的顾虑，有的放矢的万箭齐发怎么可能全都脱靶？

如果没有将心比心的感同身受，就会对彼此的立场视而不见。既然已经走进了对方的内心世界，那就在原路返回的沿途插上路标。如果对方想拜访我们的心灵，他们就可以拿着我们的导航地图走进我们的内心世界。

大人的屁股很难坐进小孩的椅子里，不在同一个思考层次的人也很难做到换位思考。习惯了从不同角度看问题的人往往视野开阔，不知道对方究竟在想什么的人怎么可能事事都顺心？

叛逆的孩子并不想站在家长的角度看问题。当家长觉得孩子叛逆时，他们已经看到了一个有问题的孩子。不觉得自己应该有个问题的孩子当然觉得无辜，如果再站在家长的角度审视自己不就等于低头认罪了吗？非要找出一个人来宣布他有罪的努力让心与心的距离越来越远，都看不到彼此的影子了怎么知道对方到底站在哪一个角度？

不同的人拿着同一本书也未必就翻开了相同的一页，就算大家看着的是相同的那一页，不同的人也会产生不同的感想。这个世界上的每一个人都是独一无二的，非要把别人跟自己的不同当成别人的不对，总能让我们找到拿起屠刀的理由。盲人摸象的故事是个夸张的笑话，但现实中的很多人却习惯了睁着眼睛说瞎话。

需要思考的时候正是我们面临挑战的时候。如果有机会从不同的角度看问题，我们将更有机会走出困境。有能力帮别人解决问题的人会成为宇宙的中心，想拜师学艺的人谁不想从我们的这个角度看一看隐藏在现象背后的那个本质究竟长得是个什么样子？

财神跟乞丐应该不会有什么来往，乞丐当然想让自己的钱越花越多，难道财神很想让自己的钱越花越少吗？财神大多知道乞丐是怎么要饭的，而乞丐未必知道财神是怎么发财的。想去请教财神的乞丐通常舍不得捎上体面的礼物，继续待在原来的世界里恐怕再也不好意思说自己认识财神了。

心门的外面其实并没有锁，只要里面不插栓，外面的人轻轻一推就可以进来了。觉得别人不欢迎你不应该全是别人的问题，如果别人真的不欢迎你，就更说明了我们的心扉也没有完全敞开。走不进别人的心里去不算是交换了场地，看到的还是原来的那些东西怎么可能会改变原来的主张？

坚持自己的主张不代表不考虑别人的感受。一旦门从里面插上了，想从外面推开就很费劲了。用对方的矛攻对方的盾，让自相矛盾的主人公茅塞顿开，用跟你讲道理的人的逻辑跟他讲道理，会不会让他觉得你的道理也很有道理？

社会都进步到这般田地了，盲人摸象的故事也该出个新的版本了。与其喋喋不休地争论到底谁对谁错，不如邀请别人来自己的位置摸摸或者自己主动到别人的角度"看看"。我们并没有损失什么，帮别人的同时也在助自己。都豁然开朗的时候就称兄道弟了，没有人愿意继续享受盲人的待遇，谁都想找几个通路让自己开窍。

正面思考

只要思想不滑坡 方法总比困难多

所谓正面思考就是凡事都往积极的方面想。真实的东西都是立体多面的，有好的一面也有不好的一面。往积极的方面想就是要看好的那一面、就是要看不好的那一面里的好的元素。有一位堪称楷模的股民是这样正面思考的：股市好的时候，有钱喝酒了；股市不好的时候，有喝酒的理由了。

为了看到想看的那一面，我们总是要做些准备的。有的人习惯于这样想："我做哪些事情可以确保万无一失呢？"有的人习惯于这样问："万一失败了，我该怎么办呢？"当他们都在忙碌的时候，你觉得谁在准备成功、谁在准备失败呢？发明降落伞的那个人并非在准备失败，能从不好的那一面里看到好的元素也是在准备成功。

为了得到想要的那一个，我们需要在正确的方向上快马加鞭。提问对的问题有利于我们缩短距离，回答错的问题会让我们错上加错。虽然南辕北辙的人可以在绕地球一周之后到达终点，但我们的时间可不都是用来走路的。上路是为了走到终点，而不是为了一直在路上走。

谁都知道在哪里跌倒就应该在哪里爬起来，但是一键启动的成功按钮有时并不在我们的手中。找不到最好的视角就看不到胜利的曙光，很清楚自己想要的是什么才不会跟模糊自己视线的妖魔鬼怪纠缠不清。

习惯了负面联想的父母培养不出正面思考的孩子。因为自己错过了太阳的光辉，所以他们根本就没有心情陪着孩子欣赏漫天的灿烂星辰。很多家长"如愿以偿"地让孩子继承了家族的"优良传统"，不知道自己被废了武功的孩子拼了命地通过错误的方式想达成正确的目标。

每一次的正面思考都像是往夜空中抛了一颗会眨眼的星星，当眨着眼睛的星星足够多时，就会把黑暗挤出我们的世界。能感觉到自己每天都在进步的孩子越来越积极，他们本身就像个太阳一样在他们的世界里散发着万丈光芒。总能给别人带来希望的人怎么可能找不到自己的出路？已经上道了的人应该不会再去走弯路！

每天上班的时候，别忘了带上发现美的眼睛出门。只要思想不滑坡，方法总比困难多。只要多那么一次，我们就成功了。徜徉在现实的理想里，谁的心里不乐开了花？沉浸在理想的现实中，看着什么都顺眼！

对于充分展开的风帆而言，任何方向吹来的风都是顺风。达成目标的资源若隐若现地散落在我们的世界里，把注意力高度集中在这些可能性上才能够拼装出我们想要的目标。目标越伟大时困难就越渺小，没有目标的船再怎么漂也不算是正在前进。

往消极方面想的人并不是不想成功，虽然他们习惯于看不好的那一面、看好的那一面里的不好的元素。没有人会把自己最不开心的照片挂在墙上，但总有人带着四处要债的表情满世界游荡。

在我们的生活中，经常会有这样的画面：一边埋怨饭菜不合口味一边大口大口地往嘴里填。虽然填饱了肚子，但吸收的却并不全是营养。饭菜再觉得冤枉也不会破口大骂，如果换成长着腿的人，早就离我们远远的了。

把别人贬得一文不值似乎才显得自己很有价值，不想被押赴刑场的人很想给自己找一个替罪的羔羊。没有人跟我们玩的时候才发现自己也需要有个朋友，总担心有人说自己坏话就不想想谁更执着于想从鸡蛋里挑出块儿骨头？

收集垃圾的习惯渐渐把我们变成了一个垃圾桶，当有人往我们这里倒垃圾的时候才意识到自己还有个所谓的尊严。垃圾桶虽然不是垃圾，但也臭烘烘的。如果你还想招财进宝的话，最好像财神那样整天乐呵呵的。

拾荒的人真的是在收集垃圾吗？他们最想要的其实是从垃圾桶里找出那些可以换钱的东西。最没有资源的人居然在提炼价值，但很多西装革履的人却满世界乞讨。连自己都不是炼金术士，也就别期待周围的东西一定要完美无缺了。

总觉得周围漆黑一片的人走到哪里都会带去一阵阴风，能在半夜里听到鬼在敲门的人也能够看到别人"邪恶"的灵魂。他们头顶上的那片云彩总是下雨，越来越多的朋友被逼成了"敌人"，就连自己的亲人在跟着他们"并肩作战"的时候也满肚子委屈。他们的世界渐渐被失败的阴霾笼罩了起来，这个时候，他们前进的每一步都在走向失败。

只要思想一滑坡，困难总比方法多。只要多那么一次，我们就失败了。也许我们有一万个理由证明自己应该失败，但不要忘了我们上路的初衷是为了追求成功。既然原来的方法不能得到我们想要的结果，为什么不换一条新的道路继续前进呢？

系统思考

人无远虑必有近忧

所谓系统思考就是立足全局的高度做决定。如果能提前知道下半辈子会碰到哪些困难，我们就会在有时间准备的时候早做打算；如果能提前知道企业未来会碰到哪些瓶颈，我们就会在有资源调度的时候未雨绸缪；如果能提前知道这件事情会影响到哪件事情，我们就有机会将问题扼杀在摇篮之中。

人无远虑必有近忧，到了"亡羊"的时候再"补牢"其实已经没法找回失去的羊了。用规避问题的方式来解决问题的最大挑战是我们的眼睛看不了那么远，有时也超出了我们的理解能力。即使深思熟虑也未必都能控制得失，因为智者千虑必有一失，而愚者千虑有时候也会有一得。

规避问题不是逃避问题，而是提前解决问题。解决着眼前问题的同时也要想着怎么规避未来的问题，解决了未来的问题也就没有了眼前的问题。谁也不想让自己的麻烦越来越多，时刻准备着统筹兼顾才能让我们越来越没有问题。

想"买后悔药"的时候肯定知道自己错了，下次不再这样了也就没必要担心"没地方卖"了。牵一发而动全身说的是我们要考虑关键因素，但影响结果的关键因素不止一个就不敢说一切尽在掌握之中了。

都说站得高才看得远，想站在巨人的肩膀上登高而呼就需要有眼光看到谁比我们更胜一筹。心灵的高度不像身体的海拔那样可以被眼睛看到，经常跟从山上下来的人聚聚怎么可能摸不着上山的门路？

不同的参照会给我们带来不同的感官。我们可以以经济为参照系把中国分为：虽然面临短期困难但仍有光明前途的国家和因为面临严重的结构性问题所以会好景不长的国家。

想打通从现实到理想的路就需要通盘考虑今天、明天和后天。对眼前有利的事未必能给未来带来好处，过去的成功在情况发生变化了的时候很可能会成为继续成功的障碍。整体并非局部的简单叠加，不断变化的现象背后一定有相对不变的内在逻辑。

如果不能控制住系统性风险，就会在程序启动的时候按下葫芦浮起瓢。不管是宏观中的微观，还是微观中的宏观，掌握了关键点与关键点的系统关联才不至于拆了东墙补西墙，最后不得不拆掉承重的墙。

杀鸡取卵只想解决眼前的问题，但也制造了未来的问题。斩草除根本来想消灭敌人，到最后怎么搞得自己断子绝孙了呢？用这一个问题来掩盖那一个问题无异于用纸包火，到最后都不知道哪一个是真正的问题了，怎么能灭得了火？

很多家长担心孩子不吃饭会营养不良，喂一口算一口的坚持不懈渐渐让孩子忘记了自己的事情应该自己去做。不喂就不吃了的叫嚣肯定是孩子觉得家长错了，总觉得别人有问题的孩子长大了之后一定会找出家长的一堆问题。

恨不得替孩子去上厕所的家长应该是很爱自己的孩子，不知道家长也需要爱的孩子经常没有底线地拼爹、坑爹。如果能提前知道将来孩子会跟自己对着干，就会在孩子还小的时候狠狠心，也让他们学着给自己端茶倒水。

替孩子做决定也许能让他们不输在起跑线上，但不知道怎样才能让自己变得更好也让他们怎么跑也跑不到终点。很多孩子跟家长之间有个默契：我替你好好学习，你替我找工作、找对象、买房子……苦不堪言的时候才开始埋怨自己的孩子不独立，当初他们想做主的时候为什么不提前传授这门功夫？

不让自己的孩子跟学习不好的同学玩是想防止近墨者黑，如果别的家长也这样想，我们的孩子也没有机会近朱者赤。把同学当成跟自己竞争美好未来的敌人是很多家长努力的方向，千叮咛加万嘱咐渐渐让孩子流失了很多的朋友。

离开了"恐怖"的校园之后又进入了"阴森"的社会，总把别人往坏处想的习惯动作经常让孩子"如愿以偿"地碰到坏蛋。世态炎凉被拿来形容别人不是东西，既然自己那么有货，为什么不在这之前就防患于未然？家长过去的经验不知不觉间融入了孩子未来的体验，你觉得习惯了躲在你身后的孩子会看出去很远吗？

长不大的孩子也许学历很高，但融不进社会也说明能力不强。只能在温室里茁壮成长的孩子经不起大风大浪的熏陶或者考验，想让孩子的世界里五彩斑斓就需要在播种的季节里撒下不同的种子。

多米诺骨牌是一个挨着一个的，只要有一个站不住了，其他的就别想再继续站着了。虽然彼此之间的关联不是命中注定的，但在码牌的时候却被前因后果给同命相连了。因果关系链的那个源头很有立足全局的高度，而断章取义的处理很容易让我们码的牌彼此之间没有关联。驴唇不对马嘴的事情做了这么多还有脸笑话别人刻舟求剑？不管是先有的鸡还是先有的蛋，只要别断了联系，就不会有断子绝孙的风险。

全脑思维

大脑包括左脑和右脑

所谓全脑思维就是左脑和右脑同时工作。左脑支配右侧身体，右脑支配左侧身体。大多数人主要使右手做事情，他们频繁地启动左脑进行理性分析和逻辑推理。经常用左手的人被称为左撇子，不断对右脑的良性刺激让他们更加具有空间感、想象力和创造性。虽然右腿和左腿在走路的时候是交替行动的，但左脑和右脑的使用频率和开发程度却并非完全相同。

你有过这样的经验吗？一眼就能认出这是自己的某个校友，但就是忘了他叫什么名字。那位校友的图像已经深深地镌刻在你右脑的硬盘上了，但关于他的名字的信息却储藏在你左脑的内存里。我们很多死记硬背的知识在离开学校之后又还给老师了，但在那段时间里所产生的感觉几乎终生难忘。如果不能让意识在左脑跟右脑之间自由流动，我们就不能真实地表达自己看到了什么、听到了什么和感觉到了什么。

意识包括显意识和潜意识。就像汪洋大海里的冰山一样，水面以上的部分就是左脑的显意识，水面以下的部分就是右脑的潜意识，要知道人类在潜意识里所储存的能量可是显意识的3万倍以上。

在人与人的互动中，语言文字占6%～7%的影响力，语音语调占35%的影响力，肢体语言占55%的影响力，其他的比例受制于偶然因素。语言文字的表达是左脑控制的，语音语调、肢体语言的传递是右脑负责的。应试教育挖掘的是左脑的潜力，素质教育开采的才是右脑的潜能。如果不能充分调动90%（35%+55%）的可能性，把6%～7%发挥到极致也不过只是冰山的一角。

不会说话的小孩子虽然听不懂大人们在"说些什么"，但是能读懂他们是"怎么说的"。会说话的女孩子经常跟自己的男朋友撒娇："你好坏坏啊！"，习惯了使用左脑思考的男孩子会斤斤计较这些字面的意思，越想越觉得委屈时很容易把到手的老婆给气跑了；习惯了使用右脑思考的男孩子能嗅到接吻的机会，搂搂抱抱的次数越来越多怎么可能把自己的恋人变成别人的新娘？

相同的词语在不同的背景和表情下会被不同的人做出不同的解读，不能同时启动全脑思维的人很难看到真实的对象、听到真实的声音、感应到真实的意图。思维脑波发射与接收的同频共振让人与人之间建立了联系，一旦自己接收的信息跟别人发射的信号不一致时，我们就别想跟人家发生关系了。

每一个词语都可以被分类为褒义词、贬义词或者中性词。在左脑说出某个词语的同时右脑会随之产生相关的联想，由褒义词激发的联想通常是积极正面的，被贬义词刺激的联想大多是消极负面的，而中性词给人的感觉却是可以相对平静的。

很多想让自己瘦下来的美女天天喊着"减肥"的口号，不断强化自己很胖的意识怎么能真正起到"瘦身"的作用？很多追逐梦想的勇士不断自我暗示"永不放弃"，脑海里已经在准备失败了还说自己想"追求成功"？

如果不能在潜意识里相信自己是一个成功的人，我们的左脑再优秀也不能给我们带来成功。想让潜意识为我们工作，就要给它正面的指令。"我是一个成功的人"的自我确认可以让潜意识自动搜索匹配成功的要素，让你做成功的人该做的事，然后总有一件事情让"成功的人"成功。"我要成为一个成功的人"并非一个正确的指令，不断地承认"我现在不成功"让很多想突破的人始终找不到出口。

"我有一个坏消息"给人的压力是很大的，"我有一个不太好的消息"则可以让一部分将要产生破坏的力量转化为建设。"不"这个字虽然在显意识里已经起到了否定的作用，但潜意识却对这个没有实际画面感的家伙无动于衷。

可怜天下父母心说的是没有父母不爱自己的孩子，但亲子之间的横眉冷对也不是没有先例。担心孩子跑得不快的家长恨不得把自己吃过的苦都讲给孩子听，但不能身临其境的孩子总觉得"那又不是我的错"。用嘴说话的时候很难沁入别人的心灵，而用心表达却可以尽在不言之中。

右脑对于外界事物的象形和会意逐渐变成了左脑的象形字和会意字。左脑经常告诫我们要三思而后行，右脑经常不假思索地进行自动化反应。天长日久的发射与接收让左脑跟右脑之间出现了错综复杂的神经连接，当外因通过内因起作用时多是在瞬间就通过了这些盘根错节的线路。头脑跟心灵的矛盾来源于左脑跟右脑的冲突，踩着刹车的同时加油门难道能发挥出汽车的最大马力？

我们虽然看不到潜意识里的暗流涌动，但是能看到铁粉向着磁铁靠拢。磁场是个无形的存在，气场也是人类的潜意识跟宇宙能量相互作用的结果。人与人之间的亲疏远近是全方位互动体验的结果，资源跟资源频繁的在你这里交换怎么能找不到达成目标的资源？

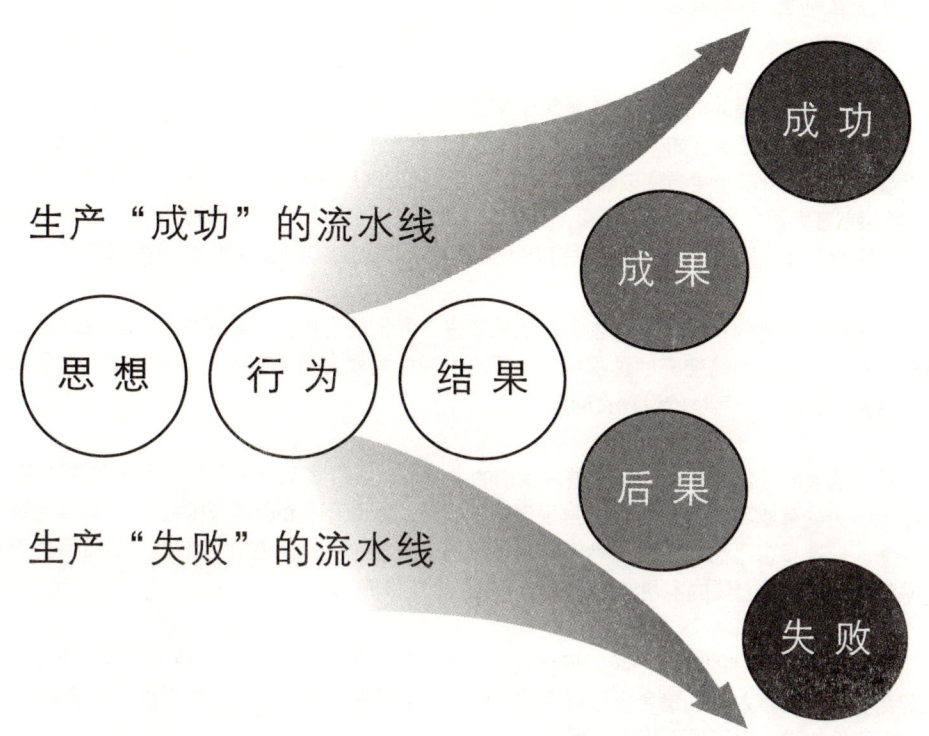

智 商

智商是指自然人的生存能力。

注意力

焦点在哪里 结果就在哪里

所谓注意力是指人的心理活动聚焦于某种事物的能力。当凸透镜对准太阳的时候，在它的下方会出现一个光点。如果把一个火柴头放在这个光点上持续一段时间，这根火柴就会熊熊地燃烧起来。之所以光能会变成热能，是因为凸透镜的高度聚焦。从某种程度上讲，焦点在哪里，结果就在哪里。注意力等于事实，因为我们看什么就会看到什么、看到什么就会得到什么。这里所说的"看"是一个泛指，包括打开人类五官中的视觉、听觉、嗅觉、触觉和味觉。

关于相同事物的不同信息通过不同的渠道进入我们的身体，在我们的意识深处形成一个焦点。在这个焦点由暗变亮的过程中，心灵的混沌空间就会渐渐被火把照得通明。当里面什么都明白的时候，外面也就没什么问题了。

外界的大部分信息是通过眼睛进入我们的身体的，紧盯着某一个事物肯定是非常注意了。眼睛看不见的事物不会在视网膜上呈现清晰的实像，视而不见的事实表明我们有时候会选择性注意。只选择自己想看的去看就看见真的了吗？只看那些别人想让我们看见的就真的看见了吗？虽然眼睛是心灵的窗户，但晶状体不过是个成像的工具。

有眼睛的人也有的听而不闻，但什么都看不见的人恨不得把听觉使用到极致。虽然不能眼见为实，但声声入耳的信息也可以在脑海里勾勒出清晰的画面。盲人的世界并非漆黑一片，他们深深地知道：看不见不等于不存在。

嗅觉的适应性可以让很多气味渐渐没有了气味，如果不能在气味第一时间刺激嗅觉神经的时候做出反应，我们就会自动关闭一个可以从外界收集信息的渠道。很多动物靠灵敏的嗅觉发现超视距的食物，但高度进化的人类却很少动用这个高度退化的器官。

触觉的应用可以让我们感受到自己的相对位置，被剪掉触须的猫再怎么用眼睛定位好像也驾驭不了它的身体了。两口子相处久了就像左手拉右手可真要引起注意了，把没有感觉的责任全都归咎于触觉不算是找到了问题的关键。

食之无味并非都是味觉的生理病变，弃之可惜才是心理活动的集中表现。没有眼光就看不到真相，思想不集中也难以在意识的深处形成焦点。没有人愿意把自己装扮成眼睛看不见、耳朵听不见和心里没感觉的僵尸，如果始终找不到那个可以让能量发生转化的焦点，我们也就别想找到解决问题的方法了。

想要同时抓住两只正在奔跑的兔子对于注意力而言是个巨大的挑战。人类的吞咽跟呼吸不能同时进行，人类的注意力也只能在一个时间点上关注一个事物。想要一箭双雕的猎手必须在眼里只有一只雕的时候出手才有可能达到目的，号称自己能一心二用的人也不过是顺手牵羊或者在两个不同事物之间快速地转换自己的注意力。

疲劳驾驶的司机的注意力被大大地分散了，所以《道路交通安全法》里规定：连续开车四个小时就必须休息半个小时。想让孩子把大块大块的时间用在学习上，也要考虑他们的注意力是否能一直不被分散。45分钟的上课学习和10分钟的课间休息可以让孩子的注意力一张一弛，有健康的生理机能提供保障才能在临阵磨枪的时候既光也快。

给驴子戴上眼罩是为了让它专心拉磨，想让孩子成才就不能让他们偏科。把注意力科学地分配到各门学科上可以让他们从不同的角度让自己变得更好，但满桌子都是图书杂志也会让他们的眼睛散光。干净的桌面上只放置跟手头工作相关的材料可以让我们的注意力高度集中，经常能势如破竹也就不会再畏惧那些所谓的挑战了。

一旦注意力被转移，我们的目标就从眼前消失了。如果没有了目标的参照，我们就会没心思做事。不小心摔倒的人不是不会走路，开不出药方是因为没找到病灶。集中精力可以减少我们的失误，一次只干一件事足以让"滴水"都去"穿石"。

围绕着某个事物的自我对话会提高我们的注意力，用问问题的方式与人互动也能锁定别人的注意力。一问一答的过程就像是在调整焦距，出现了那个焦点之后，谁都会感觉豁然开朗。答案其实就在问题里，问对了问题就等于看清了靶子的十环。目标之于达成目标的资源就像磁铁之于铁粉，目标越明确，达成目标的资源就越容易自己跑进我们的视野。

没有全局视野作为前提的局部专注很容易让人钻进牛角尖。不断被放大的问题分散着我们的注意力，拿着凸透镜的手抖个不停怎么可能发现蕴含着转机的光点？来得早不如来得巧是因为碰到了转化的节点，得来全不费工夫也不代表没有付出过别的代价。

能量会朝向我们持续关注的地方流动。激光的杀伤力源于光子们的心往一处想、劲往一处使，人类的注意力也能让我们越来越逼近从量变到质变的那个临界的焦点。那些总能在合适的时间出现在合适的地点的人已经习惯了处处留心，呼吸的节奏始终跟随着自然的韵律怎么可能不推动能量的转化？

觉察力

看现象 见本质

所谓觉察力是指"看"现象"见"本质的能力。不管注意力被目标锁定还是被问题纠缠，觉察力都能从中总结出规律、预见到未来。大智若愚的人看起来像个傻子，但聪明绝顶的人并不希望别人叫他秃头。

觉察有两种形态：觉醒和洞察。觉醒是一种感觉的复苏，它是内在的、皮肤之内的世界，也是情感的、情绪的世界。洞察是一种客观的顿悟，它属于理性的、头脑的、思想的世界，伴随着茅塞顿开的经验。

身体疲劳的时候，你可以停下来"洞察"，寻找自己之所以累的原因。也许是这几天的过度加班让身体透支了，也许是刚刚出院的身体还没有恢复到正常状态，也许是孩子的功课不好让自己开始担心他们的未来……

身体疲劳的时候，你也可以跟那个疲劳的感觉在一起，感受着这个疲劳的感觉遍布自己的全身。你已经没有力气说"我好累啊"，整个人似乎都被这个"累"给击垮了。这个时候，你的"累"苏醒了，这就是"觉醒"。

佛祖也不过是个觉醒了的人。济公活在自己的每一个发生里，和自己的情感、感觉全然地在一起。他不分场合地想哭就哭、想笑就笑，给人的感觉近似"疯癫"。他不计得失的大喜大悲、大起大落，给人的感觉像个"孩子"。

佛祖也不过是个洞察着的人。释迦牟尼让自己从事件中完全地跳开，用全然的洞察观照着这个世界。他不带判断、不辨是非，"如其所是"地看着这个世界上每一个刹那的变化，也包括自己身上的发生。

全然的洞察和全然的觉醒是提高觉察力的必由之路。

只重视洞察而忽略觉醒的人会丧失活力跟热情，他们只剩下头脑和理性，像枯木一样没有生机、没有感情。舌剑唇枪给不了别人温暖的感觉，越爱谁谁就越倒霉还说自己有爱的能力？

只重视觉醒而忽略洞察的人会变得非常情绪化，跟歇斯底里的人互动对谁都是一个挑战，不停地沉浸在自己的世界里会渐渐地忘记我们活在"关系"里。物理撞击会带来身上痛，心里别扭何尝不是受了伤？

觉察存在于立体的三维空间，并非一个点或者一个面，它包括宽度、深度和速度。

所谓觉察的宽度就是让自己的觉察扩散到生活的每一个领域。就像探照灯一样，照到哪里就会在哪里觉察到更多的东西。当你专注于这本书时，窗外的车水马龙声相对于你而言已经不存在了。其实他们一直都在那里，但选择性觉察很容易让我们以偏概全。不想让探照灯照到的地方尘封着心灵的创伤，如果不拿出勇气面对这些曾经的挑战，我们看到的仍不是真相。

所谓觉察的深度就是让自己的觉察深入到意识的每一个层面。觉察到行为；觉察到行为背后的思想；觉察到思想下面的感觉；觉察到感觉下面的情绪；觉察到情绪下面的伤害；觉察到伤害下面的恐惧；觉察到恐惧下面的渴望的失落和欲求的不满；觉察到再下面的价值观念和意识结构……

所谓觉察的速度就是让自己的觉察跟得上即时的每一个发生。当内因跟外缘接触时，生命中就会出现一个发生，"马上就明白"比"以后才知道"更容易抓住转化的机会，随时都能跟自己的内在发生在一起才算是活出了自己。

先知先觉的人像是早生了500年、多活了500年，后知后觉的人也算是有一定的眼光，不知不觉的人白长了一双眼睛。我们看到的很多事实并非真相，它们只是自己生命里的一个投射，可能跟自己生命中的某一段经历有关。

没有觉察的人就像个机器人一样，受制于自动化的反应模式。从小到大所积累的经验就是软件设计师，每个人身上都或多或少的被设置了一些按钮。懂得这些程序的人能操纵我们的喜怒哀惧，不想被过去的经验控制就需要提高我们觉察的能力。

内在跟外在的相对关系决定着我们的存在。闹钟的滴答声在周围很吵的时候也没有停止过，能听见针掉到地上的声音一定是周围安静得要命。心静自然凉让我们度过了炎热的夏天，静心开天眼可以让我们躲过思维的陷阱。

觉察力是自身体验和内心关注的结果，不是单纯地用力思考就能实现的。显化潜意识可以给我们带来更多选择，解除了自动化反应的模式才不会继续去钻那个牛角尖。我们想哭就哭、想笑就笑，不在自己的心里留下阴影。我们也不往别人的身上倒垃圾，因为自己已经不以物喜、不以己悲。

想象力

思想所及都是领地

所谓想象力是指看见"看不见"的能力。我们的肉眼看不见别人脑海里的浮想联翩,但我们内心的眼睛却可以看见自己大脑产生联想时的每一个画面。伴随着画面的念头带着我们的思想遨游,思想所及都是领地。

思想就像子宫,孕育了大千世界里的林林总总。思想的诞生就如同受精卵的植入,婴儿出生的第一声啼哭彰显了一个由内而外的转折。不管我们"看见"还是"看不见",所有"有形"或者"无形"的存在都在想象的火力射程之内。我们每个人都是十月怀胎的产物,所有现实生活中的有形存在都有过在精神里孕育的一段时间。

爱因斯坦曾经说过:"我想问题的时候不是用语言,而是用活动的、跳跃的形象进行思考。"虽然语言能表达思想,但并非思想本身。抽象的语言需要经过左脑的解码才能在右脑形成形象的画面,而尽在不言中的一个个画面却可以减少信息在传递过程中的大量流失。

有这样的一道脑筋急转弯的考题:树上原来有七只鸟,砰的一枪打下一只。请问现在树上还有几只鸟?一开始就用七减一的孩子也许数学不错,但看见了"枪声把其他的鸟都吓跑了的画面"的孩子以后应该不会不知道七减一等于六吧?

纷繁复杂的计算机系统不过是0和1在不同组合下的产物;大千世界的万种风情不过是《化学元素周期表》里118种成分的不同组合;赤橙黄绿青蓝紫的色彩斑斓不过是红、绿、蓝这三原色的相互调配;变化唯美的音乐不过是七个音符的惬意配合……

想象力的天马行空不像是断了线的风筝,看似迥异的各类存在其实都有着千丝万缕的内在联系。即使经过了多次变形的某个东西,也会或多或少让我们觉得眼熟。有形的存在大多不可逆了,但无形的存在却有着各种可能的重新组合。

没有想过的东西不会出现在我们的视野中,胸有成竹的人才能够画出好像要活了的竹子。事业的成功也多是我们朝思暮想的结果,把想象力发挥到极致才能够在思路的尽头看到出路的入口。

想象力是人类创新的源泉。我们的成就仅仅受限于自己的想象力,正所谓只有想不到,没有做不到。绳子能捆住身体,但困不住思想。如果不能给思想松绑,我们就会被现实所困。

某些美术老师习惯用"画得像不像"来评价学生的水平，当学生的脑海中有一个模板时，他们的想象力就会出现一个边界。一旦习惯了用左脑画画，右脑中的大量画面就提不出来了。如果问问他们"画的是什么"，美术老师就有机会走进不同学生的不同世界。在这个基础上动用技巧才是创作，始终保持着思想的活性才能创造。

我们的身体无法进入时空隧道，但我们的思想却可以用光的速度在瞬间就穿越上下五千年。几乎所有的先贤智慧都沉淀在我们的潜意识里了，通过梦境、暗示、隐喻等方式可以在不同的大脑间自由穿梭。被激活的部分通常会浮出水面，其实它们在映入眼帘之前早就已经存在于某个地方了。

"能量守恒定律"指出：能量既不会凭空产生，也不会凭空消失，它只能从一个物体转移到另一个物体，或者从一种形式转化为另一种形式，在转移或者转化的过程中，其总量保持不变。

"相信"是从"精神上的有"往"物质上的有"转化的助产士。越相信，转化的效率就越高。谁都可以想象一下自己成功时的样子，但只有真的相信自己是一个"成功的人"的人才有机会在现实中看到自己成功。很多人在不幸遭到表扬的时候诚惶诚恐，没想到成功来得这么突然让他们变成了叶公好龙故事中的主人公。虽然思想是没有边界的，但到了不敢想了的时候也许就停在那里了。

想象是有别于人类五官的心理过程，它为经验提供意义、为知识提供理解。我们在听故事的时候会走进一个崭新的世界，就像旅游一样，唯一不同的是用"神"游代替了"身"游。经年累月的信息储备给我们提供了想象的素材，没有前置的标准答案才会给我们打开想象的空间。

两个同事在办公室里调侃着解闷，其中的一个总不占上风，最后被逼急了："把我贬到家算了，我就不用自己开车回家了"。能够在"无形的精神世界"和"有形的物质世界"里来去自如让这个被逼到墙角的人有机会继续周旋，背着降落伞从高空坠落的人才不会觉得自己只有死路一条呢！

想象力比知识更重要。对于知识的加工所产生的新形象持续推动着个人发展和社会进步。虽然模仿是培养想象力的第一步，但不知道别人是怎么想出来的说明我们还没有伸展开想象的翅膀。

应变力

适者生存

所谓应变力是指适应变化的能力。这个世界上唯一不变的就是变化，保持不变迟早会有灭顶之灾，让自己先于变化变化才有机会适应变化。适者生存是自然选择的结果，适应了变化的就会继续活着，不适应变化的就会被环境淘汰。

七十二般变化让孙悟空往来于不同的世界，我们想见人说人话、见鬼说鬼话就需要提前知道站在自己面前的到底是人还是鬼。身心不一的人经常传递出矛盾的信息，如果我们接的是虚招，就很容易失去重心；如果我们接不住实招，就很可能被他们搞得人不像人、鬼不像鬼。

孙悟空再怎么变化也逃不出如来佛的手掌心，我们想提高应变力不仅要变通还要有蜕变。请注意看这两个算式：( )+( )=60 和 ( )+( )=90。在括号里填上数字就是变通，让自己从 60 变成 90 就是蜕变。

对于知道了 40+20=60 的人而言，也许会碰到 30+( )=60 的挑战。如果能将 40 变身为 30+10，自然就看到了 30+10+20=60，得到了 30+（10+20）=60。如果能将 10+20 合体为 30，我们就能成功地突破挑战。

知道条条大路通罗马的汽车不会抱怨十字路口亮起的红灯，方向盘调整方向是为了找到方向而非改变方向。在原则不变的前提下，可以让方法随便变。一旦原则也可以变来变去时，我们很快就现出原形了。

大厦封顶的时候高度就固定了，人类的思维模式在 3 岁到 6 岁期间就已经基本定型了。制式化了的思维模式会伴随我们一生，如果不升级自己的反应模式，我们就会自动卷入换汤不换药的宿命轮回。

改变就在一瞬间！一切换频道，思想上就是另外的一番天地了。成长却是一段路！从"知道"到"做到"还有很长的一段路要走，至少要走出你的舒适区。单纯的知道这些逻辑不足以推动改变与成长的进程，我们需要激发大脑右半球的活力，撩拨起沉睡多年的潜在意识。显意识层面的觉醒只是让我们"知道"，而潜意识层面的体验才会让我们习惯真的"做到"。

身体的高度在长了十几年之后才停止在今天这个海拔，我们的思想也需要一段时间的修复才能够释放出真正的能量。这是一段相当孤独的心路，因为"未来的你"跟"过去的你"很多时候并不是同一个你。连自己都不能跟自己同行难怪自己没人陪了，只有在基因层面上完成的自我完善，才能够让我们高度匹配那些所谓的"成功特质"。

适应了什么样的环境就会变成什么样的人，正所谓"近朱者赤、近墨者黑"。当我们生不如死时，似乎有一万个理由埋怨别人搅得自己不能成功。当自己顺风顺水时，怎么就忘了别人曾经给予我们的滴水之恩呢？

之所以选择同流合污，是因为害怕被唾沫淹死。整了容的人最终变成了别人的样子，连自己都认不出自己了还怎么喜欢自己？出淤泥而不染并非只是莲花的追求，更渴望尊严的人类也想要让这个世界按照自己想要的样子呈现。

很多时候，别人对待我们的态度和方式直接决定着我们的未来。我们无法控制别人对待我们的态度，但可以控制我们对待"别人对待我们的态度"的态度。我们无法控制别人对待我们的方式，但可以控制我们对待"别人对待我们的方式"的方式。

说起来容易，做起来难。暴跳如雷的人看不懂我们无辜的表情，还要对着他们露出八颗牙齿简直就是一种屈辱。如果不能说服自己继续忍耐，谁都能找到理由让火山爆发。别人做错了不是我们的罪过，自己要做对才是应负的责任。

适应了环境才有机会改变环境。跟冬天过不去的花儿迟早要枯萎凋零，逼着花儿在冬天里绽放也不是一个充满智慧的决定。没有回旋的余地看起来是因为不知道怎么变通，其实思想没有蜕变才是被困的原因。

争奇斗艳的梅花很喜欢冬天的这副德行，让这个世界因为有我们的存在而变得更加美好也是我们愿意委屈自己的理由。我们很想走到哪里就给哪里带去春天的气息，被春风拂面的花儿不苏醒才怪呢。满眼的姹紫嫣红映衬着我们的脸，此时的泪水里好像并不全是委屈。

改变不了环境就改变心境。很多时候，我们对待自己的态度和方式直接影响着别人对待我们的态度和方式。调整内在的自己并没有与人为敌，周围都是朋友了不就相当于调动了外在的世界了吗？外在的世界其实是内在世界的投射，正所谓相由心生、境随心转。里面心花怒放了，外面也就春色满园了。

对着耳朵听不见的人比比划划确实是在变通，冲着他们大喊大叫说明还没有蜕变。三人行必有我师的日积月累推动着我们改变与成长。心灵的高度不断超越身体的海拔给我们腾出了变化的空间，机会来了的时候来得及反应怎么会跳不出宿命的轮回？

判断力

从选择决定的那一刻开始 成败就已见分晓

所谓判断力是指决定自己怎么变的能力。想从纷繁复杂的问题中找出真正的问题并非易事,被人卖了还替人数钱的人肯定没意识到自己看走眼了。想找个棉花垛撞死的人未必就是傻子,不知道自己该怎么变的人肯定智商不高。

谁都知道盲人瞎马夜临深渊的后果,但没几个人愿意承认自己睁着眼睛说瞎话。谁都知道人无远虑必有近忧,但我们的眼睛确实看不了那么远。谁都知道方向不对努力白费,但等到眼见为实时才做决定早就已经错过了下判断的最佳时机。

孙悟空的火眼金睛是在炼丹炉里炼出来的,我们想决定自己怎么变形就需要提前准备好模板。在"身体"正式启程之前,"心灵"早就已经先上路了,早就已经在脑海里尝试着走完了这段从出发点到目的地的路,早就已经标注好了哪里该走、哪里该绕以便在现实中判断时可以按图索骥。

一个孩子刚刚学会了一个骂人的词语正满世界地学舌。爸爸生气极了,把孩子拽过来臭骂了一顿,因为太担心孩子学坏了。令人遗憾的是,这个孩子不仅没有忘掉那个骂人的词语,而且还学会了爸爸骂人的样子。

如果换一个导演,故事也许会有不同的版本。爸爸假装生气的样子提着自己的拳头迎了过来:"你这样说话是想招惹别人来揍扁你吗?"在两个人嘻嘻哈哈的"打斗"中,孩子理解了词语的含义,爸爸放下了自己的担心。

如果模板不是基于万变不离其宗的设计,我们就很难触类旁通了。请拿出30岁的眼光来看待问题,因为3岁的眼睛看不见问题的本质。抓住了以不变应万变的本质才不至于被现象的千变万化迷乱了眼睛,紧盯着主要矛盾就不会中了次要矛盾的调虎离山之计。

人类有三种属性:自然人、社会人和经济人。自然人必须在生理机能的保障下才能生存,社会人必须在关系的良性互动中才能生存,经济人必须在不断交易的过程中才能生存。不管是哪个人在做决定,都要先确保生存。不管从哪个角度做决定,我们都想做出有利于自己的决定。

事实是,从我们选择决定的那一刻开始,成败就已见分晓了。我们的所谓努力只是让这个结果尽早地展现而已,并不能真正意义上改变这个结果。令人遗憾的是,多数人一辈子很努力地做着加速自己失败的事情却以为是在追求成功。

鱼儿望着鱼饵对自己说："不吃白不吃。"渔夫拿着鱼儿对鱼儿说："吃了也白吃。"没有眼光的鱼儿不知道鱼饵背后还有个渔夫，虽然在战术上成功了，但是弥补不了战略上的失败。赢一时当然有理由哈哈大笑，但赢一世才更有机会笑到最后。

觉得自己能行跟自己真的还行具有完全不同的内涵。一个人生不出孩子，当某个结果诞生的时候，一定是某个内因邂逅了某个外缘。只考虑一个因素很容易失之偏颇，把东风也借到手的时候才能说自己的成功已经万事俱备。

面对着同样的一个事件，不同的人有着不同的角度，看到的不一样自然得出的结论就不相同。"瞎子点灯"可以让别人眼前一亮，竖起耳朵收集他们的有感而发就不再是"白费蜡"了。把别人的结论当成自己的信息就像是我们多长了一双眼睛，把别人的信息当成自己的结论简直就是出门没带脑子。

看着对方的眼睛多问几个为什么可以让经过我们的信息去莠存菁，聆听内心的声音只回答"对的问题"才能够做出符合规律的判断。老天爷也是按规律办事的，能把规律变成规则让他老人家都忍不住想替我们说话。

我们无事的时候不会去登别人的三宝殿，别人一个劲儿地给我们打电话到底是在奔赴谁的目标？目标不过是满足目的的手段，如果不能深入到人性需求的各个层面，我们的很多忙碌都会不值得忙碌。

事到临头的时候才开始全力以赴很容易慌不择路，在最后 5 分钟的时间里想完成 100 件事是恨不得要把自己给碎尸万段吗？重要的事情不应该紧急，在有时间干的时候就应该按部就班。紧急的事情未必都重要，想想初心就会让自己瞬间冷静下来。

谁都知道"失败乃成功之母"，但很多人在自己还没有成功之前就觉得自己是一个失败的人。情绪不好的时候难免头脑发热，在这种状态下环顾四周就会看什么都不顺眼。其实不成功的时候也成长了，难道成长不是一种收获？反正都对自己有好处，还有什么心态问题？

我们可以选择放弃，但不能放弃选择。选择权在自己手里说明我们还没有处于被动的局面，吃一堑能长一智自然会步步高升。能从量变到质变才算是真的升级，越来越高的人怎么能不知道自己该如何变身呢？

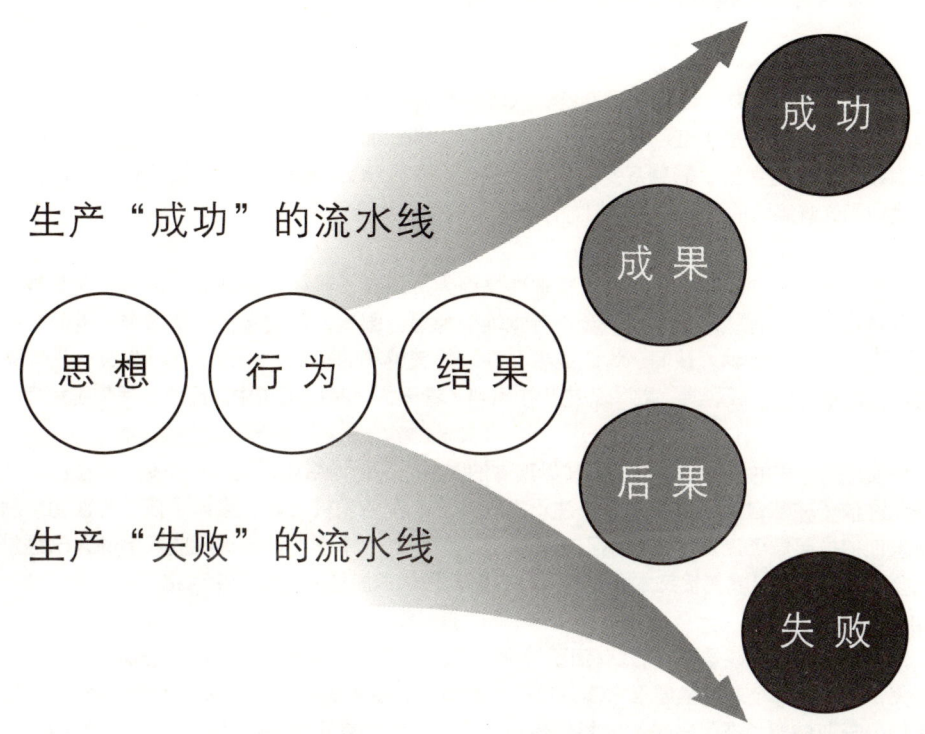

情 商

情商是指社会人的生存能力。

情感是正能量

人类的喜怒哀惧跟月亮的阴晴圆缺一样正常

就像春、夏、秋、冬的四季交替，人类的情感也有喜、怒、哀、惧的基本类型。就像五颜六色的缤纷世界是由红、绿、蓝的三原色交相调配而成，喜悦、愤怒、悲伤、恐惧的意识此消彼长最终衍生出了瞬息万变的人类情感。没有人认为阴晴圆缺的月亮有什么不对，但追求快乐和逃避痛苦的人性却让我们觉得快乐是好的、痛苦是不好的。

喜悦是成长的能量。人逢喜事精神爽是因为沉浸在被接纳、被认同、被肯定或者被允许的感觉里。在这种状态下，我们会不自觉地摘掉墨色眼镜，感觉看什么都顺眼，进而有能力给予别人更多的接纳、认同、肯定或者允许。越来越热的感觉让人禁不住一件又一件地脱掉层层包裹着心灵的厚衣裳，哪一朵花儿在闻到了春天的气息时不想由内而外地尽情绽放呢？

愤怒是守护的能量。当孩子跟父母顶嘴的时候，父母能否意识到自己侵犯了孩子的底线？不允许孩子冲着自己发火的家长专注于拆除捍卫心灵的防御工事，废掉了孩子的武功之后再要求他们去笑傲江湖？尽管谁也不想让自己的孩子任人宰割，但被训练成奴隶的人已经没有机会出人头地了。其实愤怒本身没有对错，怎么使用这股能量才会产生对错。

悲伤是结束的能量。"男儿有泪不轻弹"的励志警句让很多男人在极度悲伤的时候也忍着不哭，没能让那个悲伤随着泪水离开自己的身体就是在积蓄毒素。当淤积的能量还是气态时，我们处于亚健康状态。当淤积的能量转为液态时，我们就跟医院结缘了。当淤积的能量变成固态时，我们就看见癌细胞了。别切断你的感觉，因为通则不痛。想哭就哭吧，男儿有泪不是罪。

恐惧是保命的能量。不怕虎的初生牛犊几乎没有长大的机会，感觉不妙就马上撤退才能让我们脱离险境。几乎所有的父母都有过对于孩子的侵犯，几乎所有的孩子都有过对于侵犯的愤怒。当父母的火力压制过于强烈时，不想死的孩子就敢怒不敢言了。我们的很多恐惧是由不敢愤怒转化而来的，尽管流失了一些尊严，但至少自己还能够继续活着。

情感是即时的反应。当情感发生时，通过特定的路径所激发的神经系统活动会使激素分泌异常并引起人体内部器官的一系列变化，最终影响生理功能，或者促进健康或者诱发疾病。不管这股力量就目前而言有益或者有害，里面都蕴藏着可以往正面转化的能量。

天气有变化不是天空有问题，能量在流动不是我们有过错。我们不知道温度的变化，除非有个温度计。我们知人知面不知心，幸亏有个晴雨表。上下纷飞的落叶暴露了秋风的行踪，觉察情感的细微变化才能够配制出打开心门的钥匙。

发自内心的喜悦跟掩饰紧张的快乐会给人带来截然不同的感觉。职业化的微笑在下班之后就瞬间消失了，逼着自己嘴角上扬也许是不想让人看出自己心里并不痛快。即使此时没有喜悦的能量，其他的存在状态也许能带来建设。非要强迫自己连续 24 个小时都大笑不止，会有人说你满怀喜悦吗？一层一层地用纸包火迟早会点燃火山的爆发，该发火时就发火也许能制止火势的蔓延。

发火并非为了置对方于死地。只要对方不再轻举妄动，我们也就没有必要继续消耗了。经常在杀敌一千的同时自损八百就很难再组织起有效的防御，不得不举手投降的人还有资格愤怒吗？连自己的命都交给别人了还有什么底线可言？有时候，发火也是无能的表现。不能不战而屈人之兵说明我们在敌人的眼里并不强大，习惯了冲着别人发火的人未必习惯别人冲着自己发火，不去捅马蜂窝就不会暴露在马蜂的火力射程之内。

没有一次哭个够就像憋着泡老尿一样难受，每天以泪洗面是想要给自己整容吗？跟过去过不去就像是伤口始终没有愈合，承认自己也有脆弱的时候才是内心真的强大。大丈夫能伸也能屈，容得下别人又不委屈自己才能够将大事化小、小事化了。过去的就让它过去吧，经常把"心灵"拴在过去让"身体"奔向未来的人早晚会变成僵尸。请由衷地跟过去说声再见，除非你真的不想活了。

替古人担忧没有现实的意义，我们所担心的事情其实 90% 都不会发生。最大的恐惧就是恐惧本身，把纸老虎当成真老虎可不只是老虎的问题。成长的空间原来也是我们的版图，按照曾经撤退的路线原路返回不就收复失地了吗？虽然牛是吃素的，但牛的犄角却不是吃素的。被逼到墙角的人已经没有了后顾之忧，至少不再是四面楚歌了，又何必非要自己吓唬自己呢？

就像弥漫在空气中的不同气体，人类的情感也不是一眼就能够看穿的。请不要将你有形的手伸向这个无形的存在，随着上随着下才能够感应到能量的暗流涌动。一把钥匙只能打开一把锁，知道自己拿着的不是万能钥匙才会愿意认真地看着每一个人的脸。人类的复杂情感其实都写在脸上，除了看到岁月的沧桑之外，还需要看到皮肤里面包裹着的可以用来建设的那股能量。

情绪是负能量

没能释放的能量变成了情绪

随着河水逼近警戒水位，决堤的脚步也越来越近了。不断加固堤坝是想把风险控制在可以控制的范围之内，但是堤坝能垒到天上吗？随着没能释放的能量与日俱增，情绪的警笛也越来越响了。想办法让情绪不能攀升到爆发的峰值可以防患于未然，但是拆弹专家所用的并非都是疏导的技术。

谁都知道乱扔垃圾是不文明行为，但很多人在火冒三丈时一个劲儿地往别人身上倒垃圾；谁都知道冤有头债有主，但很多人在面对着替罪羔羊时居然也能下得了手；谁都知道有理走遍天下，但很多人在讲理的时候只讲自己的理不讲别人的理。

情绪化的反应折射出了历史的苦难。虽然和平年代不应该有血雨腥风，但在我们成长的过程中并非没有挑战。过早、过度地开发孩子的智力会在他们的内心深处留下阴影。家长希望孩子成龙成凤本来无可厚非，孩子把家长迫切的表情翻译成自己是个废物似乎也理所当然。没有人愿意被别人当成傻瓜，敢怒不敢言的背后不断积蓄着伺机反扑的力量。

很多孩子在心里默默发誓：等我长大了，你就别想再欺负我了。孩子越来越大的同时家长也越来越老了，能量逆转的结果就是孩子越来越叛逆了。孩子年龄小的时候，家长埋怨孩子没出息。家长年纪大的时候，孩子埋怨家长没本事。当初用来对付孩子的模式正在被孩子用来对付我们，我们越感觉痛苦就越应该感受到孩子当年的感受。

很多家长也曾经暗自较劲：等我得势了，我就可以欺负别人了。拿孩子出气的习惯也许能让家长释放生活的压力，但被思想包袱压弯了腰的孩子也长出了一脸的倒霉相。经常被倒垃圾的人不得不变得越来越胖，因为越大的垃圾桶才能盛得下越多的垃圾。

垃圾桶没有垃圾处理能力，认同了替罪羔羊的角色之后就没有五星级宾馆的待遇了。不要埋怨别人在我们的世界里随地吐痰，因为我们也没有把自己的地面打扫干净。君子动口不动手的句句伤人堪比刀刀见血，君子报仇十年不晚发生在亲子之间简直让人目不忍睹。

虽然生气本身没错，但是生气的理由不一定都对。情绪是过去的产物。当年有借无还的人才是罪魁祸首，冲着现在跟你借钱的人大发雷霆真让人莫名其妙。就像鞭炮一个接一个地炸，真不知道是我们碰到了问题还是问题碰到了我们。怒火烧断了心心相通的桥梁，在过去的沼泽里折腾迟早会有灭顶之灾。连自己都控制不了的人怎么控制别人？把现在的挑战跟过去的问题分开才不会被情绪控制！

就像流行病毒在空气中蔓延一样，情绪也是会传染的。这个人的愤怒点燃了那个人的焦虑，那个人的焦虑不知会灼伤哪一张美丽的脸。每个人的生命中或多或少都有没有完成的事件，交叉感染的持续发酵很容易引爆移动在大街小巷的某一个"火药桶"。

飞蛾扑火的时候不知道自己在自焚，被负能量搅浑的内分泌系统也操纵着我们身不由己、言不由衷。未被满足的需求在觉得自己有机可乘的时候就会跳出来点火，除非碰到另一股更加强大的能量才会不敢继续煽风。周期性爆发的情绪也许能让我们暂时轻松一会儿，但是必须要时刻准备着战斗真让人疲惫不堪。

被情绪控制了的人经常哪壶不开提哪壶，他们坚信真理就在大炮的射程之内。尘土飞扬的现场更加模糊了他们的视线，收到的都是假消息怎么能不扰乱我们的心境？声嘶力竭的人大多心存恐惧，而我们却经常觉得谁的声音大谁就是真理。

怕被别人拒绝的人会抢先拒绝别人，殊不知"你觉得别人会拒绝你"跟"别人真的拒绝了你"不是出自相同的行为主体。先拒绝别人的动作也许为了确保自己的灵魂不被践踏，但也封锁了我们的身体走出困境的出口。

实际上，从我们觉得别人会向我们发起攻击的那个时刻开始，即使别人没有动手，我们也已经在享受着被人攻击的待遇了。这个时候，如果没有动手的那个人本来就没有那个意思，无端的指责让人深感冤枉，"解释"的时间稍长一些就会被认为"心虚"，"申诉"的声音稍高一些都会被认为"挑衅"，这样的努力通常把亲人也逼成了敌人。这个时候，如果没有动手的那个人放弃了沟通，我们又找到了理由："我说的没错吧？他们都默认了！"。这个时候，如果没有动手的那个人实在忍无可忍了，我们通常更加理直气壮："看看，我说的没错吧？他终于现出原形了！"我们不知道这些所谓的努力正在一步一步地逼着别人向着我们发起攻击。

脱离了战场的人再也不想跟我们见面了，但有血缘关系的人想跑都跑不掉。前面横亘着一个又一个的挑战，身边的人怎么就一个接一个地变成了敌人？当前面被墙堵住，周围也竖起了墙的时候，我们也就自己把自己给埋葬了。

大禹治水的时候并没有与水为敌，身为圣贤的尧舜却怎么堵也堵不住。欲加之罪何患无辞的模式给双方都带来了压力，水位上升的结果就是堤坝越垒越高。谁能把堤坝垒到天上去呢？早晚都要被"绳之以法"，还不如从一开始就没有脾气。我们没有完成的功课并非别人必须要写的作业，自己的免疫力提高了也就不用再担心病毒的流行了。

自我情绪认知

了解自己才能知道别人

能够意识到自己内心深处的暗流涌动才不至于沦为情绪的奴隶,这些没能释放的能量实际也是未被满足的需求。不同的人在不同的时期对生理需求、安全需求、归属需求、尊重需求和自我实现需求有着不同程度的追求,任何阻挡我们获得满足的力量都有可能撩拨起我们的情绪。

为了五斗米折腰的人不敢说自己也有脾气,但填饱了肚子之后就很忌讳别人说自己窝囊。不敢跟比自己强的人对比是担心没有胜算,专门捡比自己还软的柿子去捏似乎才有机会挺起胸膛。在那里丢的面子非要来这里找,让我们把不属于自己的东西抹在了脸上,习惯了刻舟求剑之后就别想找回本应该属于你的东西了。

家丑不可外传的思想指导着我们假装很有修养,越想让别人替我们保管的秘密反而越被悄悄地快速传播。跟出卖自己的人称兄道弟简直心如刀绞,周围不再安全的感觉让谁都会心惊肉跳。远离人群的时候虽然能够找回你自己,但也让我们倍感孤独。我们渴望交到知心的朋友,但当有人走近时,我们又觉得他们是想继续打探消息。不知道谁是朋友就会觉得都像敌人,同时被踩着刹车和油门的汽车怎么能没有情绪?

始终找不到组织让我们像是没了娘的孩子,想要回家的孩子非常想找到回家的路。汪洋中的一叶扁舟不敢跟大海说自己充满力量,找不到工作的研究生宁愿随便找个地方去"做牛做马"。不断跳槽并非想变成跳蚤,要找到跟自己匹配的组织才是其背后的力量。

财大气粗的人走到哪里都会被人高看一眼,处于社会底层的人并非愿意低人一等。越渴望被别人尊重的人好像越不尊重别人,越不尊重别人的人似乎总能碰到不尊重他的人。伸手向别人要的动作如同乞讨,命令别人必须给的乞丐还有职业道德吗?没有人觉得应该对着强盗笑脸相迎,觉得自己不是强盗的人好像越来越有脾气了。

忍辱负重的人并非不尊重自己,不想打自己的人并不是因为打不过自己的人。如果自己的孩子被别人打了,没有家长不着急上火;如果吃亏的是别人的孩子,我们也不会火冒三丈。愿意为孩子献身的家长是想延续自己的血脉,不想让四万万同胞当亡国奴的人才不会只牺牲别人的孩子。

损人不利己的减压模式让我们身边的自己人也开始情绪激动了,而不知道主人心思的老马能说自己识途吗?那些睁着眼睛说瞎话的人实际与盲人无异,他们不仅把白天当成黑夜,而且还不知道自己正在跟着一匹瞎马一步一步地靠近深渊。

身不由己的感觉说明我们已经被情绪给控制了，不想让问题春风吹又生就要找到感染源、根除病原体。不高兴的人看不惯叫花子唱歌，不想穷开心的原因好像是别人把高兴给拿走了。如果别人拿走的是他们的高兴，我们还不想想自己的高兴到哪里去了？就算别人拿走的是我们的高兴，我们就不想想为什么受伤的总是我？

把自己的脑子忘在家里的人能看到别人的脑子进水，逼着别人向你开炮难道就是为了找个理由埋怨别人惹你生气？一听到铃声就分泌唾液的笨狗未必每次都能看到食物，读懂了别人眼神的人才不会引火烧身。虽然不能说以小人之心度君子之腹，但你觉得别人会那么想实际是你正在那么想。本来想偷袭别人的阵地，结果把自己的心思给暴露了，不是吗？

把井绳当成毒蛇的反应倾诉着我们过去的故事，觉得别人应该知道是我们的理解，别人无法触景生情未必就是有罪的表现。相同的客观事实有着不同的主观解释，不同的主观解释通常伴随着不同的心理感受。你的解释是你的，不是我的。你说的是你，不是我。只有那些时刻保持着觉醒和洞察的人才能意识到"我不是那个人"。既然不是我错了，我为什么不能原谅你不知道你错了？

北风跟南风打赌，看谁能把行人身上的衣服吹掉。北风一来，行人冻得捂紧了衣服；南风一到，行人热得解开了扣子。己所不欲勿施于人让坏人都找不到向我们发起攻击的借口，舌剑唇枪其实等于在替别人把心门关上。虽然我不知道从哪个门才能进入你的存在，但至少现在我知道了：此路不通。欲加之罪何患无辞并不代表我们很有本事，总觉得别人有问题的本身其实也是个问题。

与其说是生别人的气，不如说想出自己的气。气球越吹越大时总有爆炸的一天，不想粉身碎骨的我们想随时把心里的委屈排出体外。借着暂时理直气壮的时候发泄一下可以让对方不敢吱声，等到被别人抓住把柄的时候就轮到我们不敢喘气了。

抽刀断水水更流说明还没有解决真正的问题，"我们有问题"跟"别人有问题"好像并不是同一个问题。拿别人的错误来惩罚自己不是智者的水准，回答了错的问题就像是进入了死亡程序。不露出狰狞的面孔似乎都无法表达自己的立场，害怕自身难保的人此时比我们更有需求。外因通过内因才能起到作用，周期性地碰到问题好像是我们出现了问题，明白自己为什么对这个起反应才算是找到了真正的问题。

他人情绪感应

知道别人才能绽放自己

一个真正开悟的人是透过所有的感官跟外界互动的,他们像打开天线的电台,接收着来自宇宙的各类信息并适时发射出源自内心的各种信号。同频的脑波发生共振时,就会在思维的空间里将能量显化。高能量的人能够搜索到低层次的人的频率,低层次的人几乎找不到高能量的人的波段。如果一个真正开悟的人接触了你,你将即刻感觉到一股能量的传导,感觉到自己内在的什么东西被唤醒了。

心与心的灵动才能实现发射跟接收的目标。将心比心未必就能接收到别人的信息,用心表达是需要一定能量才能把信号发射出去的。我们的心里到底都有些什么呢?饥饿感?安全感?归属感?价值感?使命感?这些感觉类的东西既看不见也摸不着,但却是影响我们情感波动的幕后推手。

不吃嗟来之食的气节很难从快要饿死的人身上看到,当饥饿的感觉弥漫全身时,我们忍不住想抢走别人手里的馒头。一日三餐的压力驱动着我们朝九晚五,马不停蹄的背后是想要找到下一个馒头。晋升的机会意味着能换来更多的馒头,丢了饭碗的人总觉得有人抢走了他们的馒头。

在缺少陪伴的环境中长大的孩子没有安全感。衣食无忧的生活本来应该换来感激,但是很多家长觉得自己的孩子仍不知满足。单身的时候,一个人吃饱了全家都不饿。结婚了以后,家长需要四处奔波才能找齐够几口人吃的馒头。饭来张口的孩子不知道生活的艰难,家长一出门就哭,家长不听话就闹。

被组织抛弃的人有一种近乎死亡的感觉,这个时候的他们终于知道了一滴水放在哪里才不会干。有靠山的人才会感觉安全,感觉安全的人应该不会饥肠辘辘。将"小我"升华为"大我"的人要么是公司的核心骨干、要么是国家的栋梁之材,当公司破产的时候他们会痛哭流涕、当国家灭亡的时候他们想以身殉国。

再信奉好死不如赖活着的人也是人,被人少算了斤两的人不可能没有情绪。得意时之所以忘形是想让别人知道连地球都被他们踩在了脚下,想找回丢失的面子难道就是为了在下次丢脸的时候能有脸可丢?

对什么起反应折射出你处于什么水平,被充分满足过的人才有能力感受别人的感受。"给了我们想给的"满足的是我们的需求,没有被满足的人怎么可能会觉得自己应该给你回报?觉得对方有罪才会理直气壮地声讨,如果没有善意和理性拦着,我们就会被问题死缠着不放。

如果老师说你的孩子偷了别人的东西，你会怎么对待你的孩子呢？也许你看到的是一个偷了别人东西的孩子，但我看到的却是他内心深处的极度渴望。如果就此宣布孩子有罪，你也选择了错误的工具想达成正确的目标。如果得到了高人的指点，他应该不会继续用相同的方式努力却想要得到不同的结果。

电台发射的电磁波里携带着经过编程的音频信号，当跟收音机里的某个频率共振时就会被解码进而让我们听到广播。语言就像经过编程的音频信号，被脑波带着四处游荡的同时总能跟某个同频的思维发生共振进而让我们听到心声。

我们学习使用语言是有个循序渐进的过程的，小学语文、中学语文和大学语文的递进关联细水长流地延续了 16 年。用嘴说话时受限于我们使用语言的能力，不同水平的人往往能把相同的语言翻译出不同的意思。几乎每个人都有过无法用语言表达的经历，但是说不出来不代表感受不到、说不出口不等于没有需求。相对于当事人的即时体验而言，语言是滞后的，况且有时候我们根本就不让对方把话说完。

担心孩子被关进监狱的家长觉得指责能唤醒堕落的灵魂。面对着家长的火力全开，再孝顺的孩子也不敢敞开心扉。不得其门而入的家长浪费了不少"子弹"，还想通过继续唠叨来放下自己的担心就有点不觉悟了。越来越多的证据让孩子相信了自己是父母从垃圾桶里捡来的，其实父母只是想让孩子知道：没经过别人同意的拿就是偷。

孩子也开始从防御转为进攻了，争论的焦点好像离当下的话题越来越远了。谁都想让自己成为正义的化身，谁都在寻找对方犯罪的证据。掩饰自己的犯罪事实好像变成了当务之急，埋怨孩子撒谎的家长似乎没看到他们正想以此来包扎自己正在滴着血的心。

文字游戏的背后是心理游戏，局势变得越来越复杂了。使用语言的动机不同让我们发射出了不同的信号，自我保护的需求不同让我们只接收可以反守为攻的信息。这个时候的语言已经不敢再直抒胸臆了，谁都在装模作样，谁都想通过干掉这个人来摆平这件事。驴唇不对马嘴的互动让语言变成了沟通的障碍，越咬文嚼字就越听不见冰山崩裂的声音。

地震是地球在释放压力，情绪的背后隐藏着需求。事后诸葛亮看到的是断壁残垣，想抓住每一个往满足的方向推进的机会就需要关注有价的信息。不管我们觉得自己有多对，只要心爱的人流泪了，我们就应该知道：我错了。替孩子挡了一箭的家长并没有放任自流，没有被贴上坏蛋标签的孩子时刻准备着将功补过。谁都有需求！谁更有问题？

精神新陈代谢

妖魔鬼怪快离开

饭前洗手可以防止病从口入。当我们吃饭的时候，营养被身体吸收，废物被排出体外。生理上的新陈代谢系统让我们不至于成为一个垃圾桶，而精神上经常念念不忘的却是我们并不真正想要的东西。

人体的细胞每 11 个月就会被更换一遍，我们的潜意识也可以通过显意识的控制来重装一遍系统。正确地表达自己可以让自己置身事外，正确地描述问题可以让我们五毒不侵。我们没有义务教育别人，因为那是他们父母的事、他们自己的事。我们也没有必要拿别人的错误来惩罚自己，只要自己学会排毒，妖魔鬼怪也就近不了我们的身了。

"我曾经很悲伤"是一句关于自己的表达。也许你的注意力被"悲伤"这个词语紧紧抓住了，但"曾经"这个词语却让我把现在跟过去做了分隔。"过去悲伤过"的弦外之音是"现在不悲伤"，能意识到"过去的我"被惹火过也说明"现在的我"已经有条件袖手旁观了。

"我看到……我听到……我感觉……我希望……"可以表里如一地表达自己，同时也给别人的中性觉察提供了大量的信息。腹式呼吸的节奏会延迟我们的判断，不再自动化反应了也就能看到更多的选择了。"我允许自己悲伤"让我们从被动中夺回了主动，有能力干净地争吵让情绪怎么争也夺不走主人的位置。

"妈妈不喜欢你"这句话携带着致命的病毒，想让一个自我认同还没有夯实、知识结构还没有健全的孩子区分开"妈妈不喜欢我这个人"和"妈妈不喜欢我这件事"简直势比登天。妈妈本来是想让事情越来越漂亮，但孩子的脸色为什么越来越难看？错误地描述问题相当于在火上浇油，头脑越来越热的彼此渐渐把火力偏离了"事"对准了"人"。

"你对我不好"这句话好像在表达需求，但据理力争的妈妈肯定感受到的是指责。"我希望你对我好一点"可不是在用指责的方式表达需求，想解决问题的妈妈应该能意识到自己都做了些什么。能够正确地描述问题就已经把问题给干掉一半了，而搭错了车的人再怎么走好像也走不对路。

虽然我们本身就是一座宝藏，但并不知道到底有多大储量。外在物质的缺乏折射出内在精神的匮乏，想要追求美好生活的人们大多沉浸在并不美好的感觉里。精神上的新陈代谢系统可以帮助我们把负能量排出体外、将正能量沉淀其中。脑子多长时间没洗了？该洗洗了！

不要跟傻子争吵，否则就搞不清谁是傻子了。"等你情绪稳定下来之后，我们再沟通。"这句话可以避免引爆身边的"炸药包"，但压抑情绪实际是在囤积垃圾。想办法提高自己的垃圾处理能力是件值得忙碌的事情，否则久而久之，心会变态、脸会变形。

憋在心里的怨气迟早要爆炸，适时地发泄可以降低锅炉里的压力。不觉得自己是个垃圾桶的人不会接收我们倒过来的垃圾，自己在表达感受的时候也要意识到别人也有感受。听别人把话说完不代表自己就是垃圾桶了，自己不知道该怎么说话才会让别人闻到垃圾才有的味道。

狗咬人也许并不稀奇，但人咬狗却会成为新闻。能被狗咬到的人说明生活在狗的世界里，自己没待在人待的地方还怪狗抢占了你的地盘？不原谅别人等于自己吞下毒药却希望别人死去，原谅了别人的同时其实也放过了自己。没有人的肉眼能够看到你的心在流血，你可以欺骗别人但无法欺骗自己。没有人能够真正伤害到你，除非得到你的允许。不管你能否想得通，至少你可以从内心深处说出"谢谢你给了我这段经历"之类的感慨。

找到了值得感恩的理由才会由衷地说出"谢谢你"，经常提炼价值的人就算不得不待在垃圾桶里也会从中找出几件可以换钱的东西。给别人带来麻烦的时候请在第一时间里说出"对不起"，熔化了追兵手中冰冷的武器才不至于让自己继续逃亡。还不依不饶的时候就"请原谅"，同时表达你的成长点应该会让对方意识到他们也需要成长。

不要因为对方做了什么而抱怨，而要问自己为什么会因为他做了这些而抱怨。借着"坏人"的提醒找到没有完成的功课可以让我们继续进修，能力越来越强的人还会担心问题越来越多吗？改变了解释也就改变了感受，没头脑才会不高兴。大声地说出"我爱你"虽然有点肉麻，但是经常在心里这么想可以让坏人都不好意思站在我们的身边。

不喜欢这个节目的时候请换个频道，还一直盯着它看就不只是电视的问题了。把电视砸了并不能解决你的问题，状态不好的时候最好别做任何决定。以后你会知道，生活中真的没有几件事情值得我们搭上礼貌、教养、人品和格局的。

知道了这些并不代表我们不会再碰到问题，只是在碰到问题的时候会拥有更多的选择。实在撑不住的时候，可以对自己说"我好累啊"，但千万不能说"我不行了"。跟过去说完再见之后就别再见面了，你会发现：自己的心里越来越轻松、自己的脚步越来越轻盈。

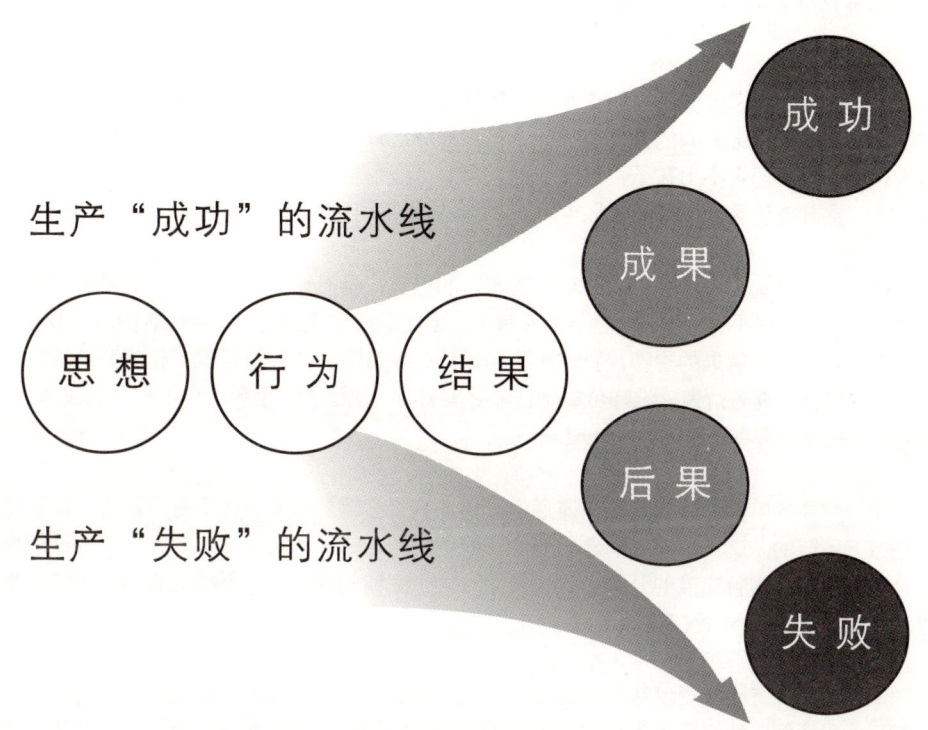

财 商

财商是指经济人的生存能力。

真正的奢侈品

能用钱解决的问题都不是真正的问题

美国商界的很多大佬来自西点军校。虽然这所军校并不传授经商之道，但是将责任、荣誉和国家的校训铭记于心的人却能够让自己在战场之外也能够旗开得胜。不相信自己是个有钱人相当于肚子里怀不上孩子，再女人的人再怎么生也生不出孩子。财源滚滚的源头是精神在补给，觉得自己不值得拥有的人再怎么努力也很难得到自己想要的感觉。

很多有了钱的人好像并没有收获"有了"的感觉，虽然他们得到了自己想要的东西，但并没有收获自己想要的感觉。金钱能买来房子，但买不到家的感觉。钞票代表价值，但并非价值本身。如果没有需求的追捧，我们也不知道什么有价值。如果没有规模化的需求追捧，我们也不知道什么真有价值。谁都希望金钱能够围着我们团团转，但要是自己的背后没有价值，很可能会被这些浑身通红的钞票烧成灰烬。

作为交换的工具，钞票只有在流通的时候才有机会嘚瑟几下。钱不是万能的，但没有钱也是万万不能的。这样的起心动念无形中让我们把钱当成了主角儿，友情、爱情和亲情也开始参与交换了。随着交换的升级，人也开始沦为了金钱的奴隶，而不再是它的主人了，我们也越来越觉得自己不如钱值钱了。

意识不到还有比钱更值钱的东西就会被问题围追堵截，而真正的问题跟钱没有半毛钱的关系。能用钱解决的问题都不是真正的问题，真正的奢侈品也绝非是几万元的一块表、几万块的一个包。

一掷千金的土豪愿意拿别人一年的口粮去买名表名包，为的是在奚落别人追捧的眼神中享受上帝的待遇。他们总觉得叫花子唱歌是穷开心，殊不知再贵的表也只能用来看时间，再贵的包也装不下富有的心。有钱跟富有是两个不同的概念。富有意味着拥有生命所能给予人的一切经历，而有钱不过是实现这些的工具而已。也许别人羡慕的眼神可以让他们再度盆满钵满，但此时的他们好像穷得只剩下钱了。

如果能开采出自己的价值，我们就不必跟在钱的后面穷追不舍。之所以想用钱来装裱自己，不就是担心别人觉得我们不值钱吗？对于自我的认同是千金难买的，觉得自己有价值才不会用几百块一吨的价格贱卖自己，拥有金钱收买不了的人品才能够让别人相信我们比钱值钱。

真正的破产不是金钱透支而是信用丧失。有借无还的人要么是小偷、要么是强盗，有借有还才会再借不难。当没人相信你时，你去整合谁的资源？巧妇都难为无米之炊，我们怎么做才能够无中生有？借鸡下蛋是我们想转危为安，想借机发财的人应该不会连黄鼠狼都借。

跟黄鼠狼划清界限是很多人防止财富缩水的既定方针，想让我一见你就笑除非你是来送钱的。只"要"不"给"的动作简直就是在乞讨，把种子送给土壤的习惯应该不会葬送自己的钱途。没有人愿意给乞丐百万英镑，但谁都想跟财神攀上关系。谁说钱是王八蛋？我觉得它长得还挺好看！

有钱能使鬼推磨确实体现了金钱的力量，但取之有道的君子可不想被钱折腾得没个人样儿。贫穷的思想催生了贫穷的果实，富有的精神早就是一个物质的存在了。买卖不成仁义在让他们没有丢掉可以继续换钱的本钱，富而不贵的商人未必都知道精神食粮就是招财进宝的种子。

习惯了赚小钱的人意识不到钱生钱要有个"十月怀胎"的过程，不停地拔苗助长难怪没机会看到财富疯长。能赚到大钱的人知道春种秋收的道理，他们在饿得发慌的时候也不会把承载着希望的种子给煮着吃了。

钞票在流通的过程中被不同的人摸过，觉得钱脏的人会在吃饭前使劲地洗手。在这个日积月累的过程中，洗掉的不仅是手上的细菌，还有对于金钱的热爱。男人有钱就变坏让我们觉得钱是万恶之源，铜臭的味道越弥漫就越让我们坚信有钱的女人已经变坏。对于金钱的负面信念断送了我们跟财神的缘分，在这个前提下烧香，不仅不招财，反而破了财。

很多值钱的东西其实都是免费的，比如阳光、空气和父母心。免费的其实是最贵的，这些无价之宝并非没有价值，而是没有价格。非要用钱去买的东西不过是满足需求的一个工具，如果不能用它换回自己想要的感觉不是白花钱了吗？

没什么别没钱是很多人的感慨，但也有人唏嘘有什么别有病。健康的身体是创造财富和享受生活的本钱，要钱不要命的魄力好像不是对创业者的溢美之词。很多人把几乎一生的财富在弥留之际都送给医院了，但遗产继承的文件中怎么找也找不到那个点石成金的手指头。

精神遗产是无法计量的，物质财富也很难做到经年不腐。也许是因为有形的东西越分越少，所以我们才舍不得给，但是无形的思想能越分越多，所以我们没必要担心自己会破产。给自己贴金未必就能装修出一张让人相信的脸，让别人满足才能吸引想要的人拿着现金到我们这里来提货。

消费但不浪费

吃不了就兜着走

需求的满足是在价值交换的过程中得以实现的，消费行为的背后实际是有需求在大力推动的。虽然我们不想让自己的钱越花越少，但是内心深处总有某个声音驱动着我们买这买那。不管消费的金额是多是少，花出去的钱无非去了两个地方：脖子以下或者脖子以上。所谓脖子以下是指物质需求，所谓脖子以上就是精神需求。

听说中国人在餐桌上浪费的粮食一年高达两千亿元，被倒掉的食物相当于两亿多人一年的口粮。我不知道这个数据是怎么来的，但巨大的浪费却是不争的事实。知道盘中餐的粒粒皆辛苦是一回事，不想让别人看着自己带着剩饭剩菜回家也是一种需求。看起来像是把钱花在了脖子以下，实际上也想让脖子以上得到满足。

能够花几万块钱走出国门的人应该是不差钱的了，但拿到朋友圈里暴晒的如果只是美食说明自己还没有填饱肚子。在高级的餐桌上多一双筷子肯定会增加成本，让别人看着自己吃似乎并没有什么费用。没能帮别人解决温饱问题却希望有人点赞，想要看到别人的羡慕、嫉妒、恨好像已经升华为一种"更高层次"的需求了。

同样款式的衣服，有的一千块钱，有的一万块钱。都说一分钱一分货，难道这九千块钱的差别仅仅在质地上吗？通过购物来释放压力的成本是巨大的！与其说这件衣服比那件衣服贵，不如说这个人比那个人有钱。很多人把这个人有钱当成了这个人值钱，其实很多值钱的人并不以消耗社会资源的多少来衡量自己的价值。

真正觉得自己有价值的感觉是需要自我支持的，除了自我的修炼之外，是没办法从市场上买到的。算盘打得响不等于算盘打得精。一定要看在钱的份上说明我们没有面子，到了吃不了必须兜着走的地步还有什么价值可言？

花了不该花的钱就没有钱花了，没花过大钱的人通常见不到真货。没有人买了假冒伪劣还觉得十分满足，得不到自己想要的实际花了也白花。不敢给自己明码标价的人需要看着别人的脸色来确定自己的斤两，已经习惯了喝汤的人好像很不习惯吃肉。

相对于动物而言，人类更多的是精神需求。再能吃的人也不过一日三餐，再有钱的人也填不满思想的黑洞。物质上的满足确实可以用金钱来衡量，但精神上的需求根本就没法用数字来标识。几乎每一个物质的背后都对应着一个精神，不能跟精神匹配的物质很容易变成过眼的云烟。花了不该花的钱就是浪费，越不浪费的人应该越有钱消费。

周瑜打黄盖是一个愿打一个愿挨，如果没有相互满足作为前提，买方跟卖方就不会互通有无。买方研究着产品（服务）的性价比，卖方也想提高投入产出比。羊毛出在羊身上转嫁了卖方的风险，想提高自己手中钞票的购买力最好试试一石 N 鸟的消费策略。

如果 N 只鸟都在一条直线上，就有机会在我们的眼里只出现一只鸟。如果 N 只鸟都绑不到一块儿去，我们也等不到果断出手的机会。抓住了"一条线"跟"共同体"的设计原理才有可能用一块儿石头打下 N 只鸟，不管是省下了石头还是剩下了鸟，不都能让自己有的赚吗？

养大一个孩子是要花很多钱的，再没钱的人好像也有个孩子。当孩子赖在游乐场死活不走时，家长的面部表情可谓极其丰富。几十块钱的花销也许影响不到下一顿晚餐，如果能意识到见过世面的孩子才不会见什么都稀罕，就能够当着孩子的面儿"慷慨"地掏出好几个十块。

很多美丽的女士精心挑选的衣服只穿过一次，衣服都塞满衣橱了还说自己没衣服穿难道只是因为矫情吗？被我们看中的衣服上多少会有一些匹配个性的元素，不同场合的不同着装里应该都有个主要的旋律。绿叶的职责是衬托红花，知道什么跟自己最搭就不会只考虑价格的因素。觉得自己值钱的底子可以配一件值钱的衣服，觉得钱比人值钱的人才会去羡慕那些有钱的人。

老板好像比员工有钱，可是没人给老板发工资为什么他们还那么有钱？赚大钱的模式跟赚小钱的方式迥然不同，有钱的人跟没钱的人的消费习惯也相去甚远。花别人的钱，你不心疼！别人心疼不？都记着账呢，总是要还的。如果没有共同体的概念，员工就会等着赚老板的钱。一旦觉得是一条绳上的蚂蚱，就会跟老板一起去赚客户的钱。

很多员工在拿了老板很多年的很多钱之后就再也不见了，必须招兵买马的重复消费经常搞得老板苦不堪言。如果过去发的工资能将员工的个人能力下载到公司里转化为组织能力，就没必要再继续"高薪诚聘"了。礼轻情意重的成本其实不高，只要逢年过节发几块肥皂就能让员工觉得自己是一个有组织的人。

浪费感情是个巨大的浪费，毕竟所有的资源都是由人来承载的。只要摆正了人的位置，钱就真的只是工具了。利益共同体里聚集着一批自私的人，升级为命运共同体之后，你会发现：越自私的人越无私。这个时候好像谁都明白了：人民币是为人民服务的。

延迟满足欲望

小不忍则乱大谋

这个世界上到处充斥着让人消费的刺激，如果不设计好如何消费，就会被消费给设计了。对于一个正在成长的孩子而言，有那么多的第一次激励着他们不断尝试。在没有独立的行为能力之前，这些学费可都是家长交的。很多囊中羞涩的家长尝试着不去满足孩子的需求，殊不知被深度满足过的人才会褪去乞丐的气质。改变我们满足孩子需求的方式是个智慧的选择，让孩子在被满足的过程中学会如何去满足别人才能穿上财神的衣裳。

愿意为了更有价值的长远结果而暂时放弃眼前的蝇头小利是需要自我控制的，如果我们的本钱都被N多的小欲望给稀释了，那么就很难组织起享受大满足的有效行动了。小不忍则乱大谋并非骇人听闻，延迟满足比即时满足更能够提供可持续的自我满足。

延迟满足的过程伴随着等待，但并非都是耐心地等待。家长决定是否延迟通常会委屈孩子，让孩子自己判断哪一个利益更大才能从他们稚嫩的脸上看到成熟的表情。时刻准备着抓住转化的机会让他们更有机会从无到有，能够自给自足的体验越来越多让他们越来越愿意克制自己。

延迟满足不是要压制欲望，别忘了延迟是手段而满足才是目的。分清楚"我们想要"还是"别人想要"就不会掉进消费的陷阱，想让花出去的钱再度回来就需要提前跟手中的钞票打好招呼。很明白是"现在想要"还是"将来想要"就会在该出手时才出手，能够控制自己的人怎么可能控制不了自己手中的钞票？

不断累积的欲望逐渐凝聚起一股建设的力量，推动着我们去改变现状。和孩子一起去克服困难是延迟满足的精髓。共同见证了"春种秋收"的过程才有机会学会自食其力并且量入为出，能看到从付出到回报的路径才不会也去拔苗助长。不断播种的人不可能看不到希望的田野，有能力把钱花在刀刃上就能够让钱越花越多。

不需要别人的施舍就能够自给自足会让孩子非常喜欢他们自己，这样的人最有机会看到真正的价值与钱无关。在充分准备的过程中，他们已经非常满足了，何必非要握着钞票才内心强大？既然已经得到了自己想要的感觉，谁还会在乎数字在卡与卡之间的正常流动？

欲望是个精神存在，占有了物质化的商品不等于就真的抓住了这个既看不见也摸不着的鬼东西。不动声色地静观其变也许能让我们弄明白"房子"跟"家"的本质区别，很多人还了十几年的房贷还没有搞清楚自己想要的到底是一种什么样的感觉。

要月亮不给星星当然能体现出我们有爱，但孩子不知道家长有多辛苦就太不值得了。虽然天下没有免费的午餐，但父母给孩子的供养却并不收费。很多家长顶不住声嘶力竭的哀嚎，孩子们也渐渐醒悟了：谁的哭声大，谁的需求就会被优先考虑。通过给家长制造问题来解决自己的问题是个漂亮的战术动作，没有从家长那里学会通过满足别人的需求来解决自己的问题就是个战略上的失误了。

即时满足葬送了孩子的完整体验。不劳而获的生活教不会孩子艰苦奋斗，如果孩子期待家长之外的人也必须无私奉献，恐怕就很难从这个世界上找到好人了。不要埋怨孩子不懂事，其实我们当初也没搞清楚到底是怎么一回事。

教会孩子钓鱼比钓鱼给孩子吃更能够填饱孩子的肚子，一劳永逸地解决问题才能从根本上满足需求。再有爱的父母也不能陪伴孩子一辈子，没能帮孩子建立自我说明家长还没有爱到极致。都是独立的生命个体，父母有父母的活法，孩子也应该有孩子的想法。

并不是所有的孩子在过了18岁之后就精神独立了，也有的人活到38岁还意识不到自己的父母也有个需求。力不从心的时候不得不延迟满足了，总觉得别人最应该艰苦奋斗的人怎么可能替你去光宗耀祖？

银行鼓励我们花未来的钱好像很有道理，不断透支未来的我们就看不出来没有进账渠道只有花钱模式的生活已经漏洞百出了吗？还不上钱的时候才知道银行是晴天送伞、雨天收伞，最缺钱的时候真的就是民间借贷在陪着我们共渡难关吗？

把绳子套在脖子上当然不会要人的命，但绳子越来越紧就要喘不过气了。如果提前知道痛快一时的代价是痛苦一世，谁还愿意今朝有酒今朝醉？花的不是自己赚来的钱能意识到有人已经付出代价了吗？觉得理所当然是个恐怖的信号，还想继续这么生活就要有人为这样的爱付出代价了。

让孩子知道家长不是无所不能可以激发他们的主观能动性，邀请孩子跟家长并肩作战会让他们感觉自己应该有个出息。孩子在很小的时候就学过自己的事情要自己做，他们长大了以后怎么就习惯了自己消费让别人买单了呢？换一种方式来满足孩子的需求吧，也许他们要的不是玩腻了的感觉，也许父母也能够从中汲取到继续付出的动力。

让钱越花越多

会花钱才能赚到钱

大多数人的收入来源于工资，如果没有让钱越花越多的本事，再有钱的老板也会有发不出工资的时候。财富疯长的背后一定有鲜为人知的秘密，找到了芝麻开门的钥匙才能够打开让钱越花越多的宝藏。

付出想有回报似乎就是把别人的钱变成自己的钱。试想一下：只要你给谁1000块钱，谁就必须给你2000块钱。你很愿意是吗？那个人不觉得自己见鬼了吗？谁也经不起入不敷出的折腾，想占便宜的人不一定每次都能碰到傻瓜。

欠债还钱应该没有人反对，总有人想还你的钱不失为一条来钱的路子。虽然利息能让钱越花越多，但也不是所有的本金都能归还主人。不管是"还不起"还是"不想还"，都挑战着我们继续投资的能力。

创业之初没几个人有钱，要想找到投资就需要让人家相信他们的钱不会有来无回。问题的关键在于我们相信吗？如果没有钱生钱的模式，别人可能担心我们还不起。如果觉得信用没有生命值钱，别人可能担心我们不想还。

帮的不是潜力股就别想进宝了，我们投资的首先是这个人，其次是这件事。没钱的人不是因为借了别人的钱才有钱的，想让别人的钱越花越多的人应该不缺少粉丝。没有人不喜欢财神，只要谁给你1000块钱，你就一定给谁2000块钱，会有人不高兴吗？谁不想跟价值朝夕相处呢？

既然我们这么够意思，总能在某个时刻让对方不好意思不意思意思。服务的对象越多就越能够看到百川归海，N多的意思意思加起来不就是公司的营业额吗？只要让他们"水涨"，我们自然会"船高"。千万不要把为人民币服务当成你创业的初衷，高喊着为人民服务的口号才会有人帮你擂鼓助威、助你旗开得胜。

从无到有的转化需要有个回旋的余地，这个周转的空间就存在于我们的精神世界里。请拿出你真正值钱的那些家底，比如类似责任、荣誉和国家什么的，如果没有这些可以换钱的东西，我们的梦想也照不进现实。

无中生有的模式需要内因跟外因结缘，这个生产过程未必都要"十月怀胎"。"1个月赚2000块钱"跟"1天赚2000块钱"有着不同的价值，把1个月的活儿在1天的时间里干完了才能够让小雨来得正是时候。

会花钱才能赚到钱，让更多的人帮你干活儿才能干出更多的活儿。花钱买别人的时间可以增加自己的阳寿，有时间赚钱的人怎么可能赚不到钱？花钱买别人的见识可以让自己少走弯路，别人付过的代价不就相当于我们要交的学费吗？不花钱也办事的要领可不是让我们摆出一副乞讨的架势，用尊严换钱的模式通常得的不如失的多。不觉得自己值钱的人很难碰到贵人，吃不到夜草的马想胖也胖不起来。

时间成本和机会成本是最大的成本，忽略不计的代价是越来越觉得钱不够花的。种子撒在土壤里才可能生根、发芽、开花和结果，花出去的钱找对了人、做对了事才能够再度回来。只要在这个孕育的过程中往皆大欢喜的方向快速运动，我们一定会"省下一些"或者"剩下一点"。

有些钱是不能赚的，缺钱不应该成为缺德的理由。虽然投机不是一个褒义词，但也有人想通过这种方式让自己的钱越花越多。之所以杀鸡取卵也许是因为杀的不是自己的鸡，跟这样的人来往不吃亏才怪呢。当别人不愿意跟我们往来时，也许是因为连我们都不知道自己是否真的很有未来。

想占便宜是怕吃亏，先吃亏的人才能占到便宜。很多人知道合作才能大作的道理，但战术合作跟战略合作却不在一个层面上。把自己的风险转嫁给别人是战术高手的目的，想让别人因为自己的存在而变得更加美好才是战略大师的初衷。正如一撇一捺才能写出个"人"字，相互扶持着往前走才能够让彼此都现出"人"形。谁都知道孤掌难鸣，而互相利用的思想却是这样理解一拍即合的：我可以击你的掌，你不能拍我的手。

如果把种子给煮着吃了，即使碰到瑞雪，也别想兆丰年了。欠你人情的人几乎都在给你加持，不管谁先发力，都能让你因外财而富。为了能让土壤里有更多的种子，我想大声地对你说：不怕你要，就怕不知道你要什么。这样的铺垫才能栽培出更加美好的未来，因为不可能所有的种子都不想做人了。

需求的变化里潜伏着金钱的行踪，没有看见"看不见"的能力就不会在合适的时间出现在合适的地点。输血的管道并不能确保财源滚滚，趁能动的时候还不赶快建设造血的系统？今天的钱、明天的钱和后天的钱的递进关联需要N多四两拨千斤的设置，为了赚钱而赚钱会让钱变得不知好歹。关系网就是利益链，服务的水平决定着收入的多少。不管服务对象有没有偿还能力，只要他心满意足了，会不觉得欠你一个人情吗？

家庭银行赢利

筹码越多就越能满足需求

培养孩子对于金钱的正确观念决定着他们将来是否招财，潜意识里相信自己是个有钱人才会淡定从容地待在财富的中心。让每一天都过得有意义相当于往银行里存款，让每件事情都变得有价值怎么会兑换不出现金？

越早接触和学会使用零花钱的孩子长大以后就越容易赚到钱，而用什么样的心态和方式给孩子零花钱却是家长的功课。从自己的手里花出去的钱才是（满足了）我们的（需求的）钱，得到了满足的感觉怎么会萌生没有了钱的念头？没有钱不应该成为舍不得花钱的理由，越克制自己的欲望就越容易滋生匮乏的感受。这个时候，虽然手里（好像）有钱，但是心里（感觉）没钱。知道自己比钱值钱才不会唯利是图，能把手中的筹码使用到极致才能让我们的未来不缺少满足。

习惯了赚小钱的家长觉得孩子手里的零花钱是个大钱，怕孩子乱花钱的千叮咛万嘱咐难道是想让孩子相信自己不是财富的主人？一旦孩子认同了自己不值得拥有，父母就断送了他们的财路。大人们交过的学费还少吗？小孩子为什么就不能付出点代价呢？

亲自花钱的过程让孩子体验了满足需求的过程、见识了金钱变形的百态。不因为金钱的变形而变态说明我们不是奴隶，能从小满足到大满足是因为我们花出去的钱又回来了。不管财源以什么样的状态滚滚都能认得出来就会散发出财气，不跟在金钱的屁股后面穷追才能让这个工具没机会觊觎主人的位置。

随着孩子接触社会的面越来越开，零花钱好像满足不了与日俱增的内心膨胀了。几百块的运动鞋可不是几十块的零花钱就能信手拈来的了，家长的大笔一挥虽然能让孩子的脚下生辉，但也抹掉了他们对于"自己的事情自己做"的升级体验。如果能引导孩子克制几次零花的冲动，也许他们就能从几个几十块到一个几百块的变形中顿悟到怎么在被动的情况下争取到主动。

过年的压岁钱给小孩子提供了赚大钱的机会，因为长辈们似乎已经习惯了用这种方式来证明自己多么有爱。不同长辈那里的进账金额不同也许会影响到他们对于爱的认知，如果只看到"礼轻"没注意"情意重"，很可能会在日后流失得道多助的补给，变成长不大的小人儿。

养成储蓄的习惯可以降低支出的压力，孩子们也有足够的时间来让自己的钱复利增值。爸爸妈妈应该明白：这是爷爷奶奶对孙子孙女的意思，就算要替他们做决定，也要让他们觉得这是他们自己的决定。

奖学金是孩子的另一个进账渠道，必须出类拔萃才能收入囊中真让人望而却步。考试的分数抵挡不了人生路上的所有挑战，而鼓励全面发展的奖项却很少被家长在孩子成长的不同阶段给予侧重的设置。

幼儿园里的小红花可以充分调动小朋友的积极性去干这干那，等到知道了钱的巨大威力之后就觉得口头鼓励有点小儿科了。挑战未知的过程不断给孩子带来压力，但是再难的事情也是由简单的动作拼凑起来的。知道自己的哪些动作跟钱有缘就能白手起家，总觉得自己在前进怎么会走不到终点？

陪着孩子真刀真枪地过家家就是在给孩子储蓄。虽然家长账户上的钱少了，但孩子银行里的钱却多了。象征性的数字变化不一定能应付孩子所有的花销，但是"我能做到"的感觉让再难的事情也摧毁不了他们对于自我的支持。

自己记账可以在收入减支出等于利润的变化中体会到花钱跟赚钱的不同感受。来之不易的钱才不会乱花，不把父母的钱当成自己的钱才会时刻准备着去创造。投资性支出可能在未来的某个时刻转化为收入，而消费性支出好像再也回不来了。

盲目攀比不是一个智慧的决定，因为对什么有期待就会被什么给控制。比谁更能创造价值才更有比的价值，毕竟开源和节流是确保盈余的两个管道。看在钱的份上不如看着人的面子更能凸显主人的价值，再多的钱也是交换的筹码，再好的马也不过是别人的坐骑。

为了赚钱而赚钱的人不觉得自己值钱，不觉得自己值钱的人经常徘徊在破产的边缘。成长的空间很大让金钱没有了落脚的地方，借来的钱总想带着自己生出来的"孩子"（利息）逃走让我们越来越没有底气说自己有钱。我们不是因为借了别人的钱才显得有钱，没有赚钱模式的人拼命借钱难道是想让自己的漏洞越来越大吗？

一步一个台阶才能走到高处，即使学不会一步登天的功夫，也不影响我们达成看似遥不可及的目标。被满足的体验逐渐写进了潜意识里的程序，驱动着我们在满足别人的需求中获得更大满足。想得到满足就需要付费，满足了别人才能够收钱。只出不进迟早会抽空自己的家底，量入为出也不全是不敢花钱或者买便宜的货。

省下的和剩下的最终沉淀在银行的账户里，利息的增长虽然能让我们觉得钱在生钱，但必须本钱长期不动却也让我们不敢大进大出。没有了流动性作为前提，银行也不过是一口枯井。远离了价值的频繁交换，谁也做不到让利润增长。

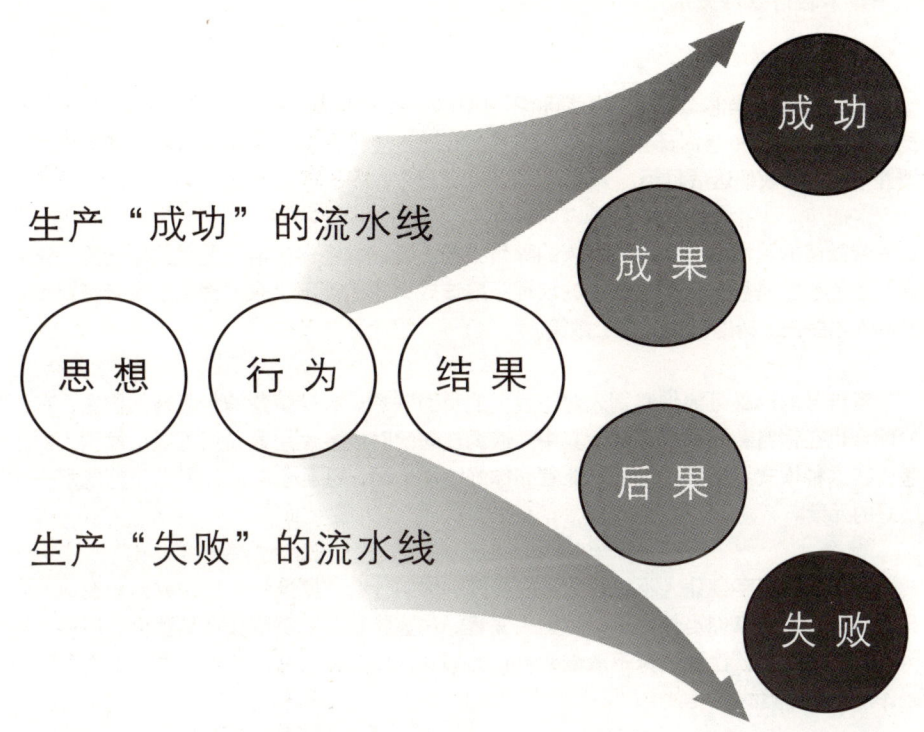

习 惯

我们都是习惯的产物。

生活习惯

一屋不扫何以扫天下

我不知道别人是怎么区分好习惯和坏习惯的，但我很清楚哪些习惯会给自己带来好运、哪些习惯会让自己变得倒霉。没有人不想提高自己的生活品质，但总有人不知道自己的某些习惯并不能帮助我们达成目标。

面带微笑的习惯通常也会让别人的嘴角上扬。既然你经常沐浴在温暖的阳光里，谁会觉得你脸上的皱纹是愁出来的？道路的坎坷不应该成为我们笑不出来的理由，没有把磨炼当成折磨的人才能在上扬的嘴角上挂上微笑。

注意自己的形象可能规避别人对于我们的负面联想。衣冠楚楚的包装当然需要，言谈举止的配合也在销售着我们是否败絮其中。遣词造句的时候多使用褒义词可以引发别人的正面思考，在这种模式下搜索，他们总能看到你好的那一面，甚至也能从你所谓不好的那一面里找出好的元素。

记住别人的名字会让人不好意思不打听打听你叫什么。愿意把自己的秘密藏在你的仓库里说明他已经不再拿你当外人了，替别人保管好这些隐私才能够继续增加我们的库存。悄悄话传播得比风还快，让我们分不清谁是真正的朋友，日久见人心的成本太高，是否表里如一可以作为一个分类的标准。

背后赞美比当面表扬更能够折射出你对别人的认同，士为知己者死的原始冲动让他们想进攻你的时候都必须承受自己不是人的压力。都说一生得一知己足矣，如果你身边都是这样的朋友护法，不管干什么都能够修成正果。

工作是为了生活，而生活中不应该全是工作。把工作带回家不是一个明智的选择，千万别让孩子觉得在你的眼里工作比他还重要。经常加班虽然能让人觉得你是一个负责的家长，但也暴露了我们在提高转化效率方面还需要进步。孩子们也越来越不想长大了，因为他们觉得大人的作业比小孩的都多。

处于放松状态下的身体最有机会接收到来自宇宙的能量。闭目养神可以让自己放松下来，腹式呼吸比胸式呼吸更能够让我们心平气和。隔三岔五的让自己出出汗可以排出体内的毒素，经常跟大自然亲密接触也会让我们充满能量。不同旋律的音乐能够把我们带进不同的世界，自我对话的频率越高也就越能够打开眼界。跟小孩子在一起也能够让我们回归能量的源头，不再拘泥于一种可能性才会让我们的生活充满可能。

听多了励志故事的人总觉得成功人士应该早睡早起。他们自己凌晨两点才上床、凌晨六点要练剑也就罢了，非得逼着自己的孩子（员工）也一天只睡四个小时，难道是想让他们错过长个子的最佳时机吗？

　　一天干两天的活儿不是为了折自己的阳寿，卖油翁的"但手熟尔"才能让我们晚上十点之前就早睡、早上六点能早起。做事的效率不高通常是流程中掺杂着无效的动作，持续地强化这样的节奏最终练出来的不全是功夫。

　　不想让一生中三分之一的时间都在睡觉原本是为了挤出更多的时间用于创造，但也错过了调度天兵天将让潜意识为我们工作的最佳时机。思维模式的系统优化大多是在梦境中完成的，一个很少做噩梦的孩子长大后应该没有什么过不去的坎儿。

　　不让快节奏的生活方式影响细嚼慢咽可以捍卫革命的本钱，如果身体经不起折腾，就别想为自己的"共产主义事业"努力奋斗了。饮食起居的舒适程度影响着我们的精神状态和情绪变化，有利于成功的联想越多也就越能够在自己的现实生活中组装出成功。

　　生活中的每一个动作都会对我们的未来产生影响，要么是好的影响、要么是不好的影响。不断重复的过程相当于在练习，谁都想固化好的影响，但也有人不知道自己在强化不好的影响。功夫是练出来的，不断地强化无效的动作难道是为了自废武功吗？

　　我们的行为影响着我们的未来，不管影响的是自己的以后还是自己的孩子都值得我们践行良好的生活习惯。一个劲儿地要求孩子简直就是"精神虐待"，时不时地提醒自己别光说不练才不会变成一个假把式。"身教"比"言传"更容易深入人心，自己觉得好才能够让别人也感觉不错。

　　饭前洗手的习惯可以防止病从口入，被消化吸收了的粮食才能够转化为举手投足的能量。我们的很多生活体验在日积月累的提炼中逐渐升华为了指导实践的思想，看似不假思索地脱口而出实际在潜意识里早已经深思熟虑了。

　　毁于蚁穴的千里之堤不敢再蔑视微小的力量，勿以善小而不为的身体力行成就了刘备的三分天下。我们都是习惯的产物，而适应了什么样的习惯也就变成了什么样的人。一屋不扫何以扫天下不再只是个遥远的故事，不断成长的过程本身就已经很成功了。

学习习惯

三人行必有我师

人类的进化是在不断学习的过程中实现的。原始人从森林火灾中闻到了烤肉的香味，钻燧取火的学习心得又让他们在没有天助的时候也能够把猎物烤熟。现代人的发明创造颠覆着旧有的生存模式和发展方式，如果自我升级的速度慢于环境变化的速度，我们很快就要被社会淘汰了。

"为什么学习"比"怎么样学习"更值得我们深入探讨，毕竟从源头驱动更容易持之以恒。"为中华之崛起而读书"的坚定信念成就了周恩来的璀璨一生，想让子女成龙成凤的家长怎么就只想着让他们为了学习而学习？

想吃汉堡包就必须考前十名的一手交钱一手交货让孩子把学习当成了交换的工具，从肯德基出来之后就觉得自己没有理由再继续全力以赴了。什么都不让孩子干是想要给他们省下时间来学习，但不能从学习本身找到乐趣的人经常会浪费时间。

自我升级的前提是觉察到了自己应该"从不好到好"或者"从好到更好"。如果不是因为痛定思痛，谁会愿意继续痛苦？长痛不如短痛是个愿意付出的理由，觉得"朝闻道夕死可矣"的人会认为自己应该痛苦吗？

怎么样学习是因人而异的，不同阶段涉猎的未必都是相同的知识。只有转化为自己的声音、升华出自己的体系才能够触类旁通。三人行必有我师的心态让我们像海绵一样时刻准备着吸收，每日三省吾身才能够消化掉人类文明的累累硕果。

培养孩子的学习兴趣比要求他们攻克某道难题更能够牵一发而动全身，"孩子自己愿意学"跟"我们希望孩子学"有着截然不同的精神内涵。年幼无知的孩子听不懂书到用时方恨少的革命道理，只想着玩点什么的探索不正在进行着体验式学习吗？死记硬背的努力很容易让人倦怠，而用整个身心记住的那份刺激的感觉想忘都忘不掉。

学习的内容里不能只包括书包里的课本，不会做人的人也没有机会做事。生活中的每一丝体验都是学习的机会，到底从中提炼出了什么才是我们的考试成绩。跟父母搞不好关系的孩子没有心思上学，觉得别人跟自己过不去好像是很多孩子不愿意走进校门、融入社会的理由和原因。

看着我们随时准备着给他们鼓掌，孩子们才开始意识到自己正站在舞台的中央。没有人真正知道你的感受，只有你和你站在一起。用心体会生活中的点点滴滴吧，你会发现：处处留心皆学问。

很多家长觉得孩子学习不好是个天大的问题，其实不好好学习才是真正的挑战。在孩子写作业的时候看电视是很多家长的生活习惯，真不知道他们是在修炼孩子自我克制的能力还是在培养孩子三心二意的本事。把学习跟痛苦关联起来的感觉是致命性的，不想学习的人好像比不会学习的人更感觉痛苦。

自己不思进取却希望孩子出人头地是很多家长的德行，殊不知是巨人的肩膀成就了那个所谓的人上之人。不知道标准答案的人必须要全力以赴真让人痛苦，好像什么都知道的人怎么不提前在沿途插上路标？

遗传基因跟生活环境影响着我们的体验水平，很多人再怎么努力也还是原来的那个样子。想成为什么样的人是个学习的目标，跟着什么样的人学才能够达成目标？鱼跃龙门的时候需要摆脱地心引力的束缚，鹰击长空的时候更需要不断地扇动翅膀。

进步的阶梯是由一本一本的书堆砌而成的，不同的人陪伴着我们度过了不同的阶段。一步登天的压力来源于没有时间日积月累，"学了没用"其实比"学了没会"更浪费时间。从别人的失败中汲取自己成功的经验是个学习的方法，不用交学费就把"习"给"学"了说明我们真的学会学习了。

教学相长是有一定道理的。把学生给讲糊涂了说明老师也没搞明白，找到了自己可以更好的地方才能够让出于蓝的青更胜于蓝。有些人担心教会了徒弟会饿死师傅，但是不想让学生学会的人还配当个老师吗？

邯郸学步是个夸张的笑话，但现实中总有人在好好学习的过程中并没有天天向上。忘记了自己本真的样子如同印刷时没有了模板，不知道自己真正想要的是什么才会跟可以让自己更好的机会擦肩而过。

每一个来到这个世界的人都是3亿到7亿个精子里最强壮的那一个，但在不同的环境中进行社会化时却不见了原来的样子。很多人离开学校之后就不再读书了，上学时成绩不好的学生难道是因为找不到更好的工作才不得不去当个老板？有能力的人好像比有学历的人拥有更多的成长体验，如果把改变的过程当成是改造，还真有可能辜负身体里足以支撑我们做强做大的赢利基因呢。

每一个成长点就像是夜空中眨着眼的星星，越来越多的星星眨眼就会把黑暗挤出我们的世界。我们没有必要急着把成长转化为成功，只要着眼于让自己变得更好，你就会发现：功夫到了，自然就成了。

工作习惯

没有耕耘 哪有收获

不管我们读了多少书，总是要离开学校的。虽然我们学过的是相同的知识，但不同的人报效祖国的水平却不尽相同。十年如一日的学习习惯终将演化为几十年如一日的工作习惯，找不着位置的人根本就没办法在社会上立足。

第一份工作的第一笔收入几乎让人终生难忘，开始领养老金的时候说明我们已经退出江湖了。一生只干一件事是很多人士的成功感言，很喜欢自己手头工作的人才不会在滴水穿石的过程中叫苦叫累呢。并不是所有人都有机会把职业升华为事业，那些等着周末大逃亡的人为什么还愿意朝九晚五的"做牛做马"呢？

人挪活树挪死的至理名言给了那些不愿意做奴隶的人们从头再来的勇气，他们频繁地跳槽却不觉得自己像只跳蚤。如果能提前发现可以让自己更好的地方，即使在旧的环境里也应该能看到重新开始的机会。水烧到 30 度的时候就换个地方重新烧让这壶水怎么烧也烧不到 100 度，没有从之前的失败中汲取日后成功的经验让他们很快就会发现新的环境里还是氧气不足。

有目标是因为想满足自己的需求，没目标其实也有目的。从出发点到目的地是个转化的过程，我们每天工作的本质就是在实现这个从无到有的转化过程、实现这个从"精神上的有"到"物质上的有"的转化过程。

行动是转化的按钮，立刻行动就是为了马上转化。这一份工作跟那一份工作的关联与递进折射出一件大事的不同阶段，认真做好每件事可不只是像卖油翁那样简单的重复。不管我们用什么样的方式为"人民"服务，我们的目标都是协助别人达成目标。

有意义的目的会让人充满动力，有价值的目标才让人趋之若鹜。眼前的利益跟未来的价值是靠产生结果的流程实现的，解决眼前这一个问题的同时能规避未来的这一类问题才会让我们越来越没有问题。

一石 N 鸟的习惯动作大大提高了我们的工作效率，付出跟回报能成正比让我们越来越热爱工作。不想给别人干活的人也许是很想为自己工作，如果不能协助别人达成目标，我们如何能达成自己的目标？

只有对得起客户，客户才会给我们活干。只要对得起员工，员工就会帮我们干活。彼此的互动其实是相互的服务，服务的水平决定着我们能否站稳脚跟，服务的规模折射出我们到底走出去了多远。

为人民币服务则是另一番境界，但是为了赚钱而赚钱好像很难赚到大钱。没有人愿意跟觊觎自己钱包的人称兄道弟，有借无还的人也觉得自己非偷即盗。把别人的钱变成自己的钱不应该成为赚钱的目的，帮别人赚钱的起心动念自然会长出"赚到了钱"这个结果。

很多人在发工资的那一天才面带微笑，不能从工作中收获喜悦让他们越来越不想被别人"利用"。给多少钱就干多少活是很多人的工作经验，但是最拿手的功夫总是不练还会是绝招吗？

肯花自己的钱买别人时间的人大多有着清晰的目标，他们恨不得用1年的时间干完3年的活儿。太阳上班的时候，他们就知道自己也该起床了。在别人下手之前，他们早就行动了。如此说来，先飞的可不全是笨鸟。

没有耕耘，哪有收获？人民不会好意思让我们饿着肚子为人民服务，N多的意思意思加起来不会让我们入不敷出。这一辈子究竟应该怎么活看起来跟工作没有关系，但是不知道答案的人好像很难热爱工作。人类有别于动物的最大不同是不只有生理需求，而精神追求的满足是要在创造价值的过程中才能够升级成功的。

相同的目的可以用不同的手段来实现，不同的工作都是在修炼相同的自己。虽然我们的担当不同，但是我们的心灵都是在去往同一个地方，殊途而同归。一旦注意力的焦点偏离了目标，达成目标的资源也将随之进入盲区。如果习惯了把问题当成目标，我们就别想写完作业了。

作为衡量价值的工具，人民币也是为人民服务的。虽然我们知道每个人都是一座宝藏，但很多人终其一生也没有让它们见光。工作的价值及其背后的意义值得我们持续开采，只收集工具却从不施工还想要心满意足？

有些人为了活着几乎愿意做任何事，事与事之间没有关系让他们被人用完了之后就没用了。骂别人"兔死狗烹"是想要继续合作，自己的目标兼容不了别人的目标还想把别人当成自己的工具？

俯首甘为孺子牛的人不会觉得自己像个奴隶，他们的以不变应万变可不是一辈子不换工作。这个世界上唯一不变的就是变化，适者生存的规律也告诉我们：一辈子重复相同的动作恐怕这个人就废了。努力工作是为了更好的生活，不管换个什么样的工作，我们的梦想还是帮助别人实现梦想。

正面角色

演反面角色的人演得越像就越失败

不管我们多么有梦,每个人的人生剧本几乎命中注定了。就像电影剧本里的不同人物,有的演正面角色,有的演反面角色。如果你拿到的是成功的剧本,即使失败了,也是成功的失败了。一旦你演的是反面角色,演得越像就越失败。

真实的现实世界里没有彩排,每一次都是现场直播。你根本就没有修正的机会,你只能承受结果(成果/后果)。如果想结果尽遂人愿,在正式开始之前,正是你可以更好的机会。在这个有最后期限的时间内好好揣摩一下你的剧本,想想自己到底该扮演什么样的角色。

很小的时候,我们不知道自己是一个什么样的人。被父母关注较多的孩子觉得自己是一个重要的人,忙得要死的家长让孩子觉得自己好像是从石头缝里蹦出来的。在充满指责的环境中长大的孩子大多承受着自我价值感严重流失的高昂代价,他们要么变成了懦弱的绵羊,要么化作了好斗的公鸡。时刻准备着找出个人来宣布他有罪好像不是正面角色给人的印象,到了该出手的时候不出手很可能是因为不觉得自己值得拥有?

我们不知道自己长得是个什么样子,除非站在镜子面前。在现实的生活中,与我们互动的每一个人都是我们的一面镜子,折射出我们之前的所作所为。我们觉得看到的是别人(镜子),其实看到的是自己。别人对待我们的态度几乎决定了我们的未来,而我们看待自己的方式将直接影响着别人对待我们的态度。如此看来,命运好像还掌握在我们自己的手掌心里。秉持着这样心态的人扮演的是正面角色,总觉得别人有问题的人好像很难被别人当成好人。

不同的人给予了"我是一个什么样的人"不同的答案,觉得自己很有价值的人在活儿干得不漂亮的时候会自我精进,觉得自己一文不值的人在尽情表演的时候总让人感觉像个小丑。

认同了"我是一个成功的人"就会扮演正面的角色,他们是孝顺的孩子、有爱的父母、真诚的朋友……相信了"我是一个失败的人"就会扮演反面的角色,他们是不孝的孩子、抱怨的父母、失信的朋友……

在现实的生活中,"失败的成功者"比"成功的失败者"走得更远。没有人愿意让自己的孩子输在起跑线上,但很多家长不知道自己给孩子赋予了注定失败的角色。还没出招就输了,还想第一个跑到终点?想办法换个剧本也许能时来运转,如果不能从心底里认同这个角色,别人会一眼就看出这不是你的衣服。

不同的人对于自我的认识不尽相同，这源于他们在社会化之前跟父母的那段关系。在杂技团里刻苦训练的动物并非都想成为明星，一旦失误就得不到食物也是它们的心声。父母的期待就像凿子一样雕琢着蒙昧的心灵，越像那个模板的孩子越被家长视为杰作，越不是自己的样子怎么越被别人看作成功？

不管愿不愿意承认，每个人的身上或多或少都有父母的影子。如果父母对于他们的生活很满意的话，才不会让我们改变现状呢。虽然他们想让我们过得更好，但我们还是不知不觉间延续着他们的生活。

等待着观众喝彩的演员已经伸出了乞讨的双手，他们想通过别人的眼神来衡量自己是否真的很有价值。感到紧张通常是一个线索，暴露了内心深处对于自我形象的加工过程。压力往往意味着在我们的现存状态和理想自我之间存在差距，分不清自己跟自己扮演的角色不是同一个角色就很难演好正面的角色。越成功就必须离家越远不应该成为正面角色的获奖感言，必须用委屈来填充自己的胸怀早晚会变成反面的角色。

问题少年已经习惯了自己应该有个问题，看着父母"大事不好"的惊呼，他们通常心中窃喜：你们终于正眼看我了。孩子变着法儿地想证明自己不是没娘的孩子，家长越来越觉得自己的努力没有意义。很多家长没有意识到丑小鸭之所以能变成白天鹅是因为它是白天鹅的孩子，如果我们跟孩子互动的模式有问题，孩子越扇动翅膀就越能够让我们看到问题。

虽然父母把我们当成孩子，但我们不会永远都是孩子。作为价值平等的人类个体从不同的高度和角度跟父母在人性层面上展开对话，就能够理解自己的父母也不过是个普通人。如果能事先知道自己的某些行为会给你带来如此持久而深刻的伤害，那么之前他们肯定不会那么做。

将过去的经历跟现在的体验分开几乎是伴随我们一生的功课，改变了对于自己经历的解释才能够在内心深处塑造出可以给我们提供支持性体验的、无条件的爱的"父母"，进而在自己外在的世界里营造出支持自我的成长氛围。

角色认同的前提是自我认同。不管电影演员扮演什么样的角色，他们还有一个角色就是他们自己。入戏跟出戏看起来像是跟演技有关，其实进得去也出得来的根本原因是他们知道自己是谁。想变成别人的努力注定是要失败的，因为别人都有人演了，还是演你自己吧。对于每个人的这匆匆几十年，我们既是演员也是导演，得不到好评的演员会处处碰壁，外求的同时也不放弃内观才会让自己的人生越走越走运。

成功模式

启动了"生产成功的流水线"才能生产出成功

还记得巴西热带丛林里悠然自得的那只蝴蝶吗？你真的相信美国西海岸的飓风就是它一手造成的吗？结果发生了，之前一定有个什么原因在导致它发生，而那个原因也许还是上一个原因所导致的一个结果。因果关系链的首尾相连就是生产"结果"的流水线，如果不能斩断蝴蝶的翅膀，飓风还会在第二年卷土重来。

行为导致结果，而思想又在影响行为。从源头上开始吧，这样我们才能够以最小的代价赢得最大的可能性。很多看似不假思索的习惯动作其实在内心深处早已经深思熟虑了，固化在潜意识里的驱动程序有的有利于成功、有的倾向于失败。

正如种瓜得瓜、种豆得豆，种"成功的种子"得"成功的果实"，种"失败的种子"得"失败的果实"，是种子里的基因决定了在不断复制（努力）的过程中变成了成功还是失败。每个人都渴望成功，但只有极少数的人首先关注自己手中拿着的是什么样的种子。

我们在前进过程中所碰到的问题都不是真正的问题，真正的问题是我们对于这些问题的反应方式，也就是我们的思维模式。正是我们思考问题的方式、看待这个世界的方式决定了我们从这个世界拿到的是成功还是失败。我们失败了，是我们感觉失败了；我们成功了，是我们感觉到了成功。

有问题的人才会碰到问题，没问题的人才能解决问题。任何人都是自己思想的产物，外在碰到的问题实际上是内在思维的局限。多数人一辈子很努力地做着加速自己失败的事情却以为是在追求成功，而成功的人总能碰到一件事情让他们成功。

生活中的点点滴滴里都蕴藏着改变与成长的机会，有能力控制自己的体验才算是掌握了自己的人生。适者生存的规律无奈地展示了人类站在自然面前的脆弱，有能力经营自己的内心世界也就有机会摆脱对于外在环境的过度依赖。

天气的变化只能影响但不能决定身体的温度，我们已经习惯了靠增减衣物来让自己的体温恒定在三十七度。很多父母希望孩子在面临挑战的时候这样想，而他们自己却不是这么做的。家长跟孩子互动的模式几乎就是孩子跟他人沟通的模板，自己天天吃草怎么能教会孩子走遍天下吃肉？

跟我们发生关系的人并非全都能找到成功模式的启动按钮，很多人不知道自己的潜意识里正加班加点地运行着生产失败的流水线。由心生相、随心转境是个漫长的蜕变过程，借着每一次体验来升级自己的模式才能够体会到孩子长得越快，自己老得越早。

曾经跌倒的每一个地方都在提醒着我们怎样做才能变得更好，"成长的机会来了"也会被解读为"倒霉的时候到了"。错上加错的动力也许是不想被判刑定罪，不觉得有错就是有罪的人才会这样认为：有错没错，不改有错。

从不同环境里出来的孩子秉持着不同的对错标准，执着于谁对谁错等于在大开杀戒。模式之间如果不能兼容就会导致关系紧张，研究一下到底是先有的鸡还是先有的蛋就有机会发现其中的因果关系。生活的品质在很大程度上取决于人际的关系，谁也不想首尾相连的尽头是白忙一场。

每一个沟通场景中几乎都面临着模式兼容的挑战，如果不是万能血型，谁都不敢随便给别人输血。当成功模式跟成功模式见面时，彼此的精神不断升华、思想极度愉悦。当失败模式跟失败模式握手后，东家长李家短的窃窃私语会让他们庆幸自己不是最倒霉的那一个。当成功模式浸润在失败模式里，要么你把他救上岸，要么他把你拖下水。

偶尔启动成功模式的人很容易被游荡在空气中的流言蜚语感染，免疫系统不能正常工作让他们常常觉得必须以毒攻毒才能够不被消灭。好人找到了变坏的理由仍然觉得自己是个好人，逼着坏人去做好事从一开始好像就势头不对了。

就像吞咽与呼吸不能同时进行一样，一旦失败模式被瞬间启动了，成功模式就自动关闭了。启动失败模式的人其实也想生产成功，但他们最大的失败好像是总觉得别人没有启动生产成功的流水线。

习惯于启动成功模式的人就像被注射过系统性防范风险的疫苗，当他们被别人启动的失败模式加工时有能力见招拆招。不把别人往坏处想让他们心里没鬼，做过亏心事的人才会见到鬼。

每个人都要走过幼年、少年、青年、中年和老年的不同阶段，家长跟孩子在某种程度上处于截然不同的世界。因为走过曾经的路，家长能看到孩子的世界。因为没有走完家长的路，孩子很难像家长那样想。探索未知的旅程就如同盲人摸象的过程，当亲子关系面临挑战时，他们其实都没有睁开眼睛。

孩子的功夫多是家长教的，觉得他们不好的地方其实也是家长可以更好的地方。教育不是讲道理，而是做榜样。通过参与孩子的成长，家长有机会进一步完善自我，孩子的自我也会越来越完善。

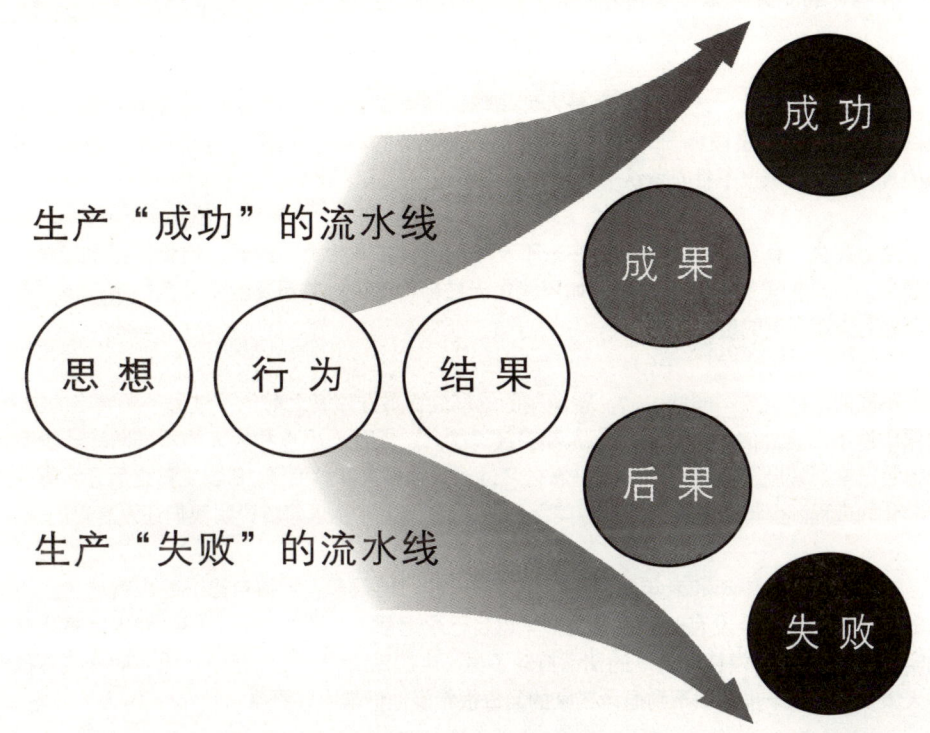

境　界

现实的问题起源于思想的局限。

人生的长度

再伟大的生命也不过区区几十年

没有人不知道生、老、病、死是人之常情，但当生命快走到尽头的时候谁都想向苍天再要回 500 年。秦始皇倾全国之力也没有找到长生不老的药方，而我们这些手里只握着有限资源的凡夫俗子好像也不甘心承认：再伟大的生命也不过区区几十年。

生命是由时间组成的。很多人在来不及了的时候才开始抓紧时间，但我们根本就做不到在最后的 5 分钟里完成 100 件事。如果能每天按部就班地做着重要但不紧急的事，也许就不会再碰到火烧眉毛的事。

不同的时间绽放不同的生命，就像美丽的蝴蝶在展开翅膀之前也不过是条爬着走的虫子。如果中途不出意外的话，我们每个人都要经过胎儿、婴儿、小孩和大人的不同阶段。少有人记得自己在妈妈肚子里的那十个月是怎么度过的，很多人在过完了 18 岁生日之后还没有完成社会化的进程。少年有成未必就是溢美之词，心理年龄低于生理年龄说明我们还没有真的长大。

少年、青年、中年和老年看似是个漫长的过程，但很多人觉得自己一眨眼就老了。不想让时间过得太快是个没有时间的表现，觉得自己永远都不会死的年轻人很少对人之将死有真情实感。"想陪着你慢慢变老"的情话打动了另一半愿意给我们生个孩子，没有时间陪着孩子一天天长大让孩子也意识不到退休在家的父母很希望他们常回家看看。

任何产品都有自己的生命周期，我们人类也有自己的使用寿命。把自己使用到极致也许想挖掘出人生的最大价值，没能在限定的时间内把该做的事情做完、做好就很难把自己使用到极致。想从大海里捞针就不能实施涸泽而渔的策略，因为这样的活儿好像一辈子也干不完。愚公移山的精神搭进去的是子子孙孙的美好时光，不同的时代里没有干出不同的事情说明鱼儿跟水还没有打成一片。

我们很羡慕"天上一天、地下一年"的神仙生活，因为这是近乎长生不老的一种感觉。虽然有 365 个员工的老板活 1 天相当于过 1 年，但是生理年龄想突破 365 岁可不是靠度日如年就能实现的。当我们很投入地做一件事情时，会觉得时间过得飞快。没觉得过了那么长的时间说明我们已经走在前面了，总能超凡脱俗不就已经是个神仙了吗？

永葆青春的努力不只是用化妆品来掩盖岁月的沧桑，那些像是早生了 500 年、多活了 500 年的人可不会一脸倦容。如果你稍加留意的话，可以从 70 岁的表情中读出 20 岁的笑容。当然了，也有很多人在 20 岁的时候就已经死了，只不过到了 70 岁的时候才被埋葬。

假设你现在 20 岁，有个先知对你说"50 年之后你将会死去"，你会怎么想呢？假设这个先知改口说"40 年之后你将会死去"，你会怎么想呢？假设这个先知告诫你"30 年之后你将会死去"，你会怎么想呢？

　　请认真地回答这些问题，没必要在自己只有 3 年的活头时才开始跟老天爷讨价还价。什么都看不见的海伦·凯勒在浇筑《假如给我三天光明》的时候并没有做出乞讨的姿势，我们如果能把每一天都当成生命中的最后一天，也许就能看到延年益寿的功效。

　　从很长的时间开始倒数也许就没了倒计时的压力，也许就有了发生质变的量变积累。让自己 3 个月一小变就是在升级自我，让自己 3 周年一大变好像也不是什么难于上青天的事。肉身做不到经年不腐，但精神却可以不食人间烟火。让自己的心永远不老是个值得努力的方向，习惯于把一天当两天过应该有机会修炼成仙吧？！

　　实在没时间了的时候，还有自己的孩子在延续我们的生命。虽然是相对独立的个体，但他们的血管里奔涌不息的还是我们的血液。自己走的时候不把孩子也拖进坟墓是家长的智慧，孩子能在家长不在的时候继续挺起胸膛可需要一个很好的榜样。

　　请认真地感受你的情绪，没必要在濒临死亡的时候才开始跟命运抗争。修成正果的人在该走的时候不会赖着不走，有时间却没抓紧时间的人好像很坚持"好死不如赖活着"。时间对谁都是客观公正的，但个人感觉的变化却可以让我们不再挣扎在死亡线上。

　　将有限的生命投入到无限的为人民服务之中，让先烈们永垂不朽，我们也可以借着职业年龄的不断增加来让自己的精神不死。如果每一分钟都做最有价值的事，我们哪里还有时间去思考人生是否真的苦短。就算未来的时日不多，我们好像已经做完了别人几辈子都还没有开始的事。

　　谁都是历史长河中的一个匆匆过客，那些青史留名的人也并非全是百岁老人。身体不过是个驮着心灵东奔西走的载体，如果灵魂能不断升华，肉体怎么会越来越累？身心不一的人迟早会被病魔缠身，"说的"跟"做的"一致才不会变成僵尸。

　　把时间当成管理的对象实际是在浪费时间，很清楚自己想要的是什么自然会在什么上花时间。谁都知道浪费别人的时间等于图财害命，但我们在无聊的时候也很希望有人来打扰。不要停止日复一日的成长，让"现在的自己"比"过去的自己"变得更好才对得起时间的消耗。不要抱怨年复一年的忙碌，至少它让你连去死的时间都没有。

人生的宽度

时间的使用效率不尽相同

虽然我们终有一死，但并不是每个人都没有白活一回。生命是由体验组成的。很多人的 1 年不过是将 1 天重复了 365 次，真的过了 365 个不同的 1 天的人才算是真的活着。谁不想让自己的路越走越宽呢？我们怎样才能在只有一次的生命里活出最大的可能性呢？

每个人的 1 天里都有 24 个小时，这 86400 秒大致被分成三个部分：1/3 在工作之内、1/3 在工作之外、1/3 在睡梦之中。如果有人每天往你的账户里存入 86400 块钱，你会怎么想呢？如果不当天花掉就立刻清零，你会怎么花呢？

1 天换一份工作也许能带来 365 种不同的体验，但总扎不下根儿来就别想枝繁叶茂了。你一定知道得不到土壤栽培的种子会有什么命运，那些坚持一生只干一件事的人好像并没有觉得自己应该无聊。

由浅入深的过程不可能重复相同的体验，从一个世界闯进另一个世界谁都会感觉新鲜。不同的时间、地点、人物和主题是进入不同世界的入口，越多做事情的人就越有机会感受到别人是怎么工作的。

有资格给别人带路的人一定在之前去过那里，经常在不同的世界里"神游"怎么能找不到为"人民"服务的机会？忙得没有时间思考的人就像是戴着眼罩、围着磨盘转圈圈的驴子，就事论事的人也很容易错过进入不同世界的班车，周而复始地重复着相同的动作让思想越来越没有思想了。

机器人在下班之后才意识到自己也是人，不能从共事的各色人等中汲取到乐趣让他们也没有办法扫净家庭中的一地鸡毛。自己身边的亲人通常比在商言商的同事更能够给予我们宽容，但也纵容了我们在 Hold 不住的时候把他们当成释放压力的垃圾桶。离自己最近的人并不都是离智慧最近的人，如果他们也觉得冤枉，我们还像是一家人吗？

呼呼大睡的时候什么都不知道了，但潜意识仍坚守岗位。"做梦的时候还偷着乐"跟"从噩梦中惊醒"应该是不同的生活，"夜有所梦"又影响着"日有所思"可算是在储备体验了。谁都有 8 个小时来充分沉淀自己的所见、所闻、所感，但如果没有能力用心体会，我们还是腾不出更大的空间来容纳第二天即将进入我们生命的那些东西。

虽然老天在分配时间的时候对谁都很公平，但时间的使用效率却不尽相同。错过了不同阶段之间自然过渡的几次机会之后就很难继续前进了，因为被"人以群分"到不同的圈子里，几乎就看不见自己生活之外的那些人到底是怎么生活的了。

出现在我们生命里的每一个人的背后都有一个相对于我们而言的陌生世界，如果找不到打开心门的钥匙，这个人相对于我们而言就会变成一堵墙。对于周围都是墙的人而言没什么出路可言，如果能修炼出像孙悟空那样的七十二般变化，也许我们的戏路就会越来越宽。

一把钥匙只能打开一把锁，不同的角色要准备不同的台词。虽然我们的肉眼看不到人与人之间的边界，但我们的心灵却能够感受到这到底是谁的感受。讲别人能听懂的话是彼此靠近的一个前提，越走越走心的同时也让我们渐渐发现：每一个认识我们的人都愿意给我们让出一条大路，而且条条大路几乎都能通向罗马。

每一个人都是他的世界的中心，几乎每一次体验都是基于这个角度才映入眼帘的。在人际互动的过程中，不管是别人围着我们跑还是我们绕着别人转，都已经拓展了彼此的世界。想被别人众星捧月就要时刻准备着输出价值，那些没有价值的人才会感觉世态炎凉。感觉自己版图越来越大的人有能力理解别人，跟别人纠缠不清的人通常还没有走出自己的世界。

"吃过猪肉"肯定比"见过猪跑"多了一种体验，我们看不懂别人不代表别人看不透我们。别人知道我们怎么想是因为他们曾经那么想过，我们怎么想也不知道别人在想什么说明我们从来都没有去过他们曾经到过的那个地方。如果我们的世界只是别人世界的一部分，你说到底谁比谁更需要谁呢？

想让孩子理解我们的苦衷就要有能力走进他们的内心，站在了他们的那个角度应该能明白他们为什么会那样想问题。我们的知识结构比孩子相对完善，我们应该更有能力先于孩子发生变化，进而让他们跟着我们走进我们的世界。

一旦心与心的距离不再是这个世界上最遥远的距离，我们就有机会走进不同类型的人的背后的那个不同的世界。孙悟空的火眼金睛是千锤百炼而来的，我们要是多做事情也应该能够看清楚站在自己面前的这个人究竟能不能帮着我们擦亮眼睛。

人类的进化让我们不再是只猴子，社会化程度的高低也决定着谁更有个人样儿。相同时代的人大多有着相同的经历，但不同的人却从相同的经历中拿走了不同的体验。这个世界对谁都是那般模样，只要你变了，你的世界从此也就开始不同了。1天变一点点并非微不足道，365天下来就不再只是那么一点点了，更何况我们还有时间抓紧时间，否则活得越久就越浪费粮食。

人生的高度

高度决定视野

谁都知道站得高才能看得远，但很多人怎么努力也升不了官、发不了财。不能从芸芸众生中脱颖而出让我们的眼睛怎么望也望不出去，而那些有眼光的人即使闭着眼睛也能穿透黎明前的黑暗看到即将从地平线上冉冉升起的第一缕曙光。

我们只能看到"我们能看到的东西"，这不仅仅因为肉眼的局限，还由于我们经常选择自己想看的去看。脑袋里想的东西实际上已经被我们内心的眼睛先发现了，虽然并非全是现实当中的存在，但也像怀了孩子一样总要在某个时间出生（出现）在某个地点。

自己的孩子在自己眼里永远都是个孩子，但到了他们18岁以后，别人可就不这么想了。能看到这一步的家长从一开始就想防患于未然，站在了巨人肩膀上的孩子才不会把"妈妈怕我走丢了"翻译成"我没有能力自己的事情自己做"。

"没有比人更高的山"比的可不是身体的海拔，如果心灵的高度上不去，我们的视野里也不会出现"山高人为峰"的伟岸画面。金钱和地位是很多人梦想的巅峰，总有比自己还大的官、比自己有钱的人让我们总是觉得自己被什么东西给踩在脚下。

很多时候，不是我们看不到，而是我们没有站在那个高度上去看。傻大个儿的称谓里并不在强调身高，我们从很多长得不高的人身上也能够看到浓缩的精华。没有睁开内心的眼睛让"盲人"制造出了"摸象"的笑话，"眼不见心不烦"的处世哲学难道是想让我们坚守自己的那个角度？

收入更高的乞丐很想让自己的同行觉得他们已经丢掉要饭的碗了，不跟真正的百万富翁比说明他们还站在原来的那个地方。用十万块钱的钢镚儿买车确实可以延长自己被别人服务的时间，用高头大马把汽车拉走好像是脑袋还没有开窍。

"同行是冤家"是某些人的从业经验，觉得别人抢了自己的饭碗才想把对手打得不能照常营业。能选择同一个行业的人大多有着相同的构思，有更多的人来"解放全中国"不正相当于帮着我们来践行使命吗？有本事差异化之后会发现不过是各取所需，不是自己要找的对象去购买别人的产品（服务）何必非要觉得自己丢失了客户？

心中无敌则无敌于天下。如果觉得周围都是朋友，谁还需要通过打遍天下来证明自己没有敌手呢？"谁都打不过我"确实是武林高手，"谁也不想打我"好像也不是一般的身手。如果非要一比高低的话，你说谁比谁更高呢？其实做事跟做人是两门不同的学问，评分的标准自然也应该有所不同。

老虎不跟豺狼比武有它的考虑，如果被反咬一口，可就丢了一世英名了；即使打败了群雄，也会让人觉得胜之不武。百兽之王的头衔也不全是靠战斗得来的，让狐狸打着自己的旗号耍一耍威风才会有更多的人愿意给第一名抬轿子。

没有永远的朋友，也没有永远的敌人。当朋友变成敌人的时候，他最知道你的软肋。想把敌人变成朋友，千万要在揍他的时候手下留情。把周围的人都当成自己人可不是随便说说就能做到的，把握不好分寸的话就会经常觉得"最近的人伤自己最深"。

当婆媳发生矛盾时，儿子可以认为老婆不孝顺自己的老妈，也可能觉得老妈在欺负自己的老婆。前者会让老婆觉得自己还是个外人，后者会让老妈认为儿子在帮着外人。看来进了一家门也未必就真的变成了一家人，自己人非要打自己人也就别张口闭口这是我的婆婆、这是我的儿媳了。

扩大自己人的范畴会渐渐稀释这个问题，我的人越多就越能让轿子"高高在上"。之所以不理解别人，是因为自己的世界太小了。站在山顶的人会发现还有更高的山，想扩大自己的版图就需要比有思想的人更有思想，毕竟有容乃大。

发生在我们生活中的事再小好像也是大事，从太空俯瞰地球时才发现再大的事原来也是小事。想把问题给看没了需要提升自己的高度，越来越逼近自我实现的境界时才有机会变现出"独乐乐不如众乐乐"的大同世界。

自己难受得要命而别人却笑得出来，这不是逼着我觉悟不高吗？自己一高兴，别人就笑不出来了，难道就能彰显你站在高处？蹲下身来让别人踩着自己的肩膀往上爬并没有减少我们的尺寸，上去了的人愿意拉兄弟一把，这也许是不想让他们在更上一层楼的时候没有了进步的阶梯。

能有世界屋脊的称号说明青藏高原够高的了吧，但仍以每年平均 18.2 毫米的速度上升，真让人禁不住要给它内部那股翻江倒海的力量来点掌声。地壳运动不只造就了一座珠穆朗玛峰，全世界海拔超过 8000 米的 14 座山峰都集中在青藏高原。

"这山望着那山高"几乎否定了人的存在，过度强调那个人打败了这个人也不是问题的关键。只要这个人还没有被打倒，他就有机会再站起来。"高处不胜寒"是很多社会精英的成功感言，现在你还觉得他们高吗？不管我们怎么想，其实都有道理。如果你尝试着这么想，也许会发现自己好像已经站在山顶上了。

人生的深度

没有意义就没有价值

万丈高楼平地起离不开稳固的地下基础,没有深度的人生也撑不起人生的高度。触及事物本质的程度就是所谓的深度,找到了人生的意义才能够从源头上获得补给。生命中没有被满足的需求就像随时可能让堤坝坍塌的蚁穴,如果不在这里下点功夫,我们的生活就会到处都是陷阱。

舍得在孩子身上花钱是很多父母的特征,让孩子学会认钱不认人好像并不是父母的初衷。金钱不过是个衡量价值的工具,如果没有了交换的存在,它再多也没法嘚瑟。觉得人不如钱值钱不算是很有见解,当友情、爱情甚至亲情也必须要一手交钱一手交货时,也许你的心里将不只有一种滋味。

在我们的心海罗盘上,镌刻着"给谁时间就是爱谁"的行为指南。在陪着孩子一天天长大的过程中,我们也有机会补上落下的功课。没有掉进钱眼儿里是因为知道自己才是财富的主人,如果没有高质量的陪伴,我们的孩子将来极有可能沦为金钱的奴隶。

不觉得自己值得拥有的人越努力越适得其反,这个巨大的亏空就像黑洞一样吞噬着正在拔高的建筑。很多孩子不能够清晰地表达"我是一个什么样的人",你一定知道没有了导航的汽车将很难发挥出马力。

给孩子更好的教育是很多家长的共识,但教育的本质可不是让孩子变成别人。知道自己是谁的家长不会逼着孩子一定要"成为谁",他们的孩子即使没有接受更多的教育也能够从这面镜子里看清楚自己究竟是个什么样子。

"支持孩子成为他自己"不是随便说说就能做到的,让孩子为所欲为也是因为连父母自己都没有边界。很多"成为谁"了的孩子并不知道"我是谁",没有根基的树长得再高好像也很害怕风雨来袭。没有了能量的补给才会有三十年河东、三十年河西的感慨,很清楚自己的根儿在哪里怎么会不脚踏实地、怎么能不顶天立地?

亲子互动的每一个当下都是在给孩子"挖坑儿",问一问自己到底想栽树还是要埋雷就会感觉头脑不再那么热了。深层次的思考不是在事到临头时拍拍脑袋就能够脑洞大开的,曾经在"神游"的时候被导游引申到什么程度几乎就决定了他们会从哪个角度去看待问题。如果家长不沉下心来,孩子怎么爬也爬不到巨人的肩膀上。

好像到了触底反弹的时候了,如果不把随时可能坍塌的空间填满,那就不是稳固的地基,而是更大的陷阱。一层又一层的更上一层楼离不开一点又一点的扎实基础,一一对应的强力支撑自然会在外在的世界里显化我们内在的那个世界。

如果肚子里没怀上孩子，再女人的人再怎么生好像也生不出孩子。内在的富有跟外在的拥有是一一对应的关系，只要给我们点时间让我们去经历，他们早晚会在合适的时间出现在合适的地点。

不觉得自己值钱的人习惯于用金钱来装裱自己，入不敷出的时候还理直气壮地埋怨不借给他们钱的人不够朋友。他们之所以生气是因为别人的钱没有让他们花，我们选拔知己的时候用的可不只是金钱这一个衡量的标准。

不知道还有比钱更值钱的东西就不会深度地开采自己。没有目的地追求目标让我们总觉得缺少点什么，追求没有意义的所谓价值往往让我们错过了更为重要的东西。看得见的物质背后都有一个看不见的精神在支撑，没有了这个前提就别想留住那个存在。

人际交往的每一个当下都充斥着大量的信息，有人提炼的是价值，而有人收集的是垃圾。对什么起反应几乎是身不由己的事，因为7岁之前就已经固化的程序在指使着我们自动化反应。如果我们没想到的，别人早就想到了，你说谁的思想大？如果我们能想到的，别人也都想到了，你说谁能兼容谁？兼容不了别人就找不到别人的需求，再怎么努力也拿不出价值可不就成交不了客户？很多人都想在懂自己的人群中散步，但手头上没有心灵地图让我们怎么走也走不进对方的心里去。

3层的地下基础撑不起30层的地上建筑，能撑得起30层地上建筑的地下基础不会在自己盖到地上3楼的时候就觉得自己低人一等。可持续的发展需要不间断的驱动，如果不升级自己的加工能力，我们就很难夯实人生的基础。

心越静的时候，人就越显得有深度。找个没人的地方自我对话一下吧！大声喊出你生命中的遗憾、无助、失落和渴望，让泪水冲刷一下尘封的心灵。我们以为别人会那么想实际是自己正在那么想，以小人之心度君子之腹这句话实在难听，想缩短心与心的距离就需要先放大自己的容量。

本末倒置的努力解决不了根本的问题，想办法帮助孩子找到人生的意义才能够牵一发就动全身。千变万化的现象背后其实隐藏着足以应万变的不变本质，没有眼光的人再怎么看好像也看不到自己视野之外的那些东西。

对于自我价值的挖掘几乎值得我们用一生来探索，因为外在的价值量跟内在的价值感是能量守恒的。任何行为的动机都关联着想要满足需求的冲动，如果有能力自给自足，谁还愿意满世界"乞讨"？

能量体升级

最小单位的重新组合才能产生新的物质

人往高处走说的是谁都想进步，但怎么变还是原来的样子说明我们的能量并没有升级。一个人的能量场终其一生不会发生多少变化，除非抓住了生命中仅有的几次打破惯性的机会。想更接近那个叫做灵魂的地方需要正能量的烘托，跟着负能量做自由落体运动自然就没了神韵。

孩子的能量由父母的能量合体而来，父亲跟母亲的平均分几乎就是孩子的天花板。决定一个人能量层级的关键因素是这个人的社会动机和心灵境界，如果父母不好好学习，孩子就很难天天向上。

意识水平的提升并不是一件容易的事，因为我们的肉眼根本就看不见决定着能否重新组合的那些最小单位。看不见的东西通常会被认为并不存在，没有在这里下过功夫就很难主导最小单位的重新组合。

每个人都像是一部电台，既发射信号也接收信息。地方台的收听对象仅限于当地，而中央台的辐射范围却可以遍及整个国家。我们的发射功率受限于自己的能量层级，如果不想办法提升自己的意识水平，我们就很难把自己的爱给传出去。

人与人的相互影响实际是能量场之间的彼此干扰。当被人惦记的时候，他们的磁场就开始对我们进行"火力覆盖"了。如果你此时的频率正处于低层次状态，就很容易自乱阵脚。只有调高了自己的频率，我们才能够跟自己在低层次里所做的一切脱离接触，进而摆脱问题的围追堵截。

思维脑波在传播的过程中不会被有形的物质挡住去路，越能够将自己的身心放空的人就越能够不被问题锁定。被高人点化的经历是令人愉悦的，是铁粉的有机会转型为磁铁，是小磁铁的有机会升级为大磁铁。被小人玷污的感受不亚于被绳捆索绑，而且灵性还会被贴上封条。他们的浊气会弄脏我们的磁场，如果碰不到干净的人，就很难推动净化自我的进程。

你是什么直接决定着你将对游荡在宇宙空间里的什么信息发生反应，毕竟同频才会共振、共振才能显化。很多人做着事与愿违的努力，他们怎么想也想不明白别人的成功为什么来得那么容易。与其说你没有得到自己想要的，不如说你连自己都不认识。如果你不同了，也许你的世界从此就开始不同了。

攀登人类意识进化的巅峰是个值得努力的方向，倾注心血于觉察跟救赎才有机会踏上进步的阶梯。100 分再大也有个终点，不管从 60 分以下改变，还是从 60 分以上成长，只要坚持让自己变得更好，你就会发现：自己越来越有能力把问题给分割包围了。

丢了弓的国王似乎有理由伤心，但意识到还在自己的国家里好像也可以认为并没有损失。虽然改变就在一瞬间，但成长却是一段路。向100分挺进的路上要穿越不同的时空，碰到了不同的人说明我们进入了不同的场。不同的人在不同的能量层级里各按秩序，而已经开悟了的我们不会再选择原地踏步。

远离低能量的物质至少让自己在发动下一次冲锋的时候还能够拿出勇气，经常在高频率的场域里浸润迟早会玩出相同的感觉。"未来的你"跟"现在的你"有时候会打架，冷不丁被打回原形时千万别忘了哪一个才是你想修炼的不朽真身。

有求于人的时候才会低着头说话，无欲则刚也不是让我们漫无目的。不外求，就不会被控制；往里找，总有一天会看到：所有达成目标的资源其实都在我们自己体内。能自给自足至少会滞延能量下降的趋势，习惯于"给"而不是"要"就相当于在疏通未来他们可能涌泉相报的时候把我们推向高处的渠道。

从"我有背景"升级为"我是背景"发生的绝对不是物理变化。很坚持地球围着太阳转的布鲁诺被活活烧死，很相信自己才是自己世界的中心不一定得到的全是祝福。感受到了压力说明我们来到了转化的边缘，突破了临界点才能够摆脱"地心引力"的束缚。

跟相信你能成功的人和希望你能成功的人打成一片会获得加持，而且在这种尽在不言中的意识里根本就不需要台词。谁都知道：因为我爱你，所以担心你；因为你爱我，所以不让我担心。虽然水往低处流，但当爱在心与心之间流动时，我们会感觉到自己在掌声和欢呼中不断地上升、上升……

越来越高的同时也越来越接近于道，当真的把云朵当成被子的时候好像已经天人合一了。难怪有人说：比陆地辽阔的是海洋，比海洋辽阔的是天空，比天空辽阔的是人类的胸怀。我们引以为傲的东西也许在别人眼里根本就一文不值，站在道德的制高点上似乎才能够牵动所有人的心。

利益共同体看似把N个人变成了1个人，如果不能升级为命运共同体，就很可能在利害关系发生变化的时候分崩离析。全是有形的物质拼凑起来的组织并没有在能量层面上完成深度的链接，只有无形的精神存在才可能把未来的价值转化为眼前的利益。

实在找不到更好的办法时，请多亲近宇宙中最有能量的三种东西：大自然、音乐和孩子，因为孩子暂时还没有被污染、音乐直通我们的潜意识宝库、大自然里蕴藏着亿万年来各类意识进化的诸多启示。

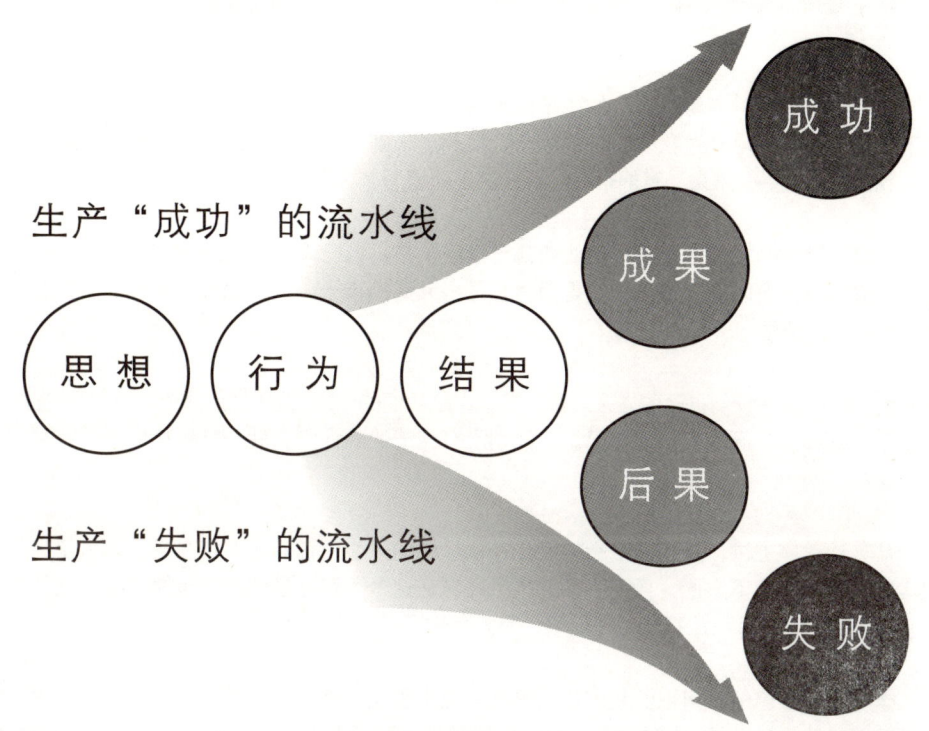

梦　想

人类因为梦想而伟大。

谁偷走了我的梦

孩子之所以不能飞翔 也许是因为家长很早就剪断了他们的翅膀

没有哪一个父母不希望自己的孩子像大鹏一样展翅，但成也萧何、败也萧何，很多家长竟不知道自己曾经滞延过孩子前进的脚步。每一个来到这个世界上的人都带着一对翅膀，为了让我们的未来更有未来，真的很有必要在这里谈谈怎么飞的问题了。

输掉了过去的父母很希望孩子能给自己赎回未来，自己没飞多远却一个劲儿地教孩子怎么飞。丑小鸭之所以能变成白天鹅是因为它是白天鹅的孩子，我们如果没去过那里就总担心孩子也到不了那里。

我们的未来是我们自己的未来。虽然孩子也是我们的未来，但毕竟是两个相对独立的生命。连小孩子都知道自己的事情要自己做，我们没有完成的功课怎么就一定要变成孩子非写不可的作业？

从某种程度上讲，延续你生命的后代补偿了你的人生价值。没有在有生之年将梦想照进现实的人通常会留下遗愿，再不听话的孩子好像在这个天崩地裂的时刻也愿意继承先烈的遗志。孩子变得努力了不见得全都是好事，因为有的已经抵押了他们的灵魂。

走在我们前面的人可以给我们指引方向，但也可能挡住我们的去路。恨铁不成钢的心情经常笼罩着幼小的心灵，觉得自己"什么都不是"的孩子会越来越"无能"。很多孩子不相信自己能考上清华、北大，到底是什么原因让他们对自己的无能这么自信？先打掉孩子的信心再让他们冲锋是很多家长的模式，执着于将自己匮乏的感觉移植给孩子常常被解读为"可怜天下父母心"。

值得一提的是，欲望不是梦想。钱怎么赚都不够花是很多人的困惑，让孩子把赚钱当成梦想不可谓不用心良苦。生活的压力透过父母的牢骚辐射到了孩子身上，学习好才会有好工作也渐渐变成了他们的信仰。不能从学习中找到乐趣才会"常立志"，有能力将兴趣转化为事业是因为在很小的时候就立了长志。

注意力不能长时间的保持集中很容易模糊我们的视线，看不清自己真正想要的是什么，自然就不会在那个值得坚持的领域里继续地加油。请不要把手段当成目的，殊途同归的真正含义是可以用不同的手段来实现相同的目的。

也许是因为担心我们像撞在玻璃上的苍蝇一样有光明没前途，我们的父母才想让我们收起翅膀。"穷得只剩下梦想了"被很多人形容为已经倾家荡产了，但志不短的人依然可以坦荡地面对自己除了梦想之外，几乎一无所有的事实。

每天叫醒我们的不是闹钟，而是梦想。不知道往哪里开的车再好也寸步难行，很清楚自己想要的是什么才会去摸索从出发点到目的地的那段路。很多励志故事里并没有实现梦想的路径，觉得自己是鹰的鸡不仅很早就叫醒太阳，而且还马上就开始上班。

从梦想持有者到品牌创始人的华丽转身是个极其漫长的过程，除了当事人能感受到自己体内的翻江倒海之外，其他人几乎觉察不到这股能量积蓄的细微变化。滴水想要穿石需要一段时间的坚持，只盯着摔成八瓣的水滴就看不到石头上若隐若现的窟窿。

地心引力根本就拽不住鸟儿的翅膀，成功的种子早晚会结出成功的果实。梦想就是种子，吃饭的时候把种子给煮着吃了就别想有未来了。原来以为颜色发黑是气球飞不起来的原因，现在觉得只要里面充满了气，什么颜色的气球都有机会等到风的到来。

每一个孩子都是这个世界上独一无二的存在，他们都是即将绽放的花朵，所不同的也许只是花期不同。如果你不这样想，也许你家的那朵花还没开就谢了。只要给他们腾出空间，我们一定能看到他们绽放。

教育的本质是通过你改变你。很多家长明白这个道理，但不会这门功夫。没有经过孩子的同意就指手画脚等于在踩蹦他们的思想，殊不知只要孩子自己想要，他们总能从他们的世界里找到可以让他们变得更好的路径。

很多没做到的其实是没想到，想到万一掉下来会摔个半死就更不敢去飞了。想远航又不敢离开港湾是船儿的痛苦，想飞翔却没带翅膀好像不只是鸟儿的悲哀。用了没用是一种情况，连用都没用到底是谁没用呢？

很多时候，我们不是死于无能而是死于无知。梦想跟现实的差距给我们带来了压力，矛盾的信息和限制性信念也让孩子措手不及。习惯了踩刹车的父母经常会忘记告诉孩子车上还有油门，到处买后悔药的孩子越来越觉得父母也不过"事后"才"诸葛亮"。

无形的力量中蛰伏着隐形的翅膀，我们的眼神随时都在雕琢孩子的未来。千万别再去评价他们的梦想多么不切实际了，催促着他们向梦想靠拢至少能让他们早点起床。每天早上都有虫子吃的鸟儿不会长不出翅膀，孩子的梦想有我们的祝福才能够提前显化。

不要在孩子的脑海里制造恐惧，因为那是你自己的功课。谁也不知道孩子将来会变成什么样子，你也别非要觉得"自己应该知道"。只要让孩子相信梦想不可能是"不可能的事"，我们的未来就一定很有未来。

没有什么不可能

对于充分展开的风帆而言 任何方向吹来的风都是顺风

追梦少年的路当然不是一帆风顺的，但对于充分展开的风帆而言，任何方向吹来的风都是顺风。很多家长非要等到所有十字路口都亮起绿灯的时候才开始让孩子上路，那些不想让孩子输在起跑线上的所谓努力好像已经让孩子输在了起跑线上。

不应该这样、不应该那样是很多家长的口头禅。头脑习惯于说"不"，而心灵很不甘心承认自己不行。想让孩子变得更好本来无可厚非，觉得自己这也不行、那也不行等于废了他们的武功。

虽然紧箍咒是别人给你的，但还是你自己戴上的。战胜不了自己就很难打败别人，而那些被打败的人也未必真的被打倒了。就算全世界的人都抛弃了你，还有你和你站在一起。只要你还没有宣布你退出场外，谁也阻止不了你继续比赛。

你的头脑跟你的心灵都想控制你的身体，如果不能像刹车跟油门那样密切配合，就不能像汽车那样进退自如。请注视着你要去的那个方向，别总抱怨你现在的这个位置。谁在精神上接受了自己梦想成真的那个时刻，谁就能释放出自己的无限潜能。

潜意识比显意识多出3万倍的能量储备。如果潜意识不相信自己能成功，我们就很难真的成功。总觉得孩子应该有个问题的家长实际上更想让孩子远航，问题比目标都显眼不能说万事俱备，自己都不给自己加油可见缺少的不只是东风。

无知者无畏并不是内心强大的最佳注解。不管前面有没有陷阱都敢打猛冲，这样早晚会死上一回，很清楚做哪些事情能让自己的心态没有问题才会有机会找到机会。觉得没有什么不可能说明我们的自我还没被设限，认为自己属于蓝天才会不停地扇动翅膀。

空气里没有托起人体的支撑，但翅膀却能从中找到浮力。我们以为不可能的事可能在别人的眼里轻而易举，别人做不到的事也许到了我们的手上简直就是小菜一碟。如果你真的想把不可能变成可能，请记得在每次出门的时候带上你的翅膀。

是不是感觉勇敢的心又回到了你的身体里，而且动力澎湃？准备好迎着风奔跑吧，因为你知道一路顺风的飞机很快就要掉下来了。不要只关注脸部变形的肌肉，还请感受一下你的身体，是不是开始一点一点地上升、上升……

既然飞机的外形由风来决定，那么调整好内在的自己应该也能够调动起外在的世界。不管我们怎么修炼自己的变形能力，以不变应万变的还是那个充满了无限可能性的你。请记住：你之所以能，还因为你相信你能。

你一定要相信你能，但没必要相信你无所不能。内心膨胀不过是泡沫的虚长，我可不想纵容你掩耳盗铃。知道自己也有不知道的才是真的知道，眼里有人的时候也就有机会去看每个人背后的那些可能帮助你达成你的目标的资源。

专注于可能性的努力就会让我们跟不可能脱离接触，不管是成功还是成长，都或多或少给了我们继续前进的补给。请选择你想要的去看，因为注意力的焦点最终将变成现实。如果纠缠于不想要的，是想放大这个可能性吗？

没有人能够在你的内心世界里匍匐前进，你也未必到过自己内在版图的边界。"相信自己能"早晚会变成"自己真的能"，学会在梦想跟现实之间自由穿梭才能够真的找到属于自己的那条显化成功的路。

外在的世界脱胎于内在的版图。如果你的现实超越了你以前的梦想，说明你真的不再是原来的那个你了。自我升级的成功表明你已经穿越了原来的边界，在继续超越梦想的路上，你一定还能够感应到能量将被滞留在某个从来没有去过的地方。

让别人相信你能是个巨大的挑战，技术上能不能实现是一个方面，怕自己不能在矬子里面继续当将军其实也是个问题。当你专注于让自己变得更好时，你很容易发现别人的好。当你把"不让别人过得比你好"当成目标时，你马上就会看到没有人希望你能了。

"希望你能"跟"相信你能"不是相同的概念。很多希望孩子能成功的家长在潜意识里并不相信他们能成功，没有了上升气流烘托的翅膀再怎么呼扇也不能把身体带到高处。不可能总是比可能多那么一次，太煎熬幼小的心灵了，难怪他们快要打算承认自己无能了。

所谓的不可能不过是暂时还没有找到可能的方法。能这样想的家长会继续相信，能这样想的孩子会继续去找。想想爱迪生寻找钨丝的过程吧，9999次的不可能足够有杀伤力，但一定要发明电灯的爱迪生却把自己的注意力聚焦到了那带来可能的1次上。

深度体验的经历夯实了"一切皆有可能"的基础。因为很相信有可能，所以才愿意坚持到底。如果早知道不可能，没有人愿意到最后才离开。奇迹通常在最糟糕的时刻出现，还没有到转化的临界点当然就变不出跟原来不同的样子。

会笑的人是最后笑的，剩下的人自然是圣人。我们能够理解很害怕输在起跑线上的那种心情，但也知道想第一个跑到终点的人根本就来不及害怕。在没有盖棺定论之前，什么都有可能发生。想让这个世界按照我们想要的样子呈现，就要比任何人都相信那个梦的存在。

看到了才会相信

视觉化带来真实感

成功的人是走在最前面的人，在他们手举奖杯之前，内心中已经站在领奖台上无数次了。他们无数次地想象着自己站在领奖台上的每一个细节，既让自己满意也让别人舒服，一直修正到最佳表现的那个状态；他们想象着自己是怎么一步一步走上领奖台的，内心的眼睛看到了自己沿途攻城拔寨，达成了一个又一个的目标；他们只挑选跟画卷相关的颜色与笔画，注意力高度集中在那副画卷的稳定与流畅上……

如同建筑师看着一片不毛之地，他脑海里的图纸已经在这片空地上竖起了一座座高楼大厦。别人的肉眼看到的只是一片空地，而他内心的眼睛看到的却是一片片万丈高楼。

如同一粒受精卵植入了子宫，母亲开始相信了一个新生命的诞生。从那份相信开始，这位母亲就看到了一个活泼可爱的宝宝时刻陪伴在她的身边，不管是十个月之前还是十个月之后。

如同一粒种子埋进了心田，清晰的画面扎根在了脑海的模板上。就像种子发芽一样，在外面的现实中复制出了一模一样的真实存在。

成功的人是带着这幅画卷上路的，他们每天的工作就是按图索骥，搜集跟脑海中画面相关的元素，在自己的现实生活中拼装出似曾相识的真实场景；他们的"心灵"在前面带路，"身体"紧随其后，披星戴月，马不停蹄；他们从梦想到现实的跨越过程，也正是从精神到物质的转化过程……

那副美好的蓝图在脑海中是那么的清晰，以至于他们已经分不清是脑海中的画面还是现实里的存在；那份执着的相信散发着强烈的磁性，吸引着现实情境中跟这个画面相关的元素一个接一个地映入他们的眼帘；那些娴熟的拼装动作让他们逐渐在真实的生活里展开了梦想中那副璀璨画卷的全景。

是那份相信推动着种子里的"成长基因"不断复制；是那份相信给了他们废寝忘食的不竭动力；是那份相信让他们的梦想从脑海中走到了现实里……

成功的人不断地给自己的梦想浇水施肥，因为他们相信有一粒种子在等待合适的时机生根发芽。如同花儿自然地开，他们也自然而然地绽放了。

成功的路上并不拥挤，因为很少有人坚持到底。只要心中有路，就不怕脚下路远；只要时刻牵挂着自己的梦想，它终有一天会走进我们的现实。

当走在后面的人看到成功的人手举奖杯的时候，开始按捺不住了，"都是一起上路的，他能成功，我也一定能"这样的自我激励虽然慢了半拍，但还是让我们看到了成功的人的影子。没有人可以轻易成功，但在去往成功的路上依然人来人往……

走在后面的人跟着前人留下的一长串脚印，不再亦步亦趋，也开始全力以赴了。这个时候，他们好像并不孤独，因为有很多人开始在这里排队了。世上本没有路，走的人多了也就成了路。

这串长长的脚印通向什么地方呢？是成功的人曾经到达过的地方。这是成功的人追梦过程中的一个路标，他们稍作休整之后，就继续风雨兼程了……

当后来的人到达这里时并没有感受到成功了的感觉，因为不同的人有着不同的心理需求，别人的目标未必就是我们真正想去的地方。更何况，始终慢半拍的人怎么可能第一个到达终点？

不同的人有着不同的路，而失败的人在属于自己的路上都不敢第一个往前走，因为他们的脑海中没有像成功的人那样无比坚信的未来画面……

失败的人很坚持眼见为实的原则。看到别人成功了，他们才开始觉得自己也可以试一试。天空中留不下翅膀的痕迹，他们的视力再好好像也看不清别人的心路。殊不知眼睛不过是个折射光线的镜片，如果没有眼光的话，也分析不出哪些是包装、哪些过时了。

失败的人思想视野通常很窄，看不清楚未来，在从现在到未来的这段路上，他们找不到可以关联的路。既没有尝百草的勇气，也没有一步登天的本事是这些人的显著特征，想跟着别人学习又担心被人利用让他们很难取到真经。

失败的人看到了别人的成功，也因此相信了别人的梦想不是白日做梦，但未必能由此看到自己的梦想、相信自己的梦想，进而有机会在自己的生命现实里看到他们的真实存在。

从相信自己也有个梦开始，一粒种子就种下了。只要时机一到、条件成熟，它终将变成一个果实。如果没有自己的梦想，我们的目标就没有依托、我们的相信就不会持久、我们的努力就不会继续。如果能就此清晰自己的梦想，相信它们能成真，就必然能撩拨起风雨兼程的努力，并真正踏上成功之路。

时间表和路线图

千里之行始于足下

从起点到终点的路一眼望不到尽头，如果离开了导航系统，我们很可能一辈子都在路上走。人生的终点应该就是大限来临的时候。你打算什么时候死呢？假设到了100岁的时候，你就不想活了，那么人生的起点呢？是你出生的时候？那个时候，你好像什么都不知道！是你懂事的时候？那个时候，你好像还没开始做梦！是你现在的位置？对！这就是你重生的起点……

如果要开车去一个从来没去过但又非常想去的地方，你会怎么做呢？如果不能在脑海里清晰地浮现出从起点到终点的这段路，我想你一定没勇气踩油门！如果能碰到曾经去过你想去的那个地方的某个人，我想你可以从他的描述中用自己内心的眼睛绘制出到达那里的时间表和路线图！

谁会去过你想去的地方呢？你的身体应该不会，因为那个没去过的地方应该不在你的现实世界里。你的头脑很有可能，因为显意识的交流会让我们若隐若现地看到那个可能的存在。你的心灵最有机会，因为人性的需求在潜意识里驱动着我们的身体忍不住要往那个跟它匹配的方向上去。

手机不会因为被锁在屋里就接收不到信号，头脑跟心灵不会因为寄居在身体里就不出去走走。相对而言，心灵更能触碰到梦想，而头脑往往会受到存在的限制。只要一想，心灵就出去了。如果不想，心灵就回来了。你的心灵最有资格给你的身体当向导了，因为它去过你想去的那个地方。

这一辈子怎么活是个巨大的问号，深度思考过这个问题的人一定会对自己的未来有过深刻的描述。"未来的你"就像灯塔一样站在遥远的高处，有时候也会迫不及待地冲着"现在的你"挥手。"现在的你"不一定习惯变成未来的样子，因为"过去的你"会时不时地拉扯一下"现在的你"。

不知道哪一个才是你是个不小的挑战，而自我升级的涅槃之旅不一定只扮演一个角色。不知道哪一个才是我常常会给别人带来困扰，如果他们把我穿的衣服当成了我，那也太亏待我了吧？唐僧师徒在历经九九八十一难才修成正果，我们想走向未来也需要经过时间的检验和实践的考验。

走出去很远的心灵在原路返回的途中会在各个拐点插上路标，回到起点跟身体合兵一处的再度出发只不过是故地重游。身体在按图索骥的小步勤挪中逐渐走进了梦想中的现实里，不用睁开内心的眼睛就能在现实中用肉眼看到做梦都想的事，这说明你已经不再是原来的那个你了。

梦想中系统集成着 N 多目标，短期目标、中期目标和长期目标需要不同的达成目标的资源来拼装。对于我们有的资源，拿出来用就是了。对于我们没有的资源，就只能去借了。整合资源的动作排满了行事历说明心灵已经头前带路了，订单都排到明年了还能说离梦想很远吗？

多数人已经习惯了在岁末年初的时候总结过去和展望未来。勾勒出了继续前进的时间表和路线图的老板已经把下一年给提前过完了，员工在来年的每一天里不过就是老板多出来的三头或者六臂。

身体在顺藤摸瓜的过程中越来越靠近目标，心灵在顺瓜摸藤的过程中才能够找到回家的路。胜利会师的时候才能让意与气合、气与力合，身心不一的身体在面对失败的尾追、痛苦的尾随时根本就使不上劲儿。

在肚子里待了十个月的胎儿还不想出来就别想活着出来了，不能在限定的时间内做完该做的事、做好该做的事也很可能错过下一个见到梦想的路口。没有截止日期的事好像算不上是一件事，经常看到海市蜃楼的人才会在不该干什么的时候非要去干。

把海市蜃楼当成目标会消耗我们的食物跟水，越来越匮乏的感觉实际上来源于我们的心还没有起床。没想那么远是很多人的"成功"感言，使劲儿想也想不了那么远恐怕就很难找到成功了。在原来的世界里转圈圈不需要时间表和路线图，不想越走越累的话就必须在上路之前先唤醒我们的心。

意念在没有固化之前很容易被风吹散，视线在碰到障碍的时候也不会拐弯。如果不能把心灵感应出来的信息翻译成视线能及的路标，我们很可能会在某阵狂风之后就不知道自己该往哪个方向上加大马力了。

我们的肉眼绘制不出时间表和路线图，如果不睁开内心的眼睛，谁也看不见脑海里那些无中生有的参照。心灵跟头脑对话的品质直接决定着航海图的精确度，想办法跟水搞好关系才有机会让小船儿也能推开波浪。

让心灵先到达那个地方，然后你的身体将随之而至。我这样说不是逼着你的灵魂出窍，我想说不能实时更新的导航系统还是会把你滞留在过去。时间表和路线图里的种种迹象已经表明希望就在前面，只要你愿意始于足下，我相信你一定能够在属于自己的路上完成这段千里之行。

相信了就能看到

我们都是自己思想的产物

如果有人给你承诺，保证你梦想成真，你会怎么对待这个人呢？除了感激之外，我请你相信他愿意承担这个风险的那个理由！只有你相信了，你才能没有任何借口的从不同的角度、用不同的方式立刻行动、立刻行动、立刻行动，你之外的那些人才能亲眼看到在你精神里孕育的那些东西一点一点地脱离母体并融入现实。如果别人相信了，他们就会跟着走。这个世界上本来就没有路，只不过因为走的人多了才成了路。渐渐的，你会发现：自己的路越走越宽。

我也请你别整天期待着什么人来给你承诺，因为这个世界上根本就没有什么救世主。真正有可能拯救你的不是别人，而是自己。梦想是现实的种子。相信"你的相信"相当于购买了种子，什么样的种子必将长出什么样的果实，什么样的梦想就会变成什么样的现实。

思想影响行为，行为导致结果。我们现在的生活正是三年之前的"某个决定"决定的。不管这是不是你想要的，但绝对是你自找的。我们的起心动念就是种子，我们其实都是自己思想的产物。

出门的时候，请记得带着心上路，因为有导航的汽车才不会迷路。有决心、有信心是干成事的必要条件，不但有心而且用心就更放大了思维脑波的发射功率。共振的过程中不断显化着跟我们同频的隐匿资产，看见了路标的司机自然就知道了该在什么地方踩刹车、该在什么时候加油门。

成功看来已成定局，所有的坎坷只不过是过程而已。抓紧时间赶路会缩短在路上的时间，让自己配得上"未来的你"才不会在半路上抛锚。当身心在未来合一时，梦想跟现实就没必要再分你我了。

每个人眼中的你都不一样，不要让他们的看法干扰了你的想法。变成别人的样子不是你努力的方向，活出你自己才有成功的保障。虽然改变与成长几乎伴随一生，但这不应该影响你相信你是一个成功的人、相信你能给更多的人带来成功、相信你值得拥有这个世界上最美好的一切。

我不知道你从叶公好龙的故事中得到过什么启示，我知道的是：显意识再"相信"也不如潜意识的不相信。如果心灵没去过你的梦想，那么头脑再怎么搜索也不一定能找到继续前进的路标。我们的潜意识被不同程度地贴过封条，显意识的力量也经常像吹气球那样被放大。显意识相对于潜意识而言不过是冰山一角，而很多人的显意识跟潜意识又是自相矛盾的。同时被踩住刹车跟油门的汽车只能在原地轰鸣，身心不在一处的僵尸好像已经没有了未来。

显意识跟潜意识用不同的方式影响我们的决定。显意识通过对浮出水面的方案进行推理来决定自己要不要相信，而潜意识在显意识休息的时候才表现得充满智慧。它们的相互作用形成了思想的内核，它们都相信时才会推动历史的车轮。

潜意识靠直觉跟宇宙连通，它可以离开你的身体，漂移到远离现实的地方去帮你寻找那些跟你匹配的东西。只要有明确的画面进入潜意识，它就会不加区分地接受这个指示或者暗示，并带着保证完成任务的态度去把这个画面搬进你的现实。

请把你的梦想变成画面！请在你的脑海里清晰这个画面！请相信这个画面已经存在于你的脑海里了！达成目标的理由是用来说服你的显意识的，而视觉化的目标才能让潜意识觉得这是道命令。

我们的显意识里并不全是正确的观念，碰到问题时想不变成问题就需要让潜意识里没有问题。多数人的眼睛是往外看的，而那些得到启示的人却非常关注内在。拔除了杂草就会给种子腾出地方生长，如果显意识选错了种子，潜意识仍然会像土壤一样栽培出不对的果实。

在我们逐渐社会化的过程中，周围爱我们的人希望我们变成最好的样子，而那个时候的我们并不认为那个样子有多么的好。不断修正事情的努力逐渐让我们感觉到了被人修理；不断指点我们的声音有很多被我们翻译成了受人指责。"我是不好的！没有人真正喜欢我！"类似这样的自我认知埋藏在了我们的内心深处，一粒"失败的种子"就这样被塞进土壤里了。之后的努力正是不断地给它浇水、施肥，我们也不断看到自己正越来越面临更多的挑战，因为马上就要结出失败的果实了。外在的所谓努力并不能改变这个结果，只是加速了这个结果的提前出现而已。

我们想要成功，但是更害怕失败。内心的恐惧不断地让我们也变成了叶公好龙故事中的主人公。找到了船的时候就感觉自己马上就要成功了，满屋子雕龙画柱的氛围也让自己感觉像是半个神仙了。这样的成功感多么得来之不易啊，万一在过河的时候人仰马翻不就前功尽弃了吗？这样的恐惧让他们迟迟不敢扬帆起航，不相信自己值得拥有更滞延了前进的脚步。

扮演成功者的角色会让我们很快入戏，不仅要换上他们的衣服、记住他们的台词，还要像他们那样呼吸、思考。越来越"像"的同时自然就越来越"是"了，当别人的潜意识也觉得那就是你时，你觉得自己还在梦里吗？

梦想中系统集成着N多目标，短期目标、中期目标和长期目标需要不同的达成目标的资源来拼装。对于我们有的资源，拿出来用就是了。对于我们没有的资源，就只能去借了。整合资源的动作排满了行事历说明心灵已经头前带路了，订单都排到明年了还能说离梦想很远吗？

多数人已经习惯了在岁末年初的时候总结过去和展望未来。勾勒出了继续前进的时间表和路线图的老板已经把下一年给提前过完了，员工在来年的每一天里不过就是老板多出来的三头或者六臂。

身体在顺藤摸瓜的过程中越来越靠近目标，心灵在顺瓜摸藤的过程中才能够找到回家的路。胜利会师的时候才能让意与气合、气与力合，身心不一的身体在面对失败的尾追、痛苦的尾随时根本就使不上劲儿。

在肚子里待了十个月的胎儿还不想出来就别想活着出来了，不能在限定的时间内做完该做的事、做好该做的事也很可能错过下一个见到梦想的路口。没有截止日期的事好像算不上是一件事，经常看到海市蜃楼的人才会在不该干什么的时候非要去干。

把海市蜃楼当成目标会消耗我们的食物跟水，越来越匮乏的感觉实际上来源于我们的心还没有起床。没想那么远是很多人的"成功"感言，使劲儿想也想不了那么远恐怕就很难找到成功了。在原来的世界里转圈圈不需要时间表和路线图，不想越走越累的话就必须在上路之前先唤醒我们的心。

意念在没有固化之前很容易被风吹散，视线在碰到障碍的时候也不会拐弯。如果不能把心灵感应出来的信息翻译成视线能及的路标，我们很可能会在某阵狂风之后就不知道自己该往哪个方向上加大马力了。

我们的肉眼绘制不出时间表和路线图，如果不睁开内心的眼睛，谁也看不见脑海里那些无中生有的参照。心灵跟头脑对话的品质直接决定着航海图的精确度，想办法跟水搞好关系才有机会让小船儿也能推开波浪。

让心灵先到达那个地方，然后你的身体将随之而至。我这样说不是逼着你的灵魂出窍，我想说不能实时更新的导航系统还是会把你滞留在过去。时间表和路线图里的种种迹象已经表明希望就在前面，只要你愿意始于足下，我相信你一定能够在属于自己的路上完成这段千里之行。

相信了就能看到

我们都是自己思想的产物

如果有人给你承诺，保证你梦想成真，你会怎么对待这个人呢？除了感激之外，我请你相信他愿意承担这个风险的那个理由！只有你相信了，你才能没有任何借口的从不同的角度、用不同的方式立刻行动、立刻行动、立刻行动，你之外的那些人才能亲眼看到在你精神里孕育的那些东西一点一点地脱离母体并融入现实。如果别人相信了，他们就会跟着走。这个世界上本来就没有路，只不过因为走的人多了才成了路。渐渐的，你会发现：自己的路越走越宽。

我也请你别整天期待着什么人来给你承诺，因为这个世界上根本就没有什么救世主。真正有可能拯救你的不是别人，而是自己。梦想是现实的种子。相信"你的相信"相当于购买了种子，什么样的种子必将长出什么样的果实，什么样的梦想就会变成什么样的现实。

思想影响行为，行为导致结果。我们现在的生活正是三年之前的"某个决定"决定的。不管这是不是你想要的，但绝对是你自找的。我们的起心动念就是种子，我们其实都是自己思想的产物。

出门的时候，请记得带着心上路，因为有导航的汽车才不会迷路。有决心、有信心是干成事的必要条件，不但有心而且用心就更放大了思维脑波的发射功率。共振的过程中不断显化着跟我们同频的隐匿资产，看见了路标的司机自然就知道了该在什么地方踩刹车、该在什么时候加油门。

成功看来已成定局，所有的坎坷只不过是过程而已。抓紧时间赶路会缩短在路上的时间，让自己配得上"未来的你"才不会在半路上抛锚。当身心在未来合一时，梦想跟现实就没必要再分你我了。

每个人眼中的你都不一样，不要让他们的看法干扰了你的想法。变成别人的样子不是你努力的方向，活出你自己才有成功的保障。虽然改变与成长几乎伴随一生，但这不应该影响你相信你是一个成功的人、相信你能给更多的人带来成功、相信你值得拥有这个世界上最美好的一切。

我不知道你从叶公好龙的故事中得到过什么启示，我知道的是：显意识再"相信"也不如潜意识的不相信。如果心灵没去过你的梦想，那么头脑再怎么搜索也不一定能找到继续前进的路标。我们的潜意识被不同程度地贴过封条，显意识的力量也经常像吹气球那样被放大。显意识相对于潜意识而言不过是冰山一角，而很多人的显意识跟潜意识又是自相矛盾的。同时被踩住刹车跟油门的汽车只能在原地轰鸣，身心不在一处的僵尸好像已经没有了未来。

显意识跟潜意识用不同的方式影响我们的决定。显意识通过对浮出水面的方案进行推理来决定自己要不要相信，而潜意识在显意识休息的时候才表现得充满智慧。它们的相互作用形成了思想的内核，它们都相信时才会推动历史的车轮。

潜意识靠直觉跟宇宙连通，它可以离开你的身体，漂移到远离现实的地方去帮你寻找那些跟你匹配的东西。只要有明确的画面进入潜意识，它就会不加区分地接受这个指示或者暗示，并带着保证完成任务的态度去把这个画面搬进你的现实。

请把你的梦想变成画面！请在你的脑海里清晰这个画面！请相信这个画面已经存在于你的脑海里了！达成目标的理由是用来说服你的显意识的，而视觉化的目标才能让潜意识觉得这是道命令。

我们的显意识里并不全是正确的观念，碰到问题时想不变成问题就需要让潜意识里没有问题。多数人的眼睛是往外看的，而那些得到启示的人却非常关注内在。拔除了杂草就会给种子腾出地方生长，如果显意识选错了种子，潜意识仍然会像土壤一样栽培出不对的果实。

在我们逐渐社会化的过程中，周围爱我们的人希望我们变成最好的样子，而那个时候的我们并不认为那个样子有多么的好。不断修正事情的努力逐渐让我们感觉到了被人修理；不断指点我们的声音有很多被我们翻译成了受人指责。"我是不好的！没有人真正喜欢我！"类似这样的自我认知埋藏在了我们的内心深处，一粒"失败的种子"就这样被塞进土壤里了。之后的努力正是不断地给它浇水、施肥，我们也不断看到自己正越来越面临更多的挑战，因为马上就要结出失败的果实了。外在的所谓努力并不能改变这个结果，只是加速了这个结果的提前出现而已。

我们想要成功，但是更害怕失败。内心的恐惧不断地让我们也变成了叶公好龙故事中的主人公。找到了船的时候就感觉自己马上就要成功了，满屋子雕龙画柱的氛围也让自己感觉像是半个神仙了。这样的成功感多么得来之不易啊，万一在过河的时候人仰马翻不就前功尽弃了吗？这样的恐惧让他们迟迟不敢扬帆起航，不相信自己值得拥有更滞延了前进的脚步。

扮演成功者的角色会让我们很快入戏，不仅要换上他们的衣服、记住他们的台词，还要像他们那样呼吸、思考。越来越"像"的同时自然就越来越"是"了，当别人的潜意识也觉得那就是你时，你觉得自己还在梦里吗？

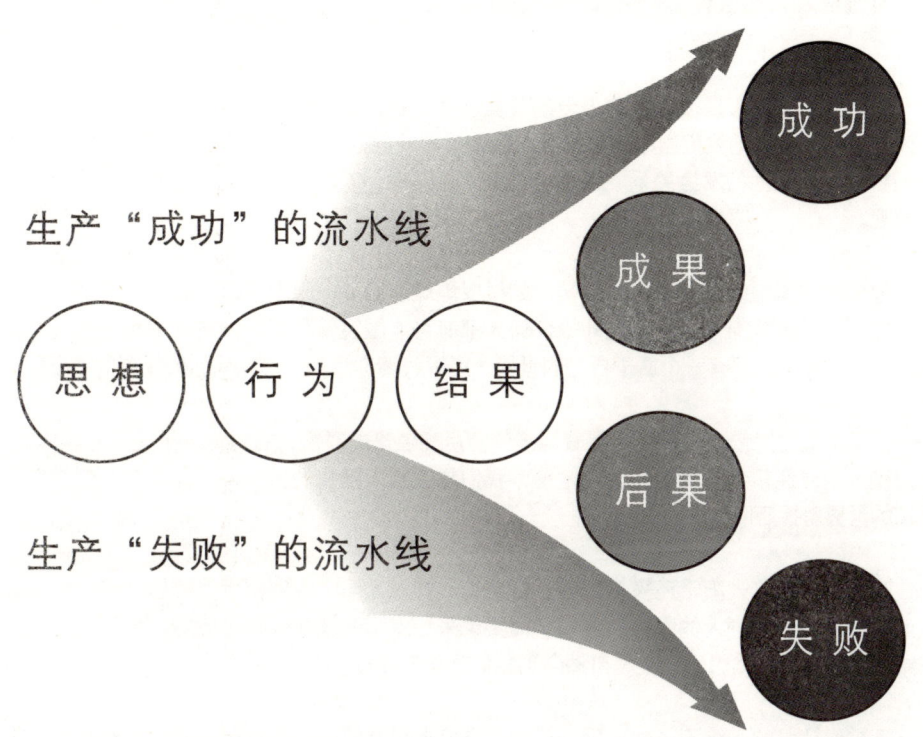

做 人

我是一切的根源。

自信

自负的人只相信自己 自信的人也相信别人

做事之前先做人是很多成功人士的获奖感言，我们也见过很多有能力的人连做事的机会都没有。如果没人把我们当成同类，我们就很难跟外界建立联系。只要有人愿意围着我们转，我们就很容易跟他们发生关系。到底怎么做才能够有个人样儿呢？让我们先从相信自己开始说起吧。

地球围着太阳转是个不争的事实，如果以地球为圆点，太阳不是也在绕着地球跑吗？相对于每个人的自我而言，自己之外的任何人都有可能围绕着我们发生或远或近、或长或短的某段关系。每个人都有一个属于自己的世界，所以我请你相信：你就是你的世界的中心。

太阳上班的时候，我们会觉得暖洋洋的。月亮值班的时候，它好像只想让自己通体发亮。反射别人的光通常会不舍得使劲儿地给，我们想让别人把我们当成太阳就需要时刻准备着往我们的世界里挥洒阳光。

阳光不只来自太阳，还来自内心。自信的人就像太阳，走到哪里，哪里就亮。相信自己眼光的人不会顾及别人的眼神，他们不需要谁来给点阳光就能够自己灿烂。自己有温度才能够给到别人热量，谁想进口温暖自然会到我们这里来提货。

不被你认同的人给不了你力量，能量想自给自足就需要相信自己有货。所有有形之物都生于无形，所以在你精神孕育的这段时间里请相信自己已经有了复制到现实里的那个模板。相信自己的模式也可以用来信任别人，觉得自己那么好才不会认为别人都坏到天上去了。不用伸手就能触碰到别人的心弦自然会释放出士为知己者死的力量，连死都不怕的人怎么可能把挡在眼前的小石子定义为障碍？

"信心比黄金还重要"的觉醒让很多没有资源的人不再觉得自己一无所有，只要给他们点时间，他们多少会兑换些相对值钱的东西。越来越有本钱的人越来越让人相信，越来越觉得自己值得相信的时候还有必要去找个人来给自己背书吗？

"心中无敌则无敌于天下"被不同的家长做了不同的解读，有的孩子开始了打遍天下无敌手的努力，有的孩子却认为自己的心里根本就没有敌人何必非要大打出手？你觉得哪一类孩子得到的是真传呢？

面对压力时仍保持微笑说明我们根本就没把困难放在眼里，那些腿肚子抽筋的人多么想把我们当成他们的主心骨啊。如果有人跟着走，能说我们不是头儿吗？既然已经习惯了头前带路，自然会在出发之前就先鼓足勇气。

想从美容院里找到自信的努力恰恰在强化不自信的状态，对于自我的深度认同也不是换一件漂亮衣服就能够立马升级的。如果没能及时更新里面的软件程序，即使外面看似升级了，也还是能从别的什么地方找到"我是丑小鸭"的所谓证据。

健身房里使用频率最高的"器械"其实是镜子，只有看着自己顺眼了，我们才能够正确地对待别人。自信的人也相信别人，而自负的人却只相信自己。不相信自己的人很难相信别人，不被相信的人才会用手指着"镜子"。

跟自信的人在一起会让你觉得自己真的也不错，他们不需要从你的不自信中汲取营养，你也没必要因为拒绝承认错误而错过了自我成长的最佳时机。批评与自我批评是以开放的态度为前提的，如果每一次经历都在让我们变得更好，我们还有什么理由不相信自己呢？

把"事不对"跟"人不好"区别开来是家长的智慧，把"我有错"翻译成"我有罪"会伤及自信程度的累积。像螃蟹那样横着走不是自信的表现，碰到问题的时候就躲着走大多是因为不相信自己会比问题还强大。

别人的主观看法无法穷尽我们的真实存在，所以自己没必要只盯着别人的评论。没水平的人可喜欢说别人没水平了，看不到别人的聪明之处正说明我们还不够聪明。评价别人的过程无意间暴露了自己内在的某些东西，所以说他们说来说去其实说的只是他们自己。

别人是否相信你是他们的事，能否跟自己站在一起才是你的事。不委屈自己不代表非要去冤枉别人，把别人拒之门外的同时不也把自己给关起来了吗？每个人眼中的你都不相同，你也不会一直站在某一个位置，不是吗？

让孩子从不同的事情上收获自信是个循序渐进的过程。父母对孩子的信任会逐渐转化为他们的自信，他们对别人的信任也会强化别人对他们的相信。良性循环的螺旋式上升拉高着他们相信自己的程度，到了不需要看别人脸色也能够表现出色时，别人自然也就和颜悦色了。

只有当你不再需要证明自己时，光辉才能经由你呈现，能量才能通过你流转，你才能做到真实而真诚地面对自己。伴随着内在宝藏的重见天日，你一定能感受到自己的智慧如同泉涌。你的每一个眼神跟动作都那么的恰如其分，由内而外洋溢着的信心即将注入你的每一个眼神与动作，跟你互动的每一个人瞬间就会觉得：你真让人陶醉。

诚 信

坏人也不想跟坏人交心

现代社会靠契约存续着人与人之间的关系，如果不能履行自己亲手写下的承诺，我们就很难被人相信了。没人跟我们玩的时候怎么有机会"玩"别人？如果不想办法提升自己的信用等级，恐怕连不讲信用的人也不愿意跟我们签合同了。

答应孩子的事一定不能儿戏，做不到的事千万别答应，因为孩子会从此类体验中总结出自己到底该说话算话还是没必要说到做到。善意的谎言不应该成为家长推卸责任的理由，即使你把重音放在了"善意"上，孩子依然会坚持这是"谎言"。如果你能通过玩文字游戏脱身，孩子就很难学会做一个大写的人。

觉得自己吃亏了才会单方面撕毁合同，如果对方也用这种方式快刀斩乱麻，我们想要的恐怕就没人供应了。都得不到自己想要的还是要满世界寻找，难道非要等到下一个可以骗的了的人才想起来用合同来约束他必须出卖他的利益？

谁都知道"有借有还"才能"再借不难"，但还大钱跟还小钱却能够拷打出不一样的灵魂。借了10块钱马上还上10块钱说明我很讲信用，借了10万块必须还10万块就有人开始很不情愿了。为了10块钱不值得失去个朋友，但如果失去个朋友就不用还10万块了，还真有人愿意给自己的手机重新换一个号码。

面对着高利贷的还款压力怎么就想讲信用了？为什么对放你一马的人却表现出一脸要钱没有、要命一条的霸气？强制执行是法院的权力，自己没理还特别气壮难道是执行了不同的标准？

在哪里跌倒的可以在哪里爬起来，但是在那里丢掉的信任就很难在那里找回来了。张口闭口"说实话"的人很害怕别人不觉得他说的是实话，经常做此地无银三百两的事怎么能不让人多那么一点心思？好人不过是让别人先好的人，坏人也不想跟坏别人的人交心。

有些人凭着一张让人相信的脸就可以走遍天下，必须有担保人或者抵押物才能够拿到贷款说明我们的脸还没那么值钱。给你背书的人首先要看看你的那张脸，觉得不给他们丢脸的时候才会选择替你签字。如果自己已经习惯了让自己的脸有个地方放，为什么不选择为自己代言？

不值钱的抵押物不会给你带来宽松的周转，很值钱的担保人到底是从哪里来的那么多钱？在要钱还是要脸中选择时，也许会有人选择不要脸了。在要命还是要钱中选择时，肯定都会去选择不要钱了。看来钱并不是最值钱的东西，所以我们很有必要继续装扮自己的脸。

没有人会在自己的脸上刻上"有借无还"的logo，我们的肉眼也看不见对方的肚子里到底装着一颗什么样的心。虽然不知道对方是怎么想的，但可以看见他们是怎么做的。签署合同本来是想逼着对方说到做到，但跟不讲信用的人讲信用真的就能杜绝说话不算话的不测事件吗？

东郭先生跟狼的故事流传已久，但其中的启示却耐人寻味。东郭先生跟狼达成共识的时候拒绝了跟猎人签个协议，他哪里知道在狼的内心深处镌刻着"谁不替我去死谁就不够朋友"的合作原则。东郭先生的后人也许从此学会了首先撤出跟披着人皮的狼的攻守同盟，但看在眼里的猎人恐怕就很难相信他们不是会说话的狼了。

想吃唐僧肉的妖怪大多被孙悟空整个半死，不想诚实守信的人也许觉得这样更能够攫取到利益。利用信息不对称签署的不平等条约埋下了单方面解约的伏笔，若对方不仁的时候你也不义就别想再有下一次的合作了。

义中取利是个古老的商业智慧。互通有无的过程中，钱不过是个交换的工具，保住了更值钱的东西才能够确保交换的秩序。"你相信别人"跟"别人相信你"有着双向考核的渠道，如果有一个堵住了，另一个也就不想通了。

朋友介绍相当于有人担保。朋友抵押的也许是生死与共的情谊，到了需要兑现承诺的时候你拔腿就跑，不就相当于出卖了朋友吗？交友不慎是很多担保人破产的心得，把自己的前途托付给没有前途的人就不值得反思反思吗？

想骗别人的人最有可能被别人骗。如果没有取之有道的准绳，我们就很容易碰到见利忘义的人。觉得自己比钱值钱的人会用生命来捍卫尊严，那些金钱的奴隶再怎么有钱好像也没有资格在合同上签字。

事前说好那叫规矩，事后才说那是耍赖。先小人后君子，大家都是君子。先君子后小人，大家都像小人。都说小人爱财，但君子也不只是重义。取之有道的那叫君子，不择手段的才是小人。

能有机会被我们"骗"的人都是自己身边知道你姓甚名谁的人，如果不想把自己变成块招牌，就使劲儿地破坏你的生态环境吧。反正是你住在你的世界里，我们只要离开了是非之人也就撤出了是非之地。还是先称称自己的良心到底几斤几两吧，别再觉得这个东西不如钱值钱了。

担 当

责任的背后是自由

孩子在 4 个月大的时候非常想独立，如果不能因势利导着让他们从心理上剪断脐带，我们很可能会培养出一个一辈子都扶不起来的阿斗。从知道自己是一个独立体之后，孩子们就非常想自己的事情自己做。渐渐的，他们会搞明白哪些是自己的事、哪些是别人的事、哪些是老天的事。

尝试着让孩子自己做决定是个明智的选择。不要用成人的眼光来评判对错，只要他们的每一个决定都对应着必须要自己负责的某件事情就已经很成功了。做对了的时候，他们会感觉自己伟大了一次；做错了的时候，他们就知道自己下次可不能再这样了。

不要担心他们会犯错误，我们都是在不断犯错的过程中才逐渐知道什么是正确答案的。相同的错误能不重犯说明已经做对决定了，况且灵魂是通过决定才诞生的。决定越多，他们就会变得越完整；决定越大，他们就会变得越是自己。

伴随着"谁做决定谁负责"的深入人心，习惯了自己做决定的孩子渐渐拥有了多彩的生活和健康的个性。书本之外的知识也纳入了他们学习的范畴，越多储备的孩子就越觉得自己有能力扮演责任者的角色。

不要在状态不好的时候做决定，因为当注意力集中在牛角尖里的时候根本就看不见解决问题的方案。当满眼障碍的时候，谁都会浮现出"我要失败了"的感觉。当我们被失败的恐惧包围时，前进的每一步都是在走向失败。

伴随着代价感的与日俱增，也有的孩子越来越不敢做决定了。习惯了替孩子做决定的家长要准备好适应他们推卸责任的习惯。人类的潜意识里本来就有逃跑的本能，跑不过老虎的人还想活着回来？让别人替自己做决定也许就不用我们负责任了，一旦错了由别人改，我们也就不用买单了。

推卸掉责任的同时也让我们丧失了自由。工作是爸爸找的、老婆是妈妈找的，而其中的行为主体竟然跟不是当事人似的。不做决定其实也是一个决定，看起来像是修炼到了无为而治的境界，但总拿别人当替死鬼也太不够意思了吧？！

家长在力不从心的时候才开始埋怨自己的孩子不负责任，孩子也满脸委屈地觉得"自己不能继续幸福都是别人惹的祸"。受害者的心态几乎能摧毁他们的一生，因为没有人愿意像他们的父母那样长时间做牛做马。你代表不了孩子，所以我建议你每当孩子面临选择时都尝试着跟他说："我很想照顾你一辈子，但在我不能照顾你之前，请学会自己照顾自己。"

失败的原因不应该来自外部，如果不能从自己身上找出原因，我们很可能会被再次打败。找理由证明自己应该失败不是一件光彩的事情，如果不主动承担，就不得不被动承受。不怕吃苦的人，吃苦一阵子！怕吃苦的人，吃苦一辈子！总是要付出代价的，但之前的比之后的通常小得多。

对你说过的话负责任就够了，不做"不是你说过的话"不代表你错了。如果有人想把决定强加于你，你要注意看"控制你"跟"爱护你"的哪一个苗头更旺。如果你不觉得"所有达成目标的资源都在自己体内"，那就等着被人控制吧。只有看清楚谁是真正的行为主体，我们才能搞明白究竟是谁的责任。

尽自己的最大努力把每一件事做完，即使没有成功，也可以有尊严地离开。持续升华的体验不断丰富着你的内涵，由此而来的成长肯定会助推你的下一次冲锋。我们不想继续剥夺你体验生命的权利了，因为只有你才有资格代表你。

怕被指责的人才会出卖朋友，现在我明白了：没有你应该，只有我应该。我应该跟你分享自己曾经的学费都交到哪里去了。我应该相信你知道失败乃成功之母。我应该站在你前进的必经之路上给你带路。

当"我"变成行为主体的时候，你会习惯亲自来扮演主角。我不再对你的每一步探索都指手画脚，也请你学着我的样子注意自己的每一个举手投足；我不想纵容你容不得自己失败，我很想找到一个令人振奋的理由来为你鼓掌。

能不给别人添麻烦就是对家人和社会最大的贡献了。我再怎么爱你也没办法替你去睡觉，你再怎么忙碌也千万别让人家替你去吃饭。你自立了，我也就自由了。你想要追求自由，一定要记得扛起肩膀上的那副担子。

我不忍心看着你汗流浃背的样子，但是我知道自己的本事也是这么练出来的。将你的整个身心沉浸在这份体验里吧，看到彩虹的时候你就会喜欢迎接更大的风雨，而那些想自杀的人一定是再也不想见到困难了。

不管你觉得自己有多对，只要心爱的人一掉眼泪，你就应该意识到自己错了，至少是你爱他们的方式错了。从这些不可改变的关系中一走了之不是上策，即使要离开这个世界，也要在遗嘱上把身后之事交代清楚。这个时候，虽然身体不能继续承担了，但是心灵依然想要担当。

感 恩

谁都不想让自己的付出像"肉包子打狗"一样"有去无回"

有一个年老的乞丐蜷缩在人来人往的过街天桥上,过往的人们大多视而不见地与他擦边而过,很少有人往他面前的碗里放几个零钱。有一个年轻人在附近上班,经常路过这里,因为可怜这个老人,所以几乎每次都往他的碗里放些钱,通常是5块钱。

过了些时间,年轻人给乞丐钱的时候,一般都放1块的了。又过了些时间,改为5角的硬币。再过了些时间,换成1角的硬币了。最后,年轻人一文也不给了……

有一天,当年轻人空着手从乞丐面前走过的时候,被老人叫住了:"年轻人!请留步!"年轻人停住了脚步:"老人家,有什么事吗?"乞丐说:"你现在为什么连一分钱都舍不得给我了?就这么狠心?"年轻人连忙解释说:"刚开始的时候,我自己一个人,没有什么负担,每天给你5块钱也不影响我的花销和生活。后来我谈恋爱了,要花一些钱,所以就每天给你1块的了。再后来我结婚了,负担加重了,只能给你5角的了。当有了孩子以后,我简直吃不消了,所以就给你留下1角的钱了。现在孩子上学了,我实在没钱了,也没能力给你钱了……"

没等年轻人说完,老人就打断了他的话:"你怎么拿我的钱去养活他们?这些年你管过我吗?你知道我过得有多辛苦吗?"

如果你是这个年轻人,此时会有怎样的心情呢?你会怎样续写这段篇章呢?也许你会充满怨恨,感觉自己的良心被狗给吃了;也许你会充满自责,感觉自己辜负了老人家的一片苦心;也许你会深刻反省,我当初究竟是为了什么而愿意省吃俭用呢?

如果你的起心动念里充满的是真爱,那么回报给你的应该还是那些东西。如果你觉得自己付出的是爱,而得到的回报却不是爱,那么深究下去,你可能在某个地方借用爱的名义做了件另外的什么事情。

我在这里不想评价老人家到底有没有水平,怎样借机截获启示才是此时最值得研究的课题。很多知名人士在巨额捐款的时候要隆重地召开新闻发布会,巴掌大的支票非要放大到需要两个人合抱的白板,难道是怕观众的肉眼看不清上面的数字?

如果是为了帮企业营销,我们真应该感谢那些愿意承认自己是世界上最倒霉的人接受我们的资助,正是因为他们的"善举"才让我们有了一张可以满世界宣传自己功德无量的照片。如果是为了助自己赎罪,在走向神坛的路上就细水长流的"不求回报",何必非要攒到最后用那么贵的价钱来买个心安?

万一碰到了不吃嗟来之食的义士，我们的礼物就送不出去了。骂对方是咬了吕洞宾的狗不过是想证明自己有颗好人般的心，而那些被你踩躏过的自我反而会觉得你从他们那里拿走的更多。

我没有说你把自己的快乐建立在了别人的痛苦之上，我想说的是找到了值得感恩的理由才能由衷地说声谢谢。如果非要逼着别人感恩戴德，那么我们也变成要饭的了。有水平的人不会在付出了一生的努力之后依然流落街头，没水平的人才不明白彼此都是对方满足需求的一个工具。

我们不可能满足所有人的所有需求，所以没必要觉得这个世界上的每一个人都欠着我们什么似的。猪应不应该感恩主人起早贪黑地操持它们的食宿？到了要被大卸八块的时候才想起来早就应该远离这个禽兽不如的家伙？

孩子应该不是被父母像猪那样养大的！与其说他们不感恩，不如说他们不知道如何表达感恩。我们给他们展示的是斗米养恩、担米养仇的模板吗？我们在每次说谢谢的时候找到的是与之匹配的理由吗？

从善意的角度揣摩对方的动机已经非常有爱了，除非对方不想做人了才会冲着你露出尖牙利齿。就算他们"突破"了我们没有抵抗的防线，你不觉得万一自己要清理门户的时候会一眼就认出谁是你的负债？

如果别人想把你拖下水，你要想办法把他救上岸。都是为了活着或者说都是为了更好的活着才这么折腾的，不管是谁乍现了灵光，都应该主动分享经过你们脑力激荡才得以诞生的这份礼物。

感谢出现在你生命中的那些过客，如果没有他们的陪练，你怎么能练就今天的这般武功？能够兼容别人的思想是因为我们之前早就有了那份体验，一旦碰到了不好意思不对你意思意思的真人，我们可真要换一个理由说谢谢了。

不同的人从不同的角度带给你启示，每一种理解都在以某一种方式丰富着你自己。实在找不到感恩的理由时，你可以说："感谢你带给了我那段经历。"如果没有他们来导游，你也许不会主动去看那些平常不太注意的地方。经常在不同的世界里"神游"，心里怎么能不敞亮？周围都窗明几净的才不会有盲区，鬼来了都找不到藏身的地方还会在你这里久留吗？心里有鬼的人才会见到鬼，不管看到谁都想拜拜的人才能变成佛。

尊 重

不强大的人很难容忍别人强大地存在着

我们教育孩子要尊重别人,但自己并没有经过孩子的同意就把他带到了这个世界上。我们有时候也不尊重自己,抬高别人的时候还要捎带着贬低自己。谁都想赢得别人的尊重,但首先要自己瞧得起自己。

随地吐痰当然是对"地"很不尊重了,如果"地"能把自己收拾干净,也许人家会找个更像垃圾桶的地方把"痰"放下。上班之前都要梳妆打扮,如果今天休息,也许起床后的第一件事情未必就是洗脸刷牙了。

与其埋怨别人对自己不尊重,不如自己先不收集垃圾。习惯了收集垃圾的人有时候也西装革履,越想用看起来不错的衣服遮住里面的垃圾桶就越让人看到了垃圾桶里装着一颗并不干净的心。

不一定非要用愤怒的表情来告诉别人你也有底线,垃圾始终靠近不了底线的边缘正说明我们已经掌握了处理垃圾的技术。别人对你说的话、做的事从来不能决定你是一个什么样的人,而你对别人说的话、做的事才决定了你是一个什么样的人。

对于那些瞧不起你的人,似乎只有在你瞧不起他们的时候才会被他们瞧得起。小心那些不识敬的人,因为越对着他们烧香就越可能把鬼给引出来。不强大的人很难容忍别人强大地存在着,你对弱者的态度其实就是你的修养。

有耐心听对方把话说完不是一般的水平。用"我知道"来打断别人的话是很多跟时间赛跑的人的习惯动作,在对方说完之后说声"我知道了"简直会让人的心像花儿一样绽放。恭喜你有机会闻到花香了,这就是你为自己争取到的待遇。

尊重别人的劳动会激励他们认同自己的价值。如果身边的人都习惯于把自家的门前打扫干净,我们的世界里也就没有那么多垃圾了。社会的分工让不同的价值此起彼伏地闪亮登场,也许地位有高低之分,但人格不应该有贵贱之别。

有一所学校里有一个奇怪的规定,寒假里要求孩子们到学校里写寒假作业。当然了,如果你不愿意的话,可以自己决定是否遵守这个规定。很多富人家的孩子选择了违反这个规定,但那些穷人家的孩子就可以很有尊严地坐在充满暖气的教室里继续成长了。

尊重别人的人格可以算作是把尊重给升级了。帮别人不让他们看出来需要的不仅是演技,当他们觉得是自己厉害才马到成功的时候能不想分一杯羹可就得有点境界了。"我真的没看走眼"让他们没有欠债还钱的压力,捎带着也把自己给表扬了其实不是不伟大。

一个没得到过尊重的孩子几乎不知道怎么尊重别人,所以我们要通过尊重孩子来让他们学会怎么尊重别人。我们越尊重孩子,孩子将来就会碰到越多尊重他们的人。尊重并不意味着不提出尖锐的问题,下面我要继续发表自己的主张。

承认孩子有安排自己生活的能力才能够看到他们长得很快。虽然孩子在父母的眼里永远都是孩子,但到了18岁的时候还是个孩子就可能被人笑话了。说别人傻的人实际上在告诉别人自己并不聪明,能看出别人也有聪明之处的人怎能不让人高看一眼?

尊重孩子的隐私等于在帮着他们扩大他们的世界。随着那个单独的世界越来越辽阔,我们很可能就会变成他们的一个部分了。不适应这种改变的家长会偷偷翻看孩子的日记,没有了秘密的孩子很难再为自己的心灵找到一个可以成长的空间。

孩子有权利决定自己是否采纳家长的建议。我们可以不赞成他们的做法,但要尊重他们的想法。他们那么执着应该不是为了给自己找个麻烦,我们不知道什么是他们"想要的"就只能给自己"想给的"。

想让孩子听话也许只是想得到孩子的尊重,自己都缺得要命还口口声声为了孩子?"我还不是为了你"也可以翻译成"我其实想控制你",不知道这个潜台词的孩子越来越没有自己的主张了,得到了满足的家长竟然不知道自己在培养孩子习惯于被别人控制。打遍天下的人未必就"誉满全球",我们也不要去自取其辱。

父母是孩子生来就尊重的人,真正尊重自己的人才不会去要求尊重呢。"爱你没商量"其实很不尊重孩子的感受,如果你现在不尊重孩子的选择,将来他们就很难理解你的苦衷。自相残杀的争斗稀释着内心残存的认同,价值感的不断流失迟早会把某个人先逼到让自我消失的墙角。

我们无法用不尊重别人的方式来赢得别人的尊重,侵犯了别人还不允许别人愤怒好像不是别人没有水平。强调个性和独立的人是最缺德的人,能够从整体和公共需求的角度看问题才是一个人已经成熟了的标志。

当你想要第二个孩子的时候,记得征求一下第一个孩子的意见,毕竟你要在他的世界里多放一个物件。即使你非要替孩子做决定,也要让孩子觉得这是他们自己的决定。有智慧的妈妈会这样对孩子说:"我们想多一个弟弟或者妹妹陪着你玩,如果你愿意的话,我和爸爸很愿意努力一下下。"被充分尊重了的孩子大多不会胡搅蛮缠地认为"他们是不打算要我了"。

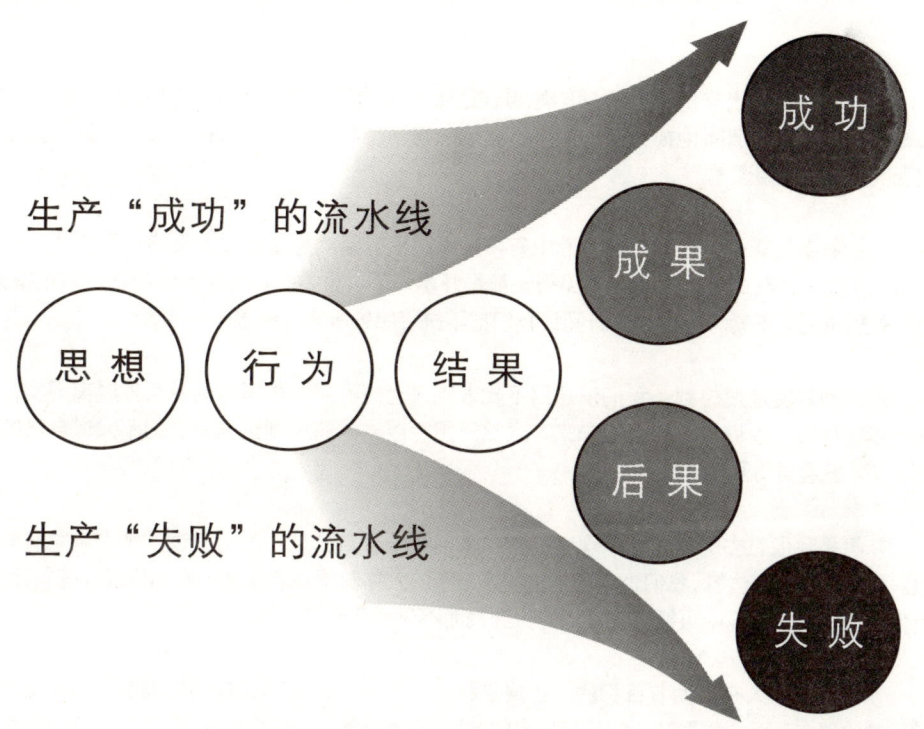

做 事

优先处理重要但不紧急的事。

心中有事 眼里有活

没有做不到 只有想不到

事情都是人做出来的,但不同的思想往往带来不同的结果。凡是我们已经实现的东西,都曾经在内心中被清晰地描绘过。如果想继续向着梦想起航,就必须在脑海里具体地描绘出跟现实接壤的愿望图景。

这是做事的第一个步骤,因为心中有事才能眼里有活。想着想着就有事做了说明主动权在自己手里,做着做着就来事了不见得全都是好事来了。重要和紧急是衡量事情的两个指标,优先处理重要但不紧急的事才有时间让我们把跟拼装愿景所需的资源一一找齐。

做不到其实是没想到,我们没想到不代表别人也想不到。想得越远越可能脱离现实,如果不脱离现实,我们怎么能靠近未来?虽然思想能以光的速度到达未来,但不知道自己的未来在哪里就会觉得画画比搬砖还累。

梦想是我们想去的地方,用现实的构思来描绘一个自己从来没有去过的地方难免有些局限。如果画框没有边缘,我们也勾勒不出美好未来的大体轮廓。如果看不清画里面都有些什么,我们很可能会对现实中可能显化它们的资源视而不见或者熟视无睹。

没有目标的人在帮助有目标的人达成目标的过程中,也必须在自己的脑海里浮现出给他们导航的那个画面。如果翻译的不是原来的意思,有目标的人会感觉他们越"帮",自己越"忙"。海市蜃楼再怎么清晰也不该被拿来当成路标,回不到现实中的心灵再怎么指手画脚也会让身体不知道该往哪里全力以赴。

立竿见影的前提是有个太阳,锦衣夜行也真辜负了那身花衣裳。想在伸手不见五指的空间里看到出路,除了擦亮眼睛之外,还要想办法让周围来点光线。阳光再怎么明媚也照不进漆黑的脑袋里,如果闭着眼睛都能触摸到脑海里的那个模板,我们也就相当于点亮了心里的灯。

听说计划再好也赶不上变化太快,只有继续在那个画面上着墨,才有可能恢复导航的信号。控制心境可以退去脑海里泛起的波澜,屏住呼吸就能看清水面上未来的倒影。对我们而言,这已经眼见为实了。只要不停止按图索骥,迟早会把它们搬进别人的视野。

直来直去的视线扫射不到障碍背后蛰伏已久的资源,但思想在多拐几个弯之后将更有机会从不可能中找到可能。需要用一生来诠释的梦想里散落着星星点点的待办事项,不用人扬鞭就自己奋蹄说明有驱动的程序。越来越多的星星点灯不可能看不清通往未来的路,视线里不缺少路标早晚会把这些隐匿的资产运送到拼装愿景的施工现场。

不知道自己要做些什么会白白浪费掉一身的力气，怎么走也走不到终点看来要安装个导航了。如果导航的程序是别人编的，我们就变成机器人了。只有自己先设计好结果，我们才能知道该往哪个方向猛打猛冲。

描绘愿景的手法很抽象，但现场施工要很具体。如果落实目标的着力点太脱离现实，那么梦想就只能待在梦里了。种子在碰到春天的时候才想到要生根发芽，"心中的事"想变成"眼里的活"也必须在现实中找到契机才有机会见到奇迹。

魏敏芝，一个普通的农村女孩，13岁的时候因出演著名导演张艺谋的电影《一个都不能少》而一举成名。我们不知道是不是因为电影里"都必须去上学"的主线深深地嵌入了她的灵魂，但她不断攀登进步阶梯的路线让我们明白了她好像很清楚自己要什么、要做什么。

张艺谋是心中有事的，如果魏敏芝眼里没活，恐怕她也入不了著名导演的镜头。不是所有的农村女孩都能考上大学，选择编导专业的她一定在自己的心目中树起了一个醒目的路标，那就是先成为"张艺谋"。

能够在美国完成学业并定居美国未必是她父母的梦想，如果连她都不去想，就不会像电影里催着别人上学那样逼着自己努力了。天下无难事，只怕有心人。闯进张艺谋的视野也许是个偶然，碰到助其圆梦的学校和老师靠的就不仅仅是运气了。

很多家长描绘愿景的手法非常写实，越来越务实的孩子变得越来越现实。总觉得是外在的什么东西束缚了自己的手脚让他们展不开脑海里的画卷，走来走去还待在原来的地方说明他们并没有走进未来。

想找到进入未来的入口就需要抬头看路，自己走在再前面也会有人在我们的前面走。我们没有去过的地方也许别人去过，很注意他们是从哪里出来的也就知道了自己该从哪里往里进。提前准备好问题可以在跟他们擦肩而过的瞬间得到启发，经常能化被动为主动也就逐渐打开了心灵的枷锁。

解决掉一个眼前的问题会让我们向前迈进一步，同时能想着怎么规避掉未来的这一类问题才能让我们继续前进的代价变得越来越小。一石N鸟的习惯动作让看似遥不可及的目标有了越来越多的道路直达，能提前解决掉问题让我们越来越愿意做梦了。梦想跟现实的边界已经不再那么清晰了，你还觉得自己在做梦吗？

大处着眼 小处着手
战术上的成功弥补不了战略上的失败

一只饿得半死的小老鼠终于发现了一个高大的米缸，它兴奋地扎了进去，吃饱了之后就睡着了。醒来之后继续吃，吃饱了之后继续睡。它再也不想离开这个米缸了，因为这里的米好像怎么吃也吃不完。

随着一天天地过去，米缸里的米越来越少了，但对于小老鼠而言，还是怎么吃也吃不完。终于见底了，除了硬邦邦的缸底之外，再也看不到一粒米了。重新感觉到饥饿的小老鼠打算另辟蹊径了，这个时候才发现自己怎么爬也爬不出这个对它而言无比高大的米缸了。

没有从大处着眼让小老鼠努力地断送着自己的退路，我们又何尝不是一边解决眼前的问题一边给未来制造问题？战术上的成功弥补不了战略上的失败，在从小处着手之前请认真地想一想自己有没有在没事找事。

没有梦想的孩子找不到居高临下的视角，只顾眼前的习惯让我们也挡住了孩子的视线。盲人瞎马的组合也许能跑上一程，但不知道自己正夜临深渊恐怕要跑到尽头了。睁开眼睛是当务之急，展开翅膀才能飞到高处。

时间、地点、人物和主题相对齐全才能算作一件事情，缺少了自我、他人和情境的任何一个要素也不能完整地呈现事情的来龙去脉。变量越多就越有可能在面对它们的时候按下葫芦浮起瓢，把现象当成原因来"对症下药"好像很难做到以不变应万变。

不管今天的事、明天的事、后天的事，到最后都是自己的事。事与事之间的递进关联离不开一条主线，今天布线的时候捎带着给明天、后天留出接口，也许就不用在明天变成今天、后天快要到来的时候重复地劳动了。

就事论事的"事"里面不应该全是今天的事。全力以赴执着于当下的习惯当然可以把有限的资源使用到极致，但做出来的结果如果不能推动下一次冲锋也不算是把价值最大化了。纵观全局后发现不只一件事情需要忙碌，埋头赶路的时候知道还有别的路要走才不会使劲儿地去钻那个牛角尖。

比对手多想几步不是没做事，先创造出赢的条件也是在做事。势头起来的时候调度的不全是你的储备，借力使力的时候不需要你使出全身的力气。如果脑海里没有清晰的参照，我们就很难分辨出最值得做的事。眼前的利益和未来的价值是权衡利弊的两个尺度，我们所谓的全局如果在别人眼里不过是个局部，就说明已经出现更高的着眼点了。

做对的事情是把事情做对的前提。跟自己的梦想正相关还是负相关直接决定了哪些是所谓对的事情，而我们要去的方向未必也是别人的战略。如果在这个地方"失之毫厘"，那么假以时日就会在另外的某个地方"谬以千里"。

半路上跟你分道扬镳的人带走了你达成目标的资源，如果不赶快把他们之前做过的事情自己再做一遍，就别想继续赶路了。走着走着又回到了起点说明之前的路可以不走，一开始就问清楚大家想去的是不是同一个地方怎么会总是从头再来？

小处着手的时候要紧盯着靶子的十环，因为注意力的焦点最终将显化为事实。一次只解决一个问题反而会提高效率，毕竟有的放矢的万箭齐发不可能全都脱靶。面面俱到会分散我们的精力跟资源，如果不想被问题给分割包围，建议你一定要想办法让自己的注意力里出现一个焦点。

每一个焦点都对应着沿途的某一个路标，一个一个的路标被竖起来之后自然就打通了从现实到梦想的路。当越来越多的人找寻你的足迹时，你也就有了更多的帮手来拓宽自己的路。如果不提前想到他们会出现在你的面前，我们很可能就会跟他们背后的资源擦肩而过。

每一件被做完的事都是经过了几道工序才宣布完工的，固化成做事的模式可以用来让我们的替身也能够走完这样的流程。替身越多就越有时间思考了，自己停下脚步仍然有人替自己在走可不是没有思想的人所能做到的事情啊！

当米缸的主人发现米缸里空空如也时，愤怒地瞪着这只小老鼠。为了避开像机枪一样的视线扫射，小老鼠吱吱吱地狂喊乱叫。一群老鼠的援兵锁定了米缸主人的注意力，小老鼠乘机从滚到地上的米缸里全身而退。

再出去偷东西的时候，小老鼠就开始从大处着眼了。除了顺手塞几粒粮食到自己的嘴里之外，它最显眼的动作就是打开背着的口袋开始搬运粮食。在自己的窝里再怎么吃也不用担心被别人发现，但有时吃得肚子溜圆溜圆的，又出不去洞口了。

尽管小老鼠觉得自己已经从大处着眼了，但在人类眼里还不过是从小处着手。看来小老鼠的着眼点还有继续升级的空间，而我们可不是为了浪费粮食才来到这个世界上的。不管你做什么，都要确保给你的梦想添砖加瓦。不管你怎么做，一定要匹配你是一个什么样的人。

爱岗敬业 不讲条件

没有任何借口

不同的人做着不同的事情，不同的岗位也对我们有着不同的要求。很多家长觉得在校的学生就应该好好学习，其实坚守岗位的家长也不过是换了一个学习的环境。想让我们的孩子热爱学习，就得让他们亲眼看到我们是怎么努力工作的。

我们珍惜目前的这份工作，至少这是个收入的来源。哪怕只是为了孩子的饭票和学费，我们也要保证出勤，更何况别人也觉得我们确实帮他们解决了一些问题。被需要才会有价值，坚守这个岗位也是为了证明自己是一个有价值的人。

我们热爱现在的这个岗位，因为这是自己的选择。在这个人人平等的社会里，没有人拿枪逼着你一定要做什么事。如果你不想委屈自己，可以在这之前说不。一旦你决定留下来，就要像爱护眼睛一样热爱你的选择。

并不是每一次选择都能充分体现我们的眼光，只要不只是为了混口饭吃，你终将会发现自己的眼睛越来越亮。你应该会有几次机会发展出自己的事业，不管是借别人的船出海还是造自己的船远航。如果不在给别人帮忙的时候尽心尽力，那么给自己干活的时候难免会漏洞百出。

我这样讲不是想激励你变成别人的奴隶，你也应该清楚没有人能够代替你变成你的主人。既然你是负责人，那么你就要负责任。给别人干活的时候也是为自己工作，降低了对自己的要求会让别人看到一个没有利用价值的人，专注于自我价值的最大化释放也不全是给别人看的。

也许你心里不平衡才会跟给你机会的人讲条件，如果别人心里平衡的话能跟你这么计较吗？酣畅淋漓地发挥你不可被替代的核心能力吧！肯定会有人愿意把跟你的雇佣关系升级为合作关系以确保他的核心竞争力。

做不到的时候也要想办法去做，找借口逃避会错过一段应该属于自己的成长经历。虽然"顺风"的时候可以滥竽充数一下，但是"逆水"的时候不知道怎么进才能不往后退就不算具备了全天候的作战能力。

很多人习惯于信心满满地说自己做不到，却没意识到这是在向全世界宣布"我没有能力"。当我们敢于拿出勇气面对挑战时，任何困难都已经矮我们半截了。过去的你也许被高你一头的未知吓个半死，现在的你俯瞰障碍的时候应该有机会看到那条不用像愚公那样移山就可以拐个弯绕过去的路。

之所以想推卸责任大多是因为害怕有人说自己该死。与其埋怨别人给自己掉了链子，不如营造出不容易让人失手的环境。仙人掌未必喜欢自己浑身带刺的样子，但沙漠里干燥的气候逼着它想了这么个办法来减少自身水分的流失。

对于错误的反思虽然可能给我们带来成长，但大呼小叫的动作很像是对我们人身的攻击。因为从地面上找不到缝隙让自己钻进去以避开众目睽睽的扫射，所以顺手从身边拉个人过来抵挡一阵儿也是为了不让自己被乱箭穿心。

谁都知道严格要求自己可以让事情变得更好，但当别人给我们抬高标准时能不翻译成"欺负自己"那得有多么强大的内心啊。"事不对"不等于"人不好"，需要经过无数次的剥离才能够真正做到把"人"和"事"当成两码事的，因为什么人做什么事的世俗观念已经让人跟事像皮肤跟肌肉一样浑然一体了。

觉得自己比别人厉害才会替别人做决定，一旦失手的话，到底谁该负这个责任？替别人做决定的人肯定是错了，因为他参与了决策。没做决策的人好像有理由出卖朋友了，所以下次想替别人做决定的时候最好想办法让他觉得这是他自己的决定。

觉得别人在找借口的人实际在推卸自己的责任。揭开借口的层层包裹之后，你会发现一颗害怕受伤的心。想证明自己的种种努力里三层外三层地掩盖了这个真相，真正觉得自己是一个有价值的人才不会放过每一个让自己"改过自新"的机会。

每一个出现在你面前的挑战都是你人生剧本里预设的情境，不管它们带给你什么样的感受，都是在从不同的角度完善你自己。如果没有越来越强大的内心，我们根本就不敢藐视困难。只有你尝试着藐视困难，你的内心才会被它们磨砺得越来越强大。

不成熟的人很难追求到成功，离不开别人的照顾说明我们还是个孩子。不成长的人很难越来越成熟，当你不找借口、不讲条件的时候才能有机会扩容自己的极限体验。由浅入深的功力大增需要技术的沉淀，离开了多做事情是没有办法体会到其中真谛的。

很多借口看起来很有道理，所以我们停下了脚步。只要这些现象背后的原因没有关联到行为的主体，那就全都是假象。被我们"陷害"的人也许用委屈充大了心胸，他们越来越觉得，只要我在场，我就有责任。趁着没人指着你的鼻子赶快改正自己写错了的作业，那些好事之人再怎么检查都查不出你的毛病还用得着提前准备个借口？

方向不变 方法随变

万变不离其宗

大多数人的梦想并不是现实的这个样子,所以才有了改变现状的动力。虽然心灵已经从梦想里的终点回到了现实中的起点,但是身体想从起点走到终点也许要像唐僧去西天那样经过九九八十一难了。

经常去未来神游的心灵也算是一匹识途的老马了,不管它怎么驱动着身体东奔西走,还是为了再度回到那个对它而言无比向往又非常熟悉的地方。每一次跟未知的接触都会出现把梦想搬进现实的机会,如果识别不出哪一个映入眼帘的东西才是心灵留下的路标,我们的未来也就只能一直待在梦里了。

现实中的路大多是拐弯抹角的,而那些所谓的目标也基本上超出了我们的视线所及。跟困难过不去的人不会有"车到山前必有路"的切身体会,不断调整方向的方向盘可不只是为了让汽车改变方向,更是为了给我们找到方向。

往西走并不是唐僧真正的方向,在沿途的颠簸中淬炼出把梦想搬进现实的能力才算是我们要取的真经。条条大路通罗马的前提是始终把罗马当成目标。那些目标是协助别人达成目标的人不管怎么奋不顾身,也不会跑偏的。如果不知道自己想去哪里,跑着跑着就可能跑到别人的跑道里去了。

"该做的事"跟"想做的事"有可能是不同的方向。如果现实中的所谓真实稀释了脑海里若隐若现的导航画面,我们很可能会在不对的方向上快马加鞭。怎么跑都看不到终点会消磨一个人的斗志,怎么变还是原来的样子说明我们并没有离开起点。

让别人的心灵给你的身体导航是个不对的方向,让你的心灵给自己的身体带路需要很好的方法。忙得没时间思考的人听不见自己的心声,直接把别人传过来的信息不经过加工就当成结论简直就是出门没带脑子。

殊途同归的道理告诉我们达成目标的过程可以执行不同的方案。既然计划没有变化快,那就多准备几套计划。假设梦想里出现过9这个物件,而现实中怎么找也找不到它的踪影。当你碰到4的时候,有没有去找5的冲动?当你看到3的时候,不觉得再找个6也能够大功告成吗?

每个人手里的资源不尽相同,有则用之,无则变之。只要思想不滑坡,方法总比困难多。只要多那么一次,我们就可以继续前进了。思想滑坡的时候一定是改变方向了,在这个方向上一条道跑到黑就越来越没有扭转乾坤的本钱了。

向着千变万化的源头探索是个值得努力的方向。只要抓住了变化背后的本质，就不怕困难在我们面前耀武扬威了。不管它们怎么变身都逃不出我们的法眼，说明我们已经搞清楚了不同现象背后的那个近乎相同的原因。

不必跟自己无关的事情纠缠节省了有限的精力和资源，不用解决所有的问题让我们在对真正的问题发起攻击时显得精力充沛而且资源充足。真正管用的方法不需要动用九牛二虎之力，得来全不费工夫才说明我们找到了真正管用的方法。

刻舟求剑的方法终究没能挽回自己的损失，忽略了让方法奏效的条件通常会把我们带进不同的方向。如果解读不出只能意会无法言传的心声，我们的身体就不会恰如其分地出现在迎接梦想走进现实的那个入口。

经常见面却并不相识会滞延我们前进的脚步，相同的错误重复地犯说明我们还没有掌握化险为夷的方法。尝试着从不同的角度看到真相会诞生不同的方法，不管用什么样的方法都能够解决问题说明我们碰到的是同一类问题。

触类旁通的方法可以解决很多未曾谋面的问题，把它们大卸八块之后会发现里面也有达成目标的资源。在最小单位的基础之上重新组合会产生新的物质，现实里的梦想元素越多，我们也就越脱离现实了。

现实跟梦想的边界犬牙交错，它们是两类不同风格的真实存在。此消彼长的互相渗透推动着我们往看似不同的方向移动，当分不清到底生活在现实中还是梦想里的时候，说明我们已经走出去很远了。

经常走的路一般都不通往未来，找不到通往未来的路就别想有未来了。把灵光乍现转化为待办事项并立刻行动是个不错的接近梦想的方法，而接收不到天籁之音的头脑再怎么绞尽脑汁也不过是在重复过去的故事。

当身体也能像心灵那样原路返回时，沿途的路标就更加清晰了。不需要通过心灵感应就能用肉眼识别加速了把梦想往现实里搬的进度，不需要千方百计就能够信手拈来肯定是已经谙熟了触类旁通的方法。

不管脚下的路往哪里延伸，心中的路一定要往最里面走。并不是离家越远就离梦想越近，如果不能在做事的过程中升华出心里一动的感觉，我们很可能就会走着走着就不知道该往哪里走了。

日事日毕 日清日高

在限定的时间内做完该做的事、做好该做的事

罗马不是一天建成的，在限定的时间内做完该做的事、做好该做的事才能够一件一件地凑齐拼装梦想的材料。没有截止日期的事情不会自己跑到现实中来，日事日毕才能不断地往前走，日清日高将更有能力在单位时间内做出更多、更好的事。

每天进步一点点看起来微不足道，但持续一年下来就有些不可思议了。假设我们原来是1，每天进步0.01。1的365次方还是1，而1.01的365次方就是37.78了。这个远远大于1的数字是从1而来的，但它好像不再像原来那么单薄了。

十年以后的结果不应该大跌眼镜，但很多人并没有全部抓住这3650个0.01，或者365个0.01，甚至是1个0.01。原地踏步并不能保持你原来的优势，如果你不进0.01，相对于进了的人而言，你就相当于退了0.01。0.99的365次方就变成了0.03，你想让自己的未来沿着这样的轨迹继续十年吗？

我知道你的答案，也知道你的困惑。就我们每天必须要面对的挑战而言，哪些是值得提炼的0.01呢？怎么累积出365个、3650个0.01呢？

那些坚持一生只干一件事的人几乎每天都在聚焦对于"罗马"的建设，不管往哪里添砖加瓦，似乎总有干不完的活。之所以废寝忘食不是因为不想睡觉和不爱吃饭，如果一天能干两天的活，那就可以提前看到"罗马"的竣工了。

疲劳驾驶虽然能够让自己多走出去一段路，但也增加了交通事故的发生概率。修车的时候不得不停下脚步了，继续前进的时候想一天赶三天的路又开始力不从心了。进三步退两步打乱了快速前进的节奏，能体会到修车的技术再好也不如开车不出事故也算是往前推进了0.01。

一边解决眼前的这一个问题一边规避未来的这一类问题渐渐变成了做事的习惯，规避着、规避着就渐渐形成了做事的模式。规避问题的努力让每天没那么多事了，一天干三天的活好像也没那么难了。

不同的挑战从不同的角度给我们启示，如果不能从事情的经历中升华出自己的经验，难免会在事情换了身衣服再度出现时无法第一眼就认出它们。搞清楚这一类事情一般有几件衣服可不是一天就能做完的事，记得每天找出来一件也算是提炼了0.01。

每天对6件重要的事情发起猛攻是很多成功人士的自我要求，能将8个小时的工作量压缩成6个成长点就更容易从中翻捡出原来没有的某个0.01。

工作质量的 0.01 比工作数量的 0.01 有着更高的价值含量。很多时候，不是因为我们做了 99% 而得到奖赏，而是因为多做到了 1% 才拿到成果。虽然不知道哪一个 1% 能给我们带来"翻天覆地"的变化，只要不断的积累，总能碰到那个从量变到质变的历史性转折。

谁也无法一口就吃掉一个胖子，但可以一口一口地把胖子吃掉。再大的挑战被分割包围之后也不能兴风作浪了，只要憋足气打上一个冲锋，谁都有可能做到在以前看来根本就不可能做到的事。

天大的事由老天去做，凡人的活由我们来干。老革命能碰到新问题说明我们在规避问题的时候还有漏网之鱼，把这条鱼抓回来当然能挽回损失，想办法补上系统的漏洞好像是一件更值得忙碌的事。

都说磨刀不误砍柴工，打磨出斩乱麻的快刀就不怕事多了。紧急的事情越来越多说明我们在有时间做的时候并没有全力以赴，只要想尽所有的办法、用尽所有的资源，就会将大事化小。小事化了的指导思想可不是不了了之，等到它们纠结在一起卷土重来时，我们的刀很快就又钝了。

让自己忙起来至少不再那么恐惧，在事情还没有变得更不好之前就提前干预还可以降低我们的成本。通往未来的路经常会消失在迷雾里，被黑夜裹挟的汽车也很容易迷失方向。没有哪一辆汽车的大灯能够照出去几百公里，但是每一个几十米都瞪大眼睛，就能够让我们一点一点地穿越迷雾。

豁然开朗的感觉推动着施工图变成建筑物的进度。已经装修好了的房子看不见埋在墙体里的水电管线，动动几个开关就能够控制不同的灯亮、不同的水流，全是因为把问题都交给系统去处理了。

"但手熟尔"的行为背后有一个被精心装修了的精神世界。上了一天学的孩子回到家里还要写作业，上了一天班的家长不用回家就应该写完总结。计划一下第二天要怎么过也是很有必要的，要不在早上起床的时候怎么有勇气开始这全新的一天？

很多人在没有时间了的时候才开始逼着自己全力以赴，其实在最后 5 分钟的时间里想做完 100 件事情简直就是不可能的事。因为挑战这个极限而失败的人好像有一万个理由来证明自己应该失败，如果你也不想让自己继续前进，那就跟他们一起玩玩这个自娱自乐的心理游戏吧。

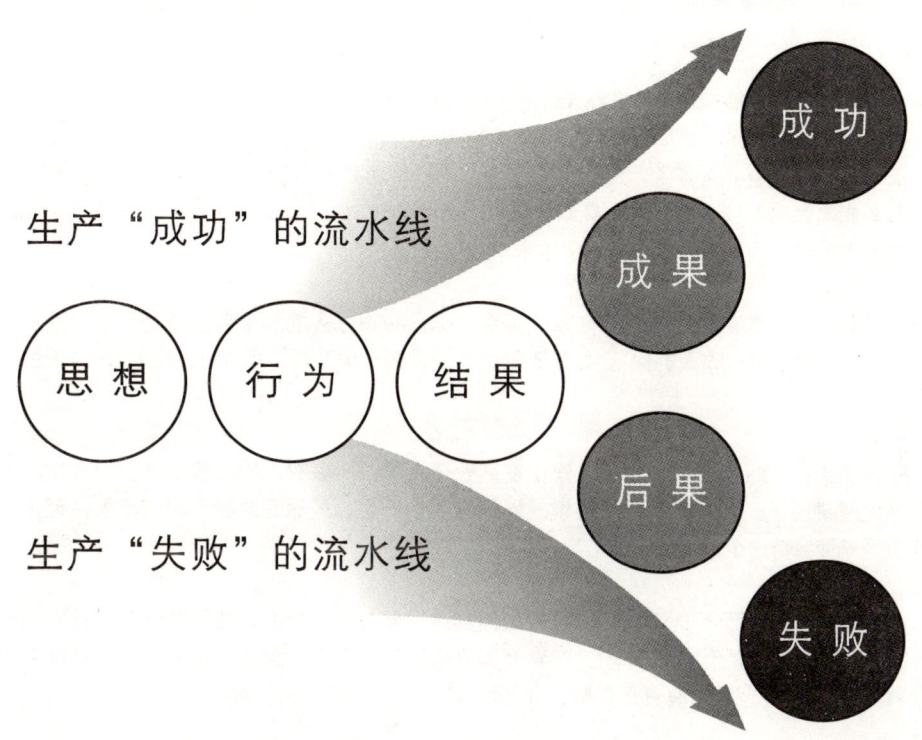

竞争

没有竞争就没有进步。

跟自己比

不断完善思维模式

从前,有两个猎人到森林里打猎,不小心碰到了一只老虎。这可把他们吓坏了,丢下长矛拔腿就跑,那只老虎就在后面紧紧地跟着。越来越累了,快跑不动了。跑在后面的那个猎人丧失了继续努力的心理支撑了,他气喘吁吁地喊跑在前面的那个猎人:"老兄,快别跑了,我们再怎么能跑也跑不过老虎啊!"前面的猎人头也不回地说:"老弟,我哪里是跟老虎赛跑,我是在跟你赛跑。只要跑过你,我就活下来了!"

是啊,你不是在跟外在的什么东西赛跑,你是在跟过去的那个自己赛跑!老兄就是"今天的你",老弟正是"昨天的你"。如果不跟过去的"那个你"说再见,你就别想见到今天的"这个你"了。

我们身体的海拔长了十几年才停止在某一个高度,而多数人的心智在 3 岁到 6 岁期间就已经大厦封顶了。制式化了的思维模式伴随着我们一生,虽然面对着不同的事情,但用到的都是同一种看待这个世界的方式。

战胜自己的过程不是让我们的肌肉如何发达,而是让我们的心智更加成熟、让我们的思维模式不断地进化、优化和升华。在奔赴美好未来的征程中,越战越勇的同时也伴随着越走越累。"今天的你"还没有真正成熟,"明天的你"又要迎接更大的挑战。

我们都是在不断犯错的过程中才逐渐知道什么是正确答案的。执行错误的是我们自己,执行正确的也是我们自己。不同的是,一个是之前的自己,一个是之后的自己。昨天思考问题的方式给我们带来了今天的麻烦,但"吃一堑长一智"之后的模式升级将让明天的挑战一见到我们就想要拔腿就跑。

事实是,我们在前进过程中所碰到的问题都不是最大的问题,最大的问题是我们面对问题时的反应方式,也就是我们的思维模式。之前的思维模式也许发现了问题,但之后的思维模式更应该发现解决问题的方案,进而让问题随之灰飞烟灭。

事实是,我们在前进过程中所碰到的敌人不是别人而是自己,是我们自己心灵的枷锁局限了我们的世界。战胜了自己的人才敢于南征北战,在南征北战的过程中应当继续挑战自己而不是打败别人。战胜了自己的人才能够东成西就,在东成西就的过程中推动着思维模式持续地换代与升级。

别停下来,继续的往前跑,每天进步一点点。打破了思维模式的局限,拓展了内在世界的版图,我们外在世界的疆域也将自然地延展扩大。让"昨天的你"被老虎(困难/压力/对手……)吃掉吧,"今天的你"正在奔向更加美好的未来……

俗话说"三岁看大、七岁看老",人的思维模式在很小的时候就已经定型了,正所谓"江山易改本性难移"。要想在这个看不见的领域里明察秋毫就要在我们自己的身上下功夫,因为标准决定水准。

"成功的人"将"成功的标准"下载到自己身上,他们不断地进化自己,以求成为一个"成功的模型",可以轻而易举地复制(制造)出"成功"。

他们逐渐知道了自己曾经下过的一盘盘臭棋到底臭在哪里,他们逐渐做到了最多只犯一次相同的错误,他们前进的成本越来越低,他们前进的步伐越来越快……

他们不再把所谓的标准强加到别人身上,因为他们知道自己也是需要完善的,因为他们知道不能把一个还不是很完善的东西让别人遵循为标准去制造另一个不完善,因为他们知道应付不了的外来事件正在提示着他们怎么才能提高对于自我的要求。

他们努力地自我修炼。当涅槃重生的时候,他们的身影逐渐变成了前面迎风飘扬的一面旗帜,后面的人追随着他们的标准开始了对于自我的不断完善……

古时候,有一种炼丹技术,致力于炼出长生不老之药,让人的能量得以持久延续。在当今,人的能量的最核心地带就是在意识深处的自我认知。当觉得自己很有价值的时候,我们才可以感受到身为一个人的尊严、才可能释放出作为一个人的价值;当觉得自己没有价值的时候,我们是很难建功立业有所作为的。

针对性注射的疫苗,在身体里刺激了一下免疫系统,这样的"军事演习"调动了肌体的防御系统、预警了外敌入侵时的行为标识。当流行病毒大面积扩散的时候,身体里就会自动杀出千军万马,保卫我们的身体安然无恙。

自我修炼的过程就是不断提升自我价值感的过程。当觉得自己值得拥有时,在面对挑战的时候才会表现出当仁不让。自我价值感提升了以后,将大大增强我们面对挑战时的战斗意志及作战能力,大大提高我们达成目标的效率与效能。

如同银行里的货币发行量匹配着国库里的黄金储备量,我们外在所能创造出来的社会价值也是与内在自我价值感的大小多少息息相关的。这也符合"能量守恒定律":能量既不能凭空产生,也不能凭空消失,它只能从一个物体转移到另一个物体或者从一种状态转化为另一种状态,在转移或者转化的过程中,其总量保持不变。"你是什么"决定着"你有什么"。从你的内心深处开始吧,让里面的那个小孩赶快长大!

向别人学

用太极打你的人教会了你怎样打太极

为了从太阳身上汲取驱动自我成长的能量，向日葵的脸已经习惯了跟着太阳移动以求最大化地吸收能量。我们想让自己变得更好就要学习别人比我们更好的地方，但这不代表我们想成为别人或者要否定自己。

称得上对手的人值得我们学习，但他们不会主动教我们怎么打败他们。希望通过对手失误来争取胜利的策略通常会让我们错过向他们学习的机会，如果能从他们的最高水平中得到启示，即使输了，其实也输得漂亮。

用太极打你的人教会了你怎样打太极。邯郸学步的代价是忘记了自己的招式，感应出对方出手时力的虚实、气的缓急和意的走向也就可以把他的拳谱给默写出来了。有能力采集到众家之长的人不用交学费就完成了学业，无师自通的本事越来越纯熟早晚会形成自己的体系。

闻过则喜不是一般的境界，但"成长的机会来了"也被某些人翻译成"倒霉的时候到了"。"你凭什么说我"是很多人的第一反应，随之而来的自卫反击常常以迅雷不及掩耳之势瓦解着人与人之间的亲密关系。想让别人瞧得起的所谓努力怎么越来越让他们不看我们了呢？

猪八戒在被贬下凡期间，暗恋上了高老庄里的高小姐。有一天，他按捺不住急切的心情要去高老庄应聘一下"上门女婿"。为此，他决定打扮一番。

"小的们，抬上一面铜镜来！"当铜镜摆在猪八戒面前的时候，吓了他一跳："不对啊，我都曾经晋级到天庭了，大小也做过神仙了，怎么还是大嘴巴、招风耳的一脸猪相呢？这样的一般模样怎么会被高小姐看中呢？"猪八戒踌躇满志的神情瞬间低落了下来。

突然，他大喝一声："一定是妖怪在坏我的好事！他嫉妒俺老猪成家！他不希望看到俺老猪比他们更成功！"说完，巨大的钉耙砸在了铜镜上，歪曲的铜镜更加映衬出一张扭曲的脸。这让天蓬元帅更加恼火，一直砸下去，直到看不到了自己的一脸猪相。

"小的们，再换一面铜镜来！"当猪八戒看到镜中还是那般模样时，他又举起了钉耙……

生活在那个年代的猪八戒没有学过"镜面反射"的物理规律，他不知道，不管他换了什么样的镜子，镜子里呈现的依然是他真实存在的那个样子，除非他本身发生什么变化。现实生活中跟我们互动的每一个人其实都是对着我们的一面镜子，我们觉得自己看到的是别人，其实看到的是镜子或者说看到的是镜子里的另一个自己。

我们不知道自己到底长得是个什么样子，除非有一面镜子。我们不知道自己内在的那个小孩到底长得是个什么样子，除非有个人互动。不同的人从不同的角度折射出我们的样子，我们也可以用不同的方法让自己的内心越来越强大。

不强大的人很难容忍别人强大地存在着，能看出别人的高人之处才是高人之所以高的那个地方。一代圣人孔子曾经说过："三人行，必有我师焉。"我们都是圣人的学生，那么圣人的老师又是谁呢？按照孔子的说法，我们可以推算出，孔子的老师应该就是芸芸众生。

芸芸众生之中，每个人身上多少都有几个特点得以让他们生存在这个世界上。当孔子拱手施礼的时候，也许撩拨出了对方的滔滔不绝；当孔子洗耳恭听的时候，也许激发起了对方的言无不尽；当孔子口称老师的时候，也许对方的膝盖先跪了下来。

那些口若悬河的人可能对谁都是那般说辞，但当孔子转向另一个口若悬河的人时，却可以听到更加新鲜的故事。即使听到雷同的部分，也可以相互验证，也算是经过实践的检验了。几番周折之后，孔子的脑海里存储了对于同一客体的 N 个理解，而那些口若悬河的人依然执着于一念继续满世界的口若悬河。让他们自己都深感遗憾的是，这个世界上像孔子这样的人简直是太少了。

当更多人的毕生智慧浓缩到孔子的智囊之中的时候，水涨船高般地提升了他的高度，他也因此像是早生了 500 年、多活了 500 年。当孔子以自己的身份诠释着对于那些道听途说的理解时，给人的感觉真可谓真知灼见了。谁会不认为有道理？谁会去反驳他们自己曾经说过的话？

借着别人的眼睛看世界可以让我们身临其境，感同身受的我们也将被碰撞出属于自己的声音。集众家之长的自我完善逐渐提炼出了所向披靡的实战智慧，让我们越来越接近那个宣布胜利的时刻。虽然名字不叫做孔子，但也会被人刮目相看。

"读万卷书"让我们见识了别人的思想结晶，"行万里路"让我们体验了世间的酸甜苦辣，"阅人无数"让我们看破了红尘的人情冷暖，"名师点悟"让我们升华了自己的精神力量。

当"主观认识"无限地接近"客观真实"时，成长就快要改叫成功了。当我们以镜子的身份站在别人的面前时，不管你怎么心知肚明，我请你尽你的所能让对方意识到你很感恩他又要传授给你武功了。

逆风飞翔

迎着风走才不会被风吹走

走在前面的人最先感受到了迎面而来的风，顺着风走等于助长了风的威风，迎着风走才不会被风吹走。当你跑起来的时候，经由你身体的上下两股气流所形成的压力差会给你一股向上的力量。飞机就是这么飞上蓝天的，我们也可以依据这个原理来摆脱"地心引力"的束缚。

想办法让自己跑出起飞的速度不是谁都敢尝试的挑战。如果没有在思想上做好准备，谁都有可能被那种上不着天、下不着地的感觉吓个半死。不管压力来自竞争的哪一个层面，只要把注意力高度集中在它的反作用力上，我们就有机会集结起十足的马力。

当老师说你的孩子不可教也的时候，你的第一反应是什么呢？如果恨不得砸烂孩子的屁股，说明你已经变成压力的一部分了。如果想知道老师为什么把话说得这么严重，也许就有机会看到老师的无能和孩子的无助。顺着老师的思路走会增加孩子的压力，借着老师提供的这个情报开始向孩子提供爱与支持，也许就有可能让老师看到你的孩子不再那么无能了。

被这样对待过的孩子知道怎样从危机中看到转机。他们利用重新洗牌的机会赶紧丢掉手里的臭牌，第一眼就能认出谁是来救自己的当然更容易突出重围。即使被风吹得睁不开眼睛，也不影响他们把坏事变成好事。

外部的压力是一股打破惯性的力量，如果没有它们的拔刀相助，我们很可能一辈子空守着一潭死水。没有悬念的生活会让人无聊，想改变现状就不能像以前那样想问题了。刺激的因素越多就越能让我们重新审视自己的生活，不再拘泥于原来的那个角度简直就像是给瞎子治好了眼睛。

内部的压力决定着我们的输出功率。如果不能在过去的基础上渐次递进，我们就必须把原来的价值观推倒重塑。"过去的你"跟"未来的你"经过一番厮杀之后变成了你现在的这个样子，怎么蹦都蹦不出原来的那个场说明你的心灵还戴着枷锁，跑几步就飞起来了说明"过去的你"都在催着"未来的你"赶紧脱离现实。

谁跑得越快，风就越跟谁过不去。不但要堵住他吹牛的嘴，还想要揉碎他作假的脸。跑不出起飞的速度就别想把牛吹进现实里去了，都没脸见人了很可能就不会再继续装模作样地奔跑了。不是所有的压力都能够转化为动力，如果跑得不如风快的话，还不如找个地方避避风呢。

只等风来的人一定是做足了功课，不觉得压力对自己不利才会发出"压力越大动力越大"的倡议。迎着风走不是让我们一定要跟风过不去，顺着风的势头把自己的活儿给干了才不会被挤成相片。因为不识好人心，所以狗才会去咬吕洞宾。我们只要能从看似破坏的力量中认出那些可以转化为建设的因素，也许就不至于被压成馅饼了。

自我成长的体验决定着我们能否给压力换个方向。逼着压力向自己低头也让它太没面子了，换个角度看一看压力难道就能让我们矮上三分？不打不相识给了我们面对压力的勇气，不过是各取所需而已，何必非要逼着井水去冒犯河水？

只是为了找给你压力的那个人算账而愈挫愈勇不算是你理解了我的意思，八竿子打不着的人不会给你压力，冲着你来的人都在用不同的方式提醒你怎样才能变得更好。不管他们来的时候是不是真的带着祝福，我请你千万别浪费了自己的一身力气。

如果闻不到掺杂在风中的阵阵花香，蜜蜂怎么知道该到哪里去努力工作？如果风不往你的身上吹，达成目标的资源也不会一个接一个地经过你的眼前、接受你的检阅。如果你的心里再揣着点心事，估计你的翅膀就拴上秤砣了。

没事找事会加重心事。这个"心里有事"也会让你的"眼里有活"，但你也许意识不到自己已经启动了自毁的程序。跟自己过不去的人经常会错过风的航班，紧抓着不想要的恐怕就腾不出手来招呼送你去"西天"的那阵风过来了。

你以为从垃圾桶里挑出个矿泉水瓶子的人真的是在收集垃圾吗？非要等到被逼到墙角的时候才开始去提炼价值吗？我觉得你一定比拾荒的人更有资源！我觉得拾荒的人肯定比我们更想要扭转乾坤。

别忘了你是为了什么而愿意迎接挑战的。蜜蜂很"想"从风中闻到花儿的清香，而苍蝇却只"要"从风中嗅出厕所的位置。苍蝇的基因编码决定了它再怎么"修"也"炼"不成蜜蜂的真身，而人与人之间的基因差异连 0.1% 都不到。没有必要苛求风来的时候别带着难闻的气味，紧盯着自己想要的东西就不会被别人想要的东西给挡住去路了。

对于充分展开的风帆而言，任何方向吹来的风都是顺风。只要调整好风帆的角度，总能从跟你无关的力量中找到某个对准你目标的分力。只要你变了，你外在的世界也就跟着有所不同了。看来我们可以调整风速，所以没必要一上来就把风当成敌人。

竞而不争

差异化让彼此没有可比性

对于共同目标的争夺就是所谓的竞争，有能力把"竞"跟"争"区别对待的人大多很有手到擒来的潜力。如果大家想要的不是同一个东西，也许就打不起来了。非要兵戎相见的话，让对方不敢打你也就不用浪费你的子弹了。

之所以想把对手打得不能照常营业，是因为觉得他们妨碍了我们生意兴隆。一旦习惯了这样调兵遣将，我们的手头就会感觉越来越紧张。本来资源就有限，又没有用在刀刃上，这让我们的服务对象越来越享受不到上帝的待遇了。既然不再是我们的"上帝"了，他们好像不再觉得有义务"保佑"我们了。

对手的失误可能会导致他们的客户移情别恋，而目光离开了自己的服务对象也是我们的一个失误。从对手那里流失的客户未必看得上我们这里的员工，不是我们要找的客户到别人那里去购买产品何必非要觉得自己丢失了客户？

同一类的客户也有着不同的需求，服务的是不同的需求也就没有了所谓的竞争。能出现在同一条跑道上的应该都是为了一个"共同的目标"才走到一起来的，不同的是不同的人对于"共同的目标"有着并不相同的理解。

为了清空你的库存是你有需求，你觉得客户会认为他们有义务帮助你突破你的销售目标吗？我们追求成功的努力经常搅得周围人心惶惶，不跟对手犯同样的错误也许会让他们曾经的客户愿意体验一下我们的服务。

不同于竞争对手的经营活动让"我们有的，对手没有"；以不同的方式进行和竞争对手相似的经营活动让"对手有的，我们更好"。比竞争对手更能够满足客户的需求自然会受到客户的青睐，"客户找我们"比"我们找客户"好像更能够让我们找到客户。

差异化让彼此没有了可比性，在属于自己的跑道上奔跑让我们不再觉得被什么人挡住了去路。确保着"唯一"的努力已经让我们稳居了"第一"，我们也觉得自己好像越来越接近终点。客户站在前面欢迎着我们的到来，对手跟在后面怎么追也追不上来。越来越多的证据证明了我们更有能力对客户负责任，不但选择我们的客户这样想，就连我们的对手都不再怀疑这一点。

在属于自己的细分市场里应该是看不到敌人的。虽然也会有人在我们的领地里莽打莽撞，但他们很快就会意识到"这里不是他们该来的地方"。对于这些随时准备拔腿就跑的所谓对手，我们何必非要穷追猛打（浪费资源）呢？

打不过的敌人就应该交个朋友，因为敢跟我们叫板的通常有我们所没有的资源。如果不成为朋友，我们就不得不重复建设。一旦跌破底线，恐怕连我们有的也将要没有了。都说多一个敌人多一堵墙，当周围高墙林立时，我们还怎么借道而行呢？

不是怕跑不过对手丢了面子而喊出"友谊第一，比赛第二"的口号，而是发现了更有价值的东西才愿意化干戈为玉帛。如果没有所谓的对手"率先垂范"，我们的坐标也不会有真实的参照。人比人不应该成为比赛的目的，"教学相长"才能够提高比赛的成绩。

高考历来被很多家长看作是改变孩子命运的独木桥，但千军万马都从桥上过难免会有人连上桥的机会都没有。想让自己的孩子考进前十名本来无可厚非，不想让自己的同学比自己更优秀就是另一场战争了。如果这样的孩子将来当家做主，他们能利用自己手中的资源把别人要上的桥修得更宽吗？

地面上汽车刮擦的事故应该很多，但是天空中飞机相撞的概率好像不大。同样都是铁做的家伙，不想让自己受伤的话，最好让别人够不着你。当敌意来袭时，你应该知道有些人根本就不配当你的对手。

向什么标准看齐决定着我们往哪个方向前进。要饭的人不会跟有钱的人比谁更有钱，身边的乞丐变得比他们有钱了却更能够把他们气得半死。跟乞丐斗富的人拿出的不是最大的筹码，把千万富翁当成目标的百万富翁很快就要"脱贫致富"了。

大闹天宫给美猴王赚来了齐天大圣的美誉，怎么蹦都蹦不出如来佛的手掌心终于让这只猴子明白了什么叫做佛法无边。跟孙悟空交过手的妖魔鬼怪大多被打回了原形，看来不让别人达成目标不应该成为我们的目标。

为了确保万无一失地拔得头筹，我们已经在让自己变得更好的路上走了很久了。真正的高手会提醒我们到达了边界，而那些让人避之唯恐不及的人也许只是想通过扮演恐怖分子的角色来确保自己不被袭击。秃鹫已经习惯了在奄奄一息的动物身上盘旋，我们争的难道只是一堆腐肉？争气或者争光也可能成为目标背后的目的，而某些看似达到目的的人其实到达的是墓地。

共生双赢

没有人愿意跟自己过不去

想在竞争中立于不败之地，就要设法使帮你的人多、打你的人少。觉得你是自己人才会去帮你，所以要扩大自己人的范畴。不觉得你是个威胁才不会打你，所以要缩小自己的受力面。非赢即输只是竞争的表象，大家都觉得不亏才愿意罢兵。

一时的双赢不难做到，一世的双赢才是共生。共同体建设的努力让你中有我、我中有你，这个时候瞅着别人不顺眼其实等于在跟自己过不去。没有人愿意跟自己过不去，我们也因此化解了不少纷争。

当争到一条鱼时，到底该怎么分呢？如果不一人一半，恐怕又要开始夺了。万一有 N 人而必须 N 份的话，估计每人连一口都不到。有形的东西越分越少，越分越少还会舍得分吗？

既然我们是为"人民"服务而生的，那就把鱼让给"人民"吃吧。舍得分钱的老板碰不到不给钱就不干活的员工，十分满意的客户都不好意思不对我们意思意思。N 多的意思意思加起来就凑齐了我们的营业额，花出去的钱又回来了还会觉得自己亏吗？

当分享一个想法时，根本就没法一人一半。如果有 N 个人来拿，就会被复制走 N 份。不同的人又会有不同的想法，我们不用撬开对方的脑袋就能够得到这 N 个不同的想法。无形的东西越给越多，越给越多怎能舍不得给呢？

很多人觉得想法不能当饭吃，所以眼睛紧盯着鱼。都想要填饱肚子，到底谁能够得手呢？一致对外的时候彼此还是战友，自相残杀的时候还算是兄弟？分不清周围是敌是友真让人胆寒，认钱不认人好像才能够让自己感觉到安全。

互相利用的氛围孕育着兔死狗烹的文化，不想被煮了的狗很可能会在暗地里跟最后的几只兔子结成利益共同体来让主人觉得跟自己是命运共同体。"有钱能使'鬼'推磨"听起来很有道理，但整天跟鬼混在一块儿，我们还有个人样儿吗？

吃饭是为了活着，而活着不只是为了吃饭。有这样想法的人可不都是吃饱了撑的，看到了比钱更值钱的东西才不会去吃嗟来之食。升级不到心连心的程度就听不到掏心窝子的话，还是要看在钱的份上说明我们给的并不是无价的宝贝。

"一撇"跟"一捺"相互扶持着写出了一个像样的"人"字，一损俱损让我们不敢坐视战友的牺牲，一荣俱荣让敌人都想加入我们的阵营。一根绳上的蚂蚱还想着各奔东西，五个手指攥成的拳头却怎么分也分不开。

一个人很难生存在这个世界上,想更好地生活就得让身边也有人活着。如果周围虎视眈眈,有个同类至少能给我们壮胆。就算他们抢走了空气中的氧气,但他们吐出来的二氧化碳通过绿色植物的光合作用不又把氧气给送回来了吗?

　　虎口夺食的勇气值得嘉奖,但打自己人的主意是想把朋友变成敌人吗? 一切为了孩子的家长也许疏忽了自己的父母也需要照顾,只想着自己发财的老板很容易忘记自己的员工也想要致富。觉得不够分配的就会不自觉地压缩自己人的范畴,自己人越少也就意味着不是自己人的越多。

　　没有补给的孤军难以继续奋战,有本事助长老虎的威风怎么没办法加强自己的火力? 水能载舟正说明船跟水不是冤家,为了让"水"涨而无私奉献的"船"变得越来越高。水能覆舟不代表水就不是东西,对"水"厚此薄彼才导致这样的"船"高不到哪里去。

　　没抓住利用别人的机会可谓"吃了一堑",埋怨被别人利用了未必就真的"长了一智"。不再给别人利用自己的机会让我们再也找不到利用别人的机会了,本来是想让别人死,怎么到最后连我们也活不成了?

　　飞蛾扑火时不知道自己在找死,我们想追求光明就必须先看清楚未来。不同的人有着不同的需求,同一个人在不同的阶段也有着不同的想法。虽然我们都是来参赛的,但比赛的项目却未必相同。即使我们奔跑在同一条跑道上,每个人的终点也不一定一样。

　　避开了真的来抢你饭碗的人之后,你可以豁达的跟所谓的对手说:"既然你想要这个,那么就把那个给我吧。"不管今天拿还是明天拿,其实都没有亏,所以我们可以跟耍赖的对手说:"既然今天你想拿走,那么明天总该轮到我了吧?"

　　也许你想要的那个明天永远都没有来,会不会觉得自己吃亏了呢? 既然你已经养成了不跟别人正面冲突的习惯,那就在饿着肚子的时候吃一口精神食粮吧。"渔"跟"鱼"带给你的应该是不同的感受,一个看不见、一个摸得着。都想要"鱼"的时候难免要比划比划,选择了"渔"的人其实已经看到"鱼"了。

　　总觉得鱼不够分的人可能会陷入沉思,一旦有了钓鱼的想法,他们早晚会知道放长线才能钓大鱼。有了回旋的余地就不再感觉束手束脚,只要不停止对于自我的升级,我们就一定会碰到愿意自己上钩的鱼。一个愿打一个愿挨的斗争中根本就没有输家,你觉得受了委屈的那个人也许正在心里偷着乐呢。

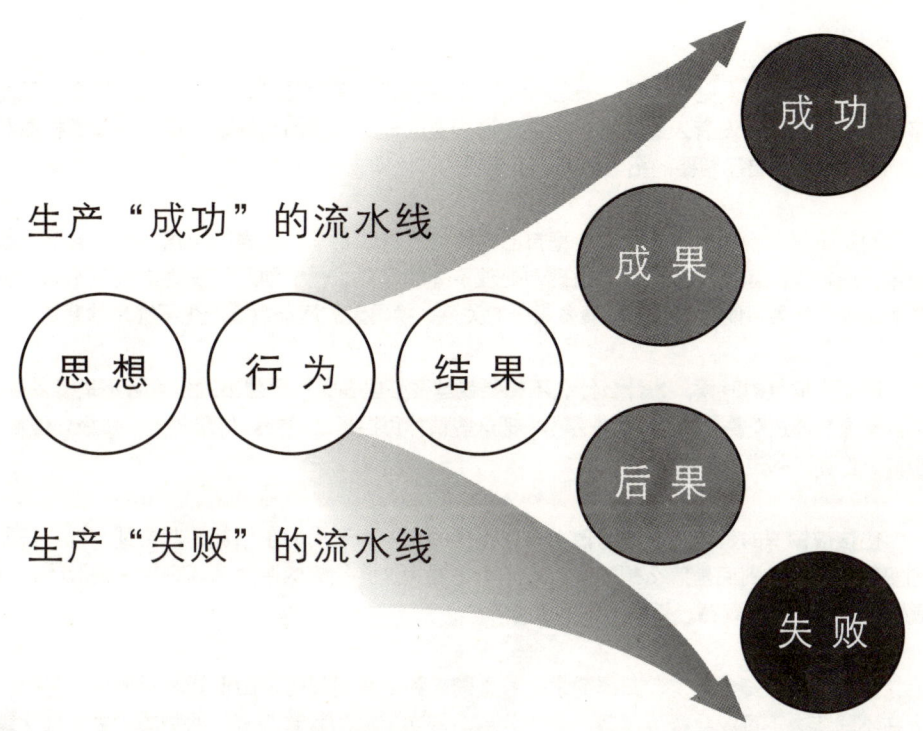

得 失

塞翁失马，焉知祸福。

何谓多少

尺有所短 寸有所长

有句老话叫"人生不如意事十之八九",如果多数人都有这样的感慨,那么十之一二的好事都到哪里去了?没有人愿意痛苦地度过这短暂的一生,我们想好事连连就得知道权衡利弊的标准,进而让自己想要的招之即来、不想要的挥之即去。

到超市里购物的时候,你只会把自己想要的放进购物车。住房的面积再大也容不下整个超市,超市里的商品再多也有想处理但处理不掉的库存。一个劲儿地往家里搬东西总有装不了的时候,如果不能从源头上厘清多跟少的关系,换再大的房子也会产生不够用的感觉。

跟别人怄气的时候,为什么什么不想要就越往心里装呢?思想上的包袱可不是多多益善,所以有人想通过"多一事不如少一事"来把这些精神负担拒之门外。如果我们有垃圾处理能力,也许它们连进都进不来。

应该被倒掉的是垃圾而非价值,但是不同的人认为有用的东西却并非全都一样。在朋友圈里晒美食的人到底是怎么想的呢?肯定不是要用这些佳肴的照片来填饱别人的肚子!难道是想"看到"别人羡慕、嫉妒、恨的眼神?

生理需求、安全需求、归属需求、尊重需求和自我实现需求由低到高延伸出了身为一个人在不同状态下可能会极度渴望的需求焦点。层次越低的就越跟有形的物质相关,层次越高的就越跟无形的精神相连。只有较低层次的需求得到满足了,更高层次的需求才会自动浮现。能够满足这一个需求的价值未必能够满足那一个需求,想满足不同的需求就得变换满足需求的方式。

用"尺"丈量不到的地方正好给了"寸"伸手的机会。如果摸不准那个位置,怎么能够给到人家想要的那个尺寸?看来"寸有所长"不是没有道理,并没有显出身手才让"尺"落下了"有所短"的名声。

恰如其分比多多益善更能够给我们带来满足的感觉。吃饱了饭的人不会再狼吞虎咽,除非他想撑破自己的肚皮。很多升官发财了的人还没有摆脱对于食物跟性的依赖,必须一手交钱一手交货才感觉安全让他们的视线始终不敢离开"真金白银"。

令人遗憾的是,他们并不知道什么才是真正的真金白银。说高处不胜寒的人其实并没有站在高处,真正站在高处的人早已经被四面八方吹来的风吹散了一身铜臭。升华到如此境界的人至少是半个神仙了,这些不食人间烟火的家伙怎么会继续使用金钱作为交换的工具?

钱本身并不值钱，只有在交换的时候，它才有机会体现出它存在的价值。多数人在必须要离开这个世界的时候才知道钱乃身外之物，愿意花毕生的囤积来换取一线生机说明还有比钱更值钱的东西。

维持生命所需要的给养不过一日三餐和晚上一榻，想好好活着可不能全靠四肢发达。借酒消愁等于在火上浇油，破了财却没免灾只能说脑袋里值钱的东西太少了。思想能以光的速度在不同的世界里闪展腾挪，想抓住稍纵即逝的感觉简直就像是抽刀去断水。

兜里有钱就不会有饥饿感了，而安全感、归属感、价值感和使命感好像越来越跟钱没有关系了。被满足过的层次越高就越能品尝到爱的味道，看来心里多有爱比兜里多有钱更值得被当成衡量价值的标准。

向外求认同的努力让我们离自己的家越来越远，必须要找到更大的"尺"才能够丈量出向前推进的距离。向内找力量的探索让我们离自己的心越来越近，必须要启用比"寸"还小的单位才能够测量出心理阴影的面积。

得到的多少跟失去的多少有着一一对应的关系。如果你得到的同时必然要有人失去，你觉得会有人希望你得手吗？从别人手里抢难免会碰到困难，自己种了自己吃也许就不会被当成强盗了。

付出的多少跟回报的多少也是一一对应的关系。主动失去避开了跟别人的针锋相对，争取来的和平环境正好可以让我们有时间完成春种秋收的建设大业。看着由一粒麦种变成的N多麦穗，你说自己是多了还是少了呢？

所谓得到不仅包括以钱为代表的那些物质，还要包括将来可能在某个时刻转化为成功的那些成长。成长的烦恼越多意味着麦种变成麦穗的概率越大，没有往心里去的人几乎意识不到取人之长补己之短可以提高自己的收成。

有形的都是有限的，无形的才是无限的。网罗了满足需求的工具不等于需求已经得到了满足，紧盯着物质背后的那个精神才会让我们重新变成主人。没有了灵魂的躯体不过是个僵尸，千万别让自己穷得只剩下钱了。

身边的自己人越多就会越感觉安全，自己的心都可以拿出来放的地方一定不会冷得要命。觉得自己比钱值钱就用不着找钱来背书，"你帮的人"比"帮你的人"还多时正说明我们已经什么都不缺了。

没有好坏

此一时 彼一时

小时候看电影总喜欢问身边的大人谁是好人、谁是坏人，长大后才知道同一个演员在这个剧本里演好人、在那个剧本里也可能演坏人。不知道坏人怎么坏恐怕也不知道坏人怎么演，能像好人那么好说明了他们还没有坏到骨髓里面去。

每个人在自己的人生剧本里可不只有一个角色，角色转换时来不及换衣服就可能演坏这个角色。念错了台词的演员未必就是想把这个角色往坏里演，知道怎么做才能够让自己变得更好自然会在什么样的山里唱出什么样的歌。

给别人的行为一个善意的解释是有爱的表现，自己演坏了的时候难道就该着碰到坏人吗？"事不对"就等于"人不好"的指导思想被很多人用来消除异己，"我有错"不等于"我有罪"的价值观念才会让我们心甘情愿地修改自己的表现手法。

古时候，有一位国王想打造一个标准，以此来体现自己国家的公正。于是，他派人量了全国所有成年人的身高，得到了全国成年人身高的平均值。然后，他用了大量的黄金，按照这个平均值的标准，打造了一张黄金床。从那以后，他就开始按照这个标准来体现国家的公正。

每天晚上，这位国王都要请他的一位臣民夜宿寝宫，睡在这张名贵而标准的床上。如果这个人的身高超出了床的标准，他就会命令刀斧手量这个人的尺寸，然后用斧头砍掉双脚多余的部分，以使这个人符合那个黄金床的标准。如果躺下去的人身高不够，国王就会叫出两名大力士，一个抱住这个人的脑袋、一个抓住这个人的双脚，用力地往外拉，好让这个人符合这张床的尺寸。当然有时会拉断骨骼、有时会一命呜呼，但是，国王一定要让他们符合标准——黄金的标准。

在这个过程中，多数人确实符合了标准，但极少的人最终能完整地存活下来。

每个人心中都有一张如此名贵而标准的床。从不同的环境里出来的孩子，秉承了不同的对错标准。当彼此间标准不同的时候，无休止的争斗就开始了。虽然争斗的初衷是想让自己的标准成为标准，但即使是最后胜利的一方在杀敌一千的同时也自损了八百。

当我们在争斗中败下阵来的时候，为了要活下来，我们迎合了胜利者的标准。如果我们太高，就自己让自己屈尊一下；如果我们太矮，就挺起胸膛，好让自己感觉起来高出一截。在抵御外敌侵略的战争结束之后，我们自己的内在又开始了自相残杀，在原本就资源匮乏的情况下又继续着如此巨大的能量消耗。

知错能改的重音可以在"错"上，也可以在"改"上，被强化的是哪一个部分其实折射出了我们的用心。想证明"我比你更有价值"就会紧紧地抓住"你错了"不放，非要逼着别人改也许是害怕自己万一不小心就上了别人的床。

　　这个世界上没有绝对的好人或者坏人，所以没必要再继续非黑即白了。同样的一股能量往不同的方向释放就会给不同的受众带来不同的感受，此一时风吹得你站不稳脚跟，彼一时风小了还发不出电来呢。

　　这个世界上也没有绝对的好事或者坏事，否极泰来的经验说明孕育好事的过程不应该被定性为坏事。不想成为挂在墙上的一幅画的话，就得接受真实存在的东西都是立体多面的，有正面也有反面，有看得见的那一面也有看不见的那一面。不管哪一面先映入眼帘了，其他的那些面其实也跟着过来了。

　　任何正确的事都有时间和空间的约束，脱离了背景的就事论事其实是没事找事。唯恐天下不乱的心思上不了台面，不觉得自己燃起了战火就会更加肆无忌惮地煽风点火。快被烧焦了的人渐渐没有了好人的样子，觉得自己出师有名才会死活都不脱掉那身象征着好人的衣裳。

　　问题只要被正确地描述，就可以被顺利地解决。当"4+5"跟"3+6"打得不可开交时，只要把9请出来主持一个认祖归宗的仪式，就不会再继续自己人打自己人了。很多睁着眼睛说瞎话的人不知道自己在像"盲人"那样"摸象"，太执着于自己的那个角度也就很容易错过可以让自己眼前一亮的某个机会。

　　临时抱佛脚的时候不一定每次都能碰到佛祖显灵，跟不同的感觉在一起才能让我们完整地拥有春、夏、秋、冬。每顿饭都一个口味总是吃腻了的时候，酸、甜、苦、辣、咸的互相抬举才不会让我们产生活腻了的感觉。

　　今天不想要的不一定明天用不着，你不想要的也许别人正满世界地找。还不到盖棺定论的时候就妄下断言不免为时尚早，时刻保持着旁观者清的中性觉察就不会陷入不识庐山真面目的困顿囹圄。

　　如果没有所谓的"坏"来提供参照，我们想要的"好"也不会映入眼帘。人家都情愿做陪衬红花的绿叶了，你这么好的一个人怎么还好意思说人家不好呢？能从不好的东西里面提炼出好的元素就已经化解了非赢即输的对立局面，既然大家都拥有好起来的某些条件，那么再坏又能坏到哪里去呢？

品味舍得

"舍"就是播种"得"就是收获

为了不让自己从口粮里挤出来的种子有去无回，有个人虔诚地跟土地讨价还价："如果你先给我好的收成，我一定会把手里的这些种子都送给你。"我不知道土地是怎么答复这个人的，但我非常清楚地知道：如果他不率先把自己手里的这些种子送给土地，就算土地爷爷亲自出面恐怕也给不了他好的收成。

"舍"跟"得"看似矛盾，实则一体。把"舍"放在"得"的前面也许是想说明先舍后得的道理，我们也可以把"舍"理解成播种，把"得"解读为收获。虽然不是所有的种子都能够闻到春天的气息，但总会有露脸的不想让我们吃亏。

据说貔貅有本事帮我们招财进宝，但这个没有屁眼儿的家伙会不会让进去了的钱都烂在里面呢？为了提高我们的投入产出比，真的有必要静下心来好好研究一下怎么"舍"才能够"得"更多了。

"给"的人一定在舍，"要"的人未必能得。只要不给的人是乞丐，明着有借无还的人是强盗，暗着有借无还的人是小偷。你应该也知道这些不劳而获的方式有失人的脸面，那么我们就从"给"开始打点好各路神仙。

如果给的是我们想给的，很可能给了也白给。只有给对方想要的，才算是把种子塞进了土里面。通过满足别人的需求来解决我们的问题不会落下利用别人的骂名，别人想继续利用我们的话能好意思不考虑一下我们到底想要的是什么吗？

"主动给"的代价不过是几个买种子的小钱。如果有人先于我们出手，我们的种子恐怕就没地方种了。必须从别人的收获中购买口粮需要准备个不小的数目，谁知道会不会把来年买种子的钱也给花了呢？

"提前给"会给人及时雨的印象，但也捎带着给自己的种子浇了浇水。当周围都盼着我们大驾光临时，那些满怀期待的眼神多么像地里面的种子一个接一个地吐出嫩芽啊。被你救过的人才会救你，所以说我们要时刻准备着拔刀相助。

因为有形的东西越给越少，所以我们很可能给着给着就舍不得给了。因为无形的东西越给越多，所以没必要吝惜自己的感恩与赞美。就算现在手里的种子屈指可数，但经过汗水、泪水甚至血水浇灌了几个春去春又来之后，我们应该又开始舍得给了。种什么，就会收什么。我们所给予的都会以某种形式再度回到自己的身上，所以千万别像打发要饭的似的把自己吃剩下的东西倒给别人。在哪里种，就会在哪里收。得不到的时候，也许是因为我们把种子当口粮给煮着吃了。

想得到更多还需要更大的容器。有空的地方才能够存放东西，存放的东西越多好像就越没空了。我们的心其实也是个容器，里面能容得下多少人就会有多少人可以为我们所用。只要给里面加满爱，我们就不用再逼着别人去求月亮来代表他们的心。

既然得人心者能得天下，我们何必非要一个接一个地攻城略地？最值得伸手去拿的通常不在盲人的视野之内，就算我们睁大眼睛好像也只能做到知人知面不知心。没有安全感的人才会想去控制，永远都不担心会失去对方才算是发挥出了爱的水平。

大智若愚的人并没有得失心，他们再想要也不拔苗助长，这才会被那些自作聪明的人当成傻瓜。不知道自己要找的东西就在自己身上才会骑着驴找驴，对着"镜子"说"我低头是为了让你低头"的行为背后一定有一个充满智慧的声音在指点迷津。

舍得花时间武装自己的头脑需要有极其长远的战略眼光。触及到的不仅有今天的"得"还有明天的"得"、后天的"得"，才会在当下的每一次"舍"中考虑如何才能避免全盘皆输。输不起就很难赢得了，"舍"一石就想"得"三鸟靠的可不只是一身的蛮力啊。

想装修就需要买材料，装修我们内心世界的那些材料该去哪里买呢？没有任何一家装修市场卖这些肉眼看不见的材料，但我们的感觉却摸得着它们在这个世界上的真实存在。在具体的实务操作中不断升华自己的理论体系可以让不同的感觉在我们的内心世界里分门别类地各归各处，一石三鸟的设置都已经变成习惯了，你说我们的钱能不越花越多吗？

各类信息和诸多启示储存在不同型号的脑袋里，有时候看着不同的人真感觉像是在读不同的书。搞明白土地爷爷是怎么把不同的种子变成不同的果实的才是真正"得"了件宝贝，愿意让牛使劲吃你的草，是因为你已经发现从牛身上挤出来的奶比你手里的所有的草都更加值钱。

已经满足了的心灵才不会去斤斤计较，得不偿失的时候难免要发发牢骚。真正想要的到最后不过是一种满足了的感觉，所以没必要太在意用什么工具来达到目的。如果不是自己想要的，即使白给也不要，因为要了也没用而且还占地方。

不求回报绝对不是愿意付出的理由，但不只求物质上的回报却可以让捎带着收获的精神在另外的某个场合转化为物质。患得患失的取舍标准里不应该只包括满足需求的工具，越是在别人的眼里不求回报，我们就越能够得到回报。

无中生有

"有"和"无"不过是能量的不同存在状态而已

还记得那个国王丢弓的故事吗？当国王正在为丢失了一张心爱的弓而伤心时，智慧的大臣却开导他说他的弓并没有丢。原因就在于虽然弓不在身边了，但肯定还在国王所拥有的这个国家里。

格局放大了之后，才发现不过是从左口袋到右口袋的事。很多人觉得这个故事很有道理，但苦于自己没有拥有整个国家而觉得应该继续哭泣。我们追求成功的所谓努力大多是在扩大自己的地盘，难道就是为了在丢失了东西的时候，让自己不再感觉那么难过？

有了的感觉是一个思想里的真实存在。思想就像子宫，孕育了大千世界里的林林总总。婴儿出生的第一声啼哭彰显了一个由内而外的转折，思想的诞生就如同受精卵的植入，经历了"十月怀胎"的过程之后，最终将变成某一个结果。

我们肉眼看不见的东西也是真实存在的。地心引力是看不见的，但它却可以把我们牢牢地吸引在地球的表面，不至于因为地球旋转到我们头朝下的时候就掉进太空里去；精神也是看不见的，但它却指导着我们的举手投足和行为处事。

看不见的领域比看得见的领域更加广袤深邃。我们的肉眼只能看到电磁波中的一部分，也就是可见光，而我们的思想却可以在这个无限的宇宙里穿梭往来、自在遨游。看见了才相信会局限我们的思想，相信就能看见是因为已经有了看的模板。

我们的梦想就是思想领域里的一个部分，就是我们身体里的一个"胎儿"，在经过了一段成长的过程之后，最终变成了外在的一个什么存在。在外在拥有房子、车子、票子之前，我们的现实世界里并没有这些东西或者说并没有太多的这些东西，但在我们内在的世界里并不是什么都没有。我们的内在世界里早就存在着一幅幅的美丽画卷了，房子、车子、票子只是点缀其中的道具而非这宏伟蓝图的主角。

挺拔的地上建筑离不开稳固的地下基础，外在的价值量起源于内在的价值感。不管现实中的价值量以什么形式存在着，源头上都是由精神上的某个东西转化而来的。我们的所谓努力，其本质就是一个自我开发（开采）的过程，而非只是一个改造世界的过程。我们的潜能开发，其本质就是一个将潜在能量逐渐意识化、现实化的转化过程。

"有"和"无"不过是能量的不同存在状态而已，从无到有的过程也不过是从看不见到看得见的显化过程、从"精神上的有"到"物质上的有"的显化过程。因为能量是守恒的，所以"有"和"无"是可以相互转化的，并且在转化的过程中，其总量保持不变。

广播电台跟收音机是两个截然不同的有形物质，但我们却可以从收音机里收听到由广播电台传输而来的广播节目。这一切到底是怎么发生的呢？

广播电台将自己的音频信号加载到一定频率的电磁波上，由发射塔向宇宙发送这个频率的电磁波。无形的电磁波可以穿越有形的物质并最终在跟某个调频到相同频率的收音机共振时把自己携带的音频信号卸载下来。广播电台距离我们于千里之外，而广播节目却与我们如咫尺之间。

我们起心动念之间也在向着宇宙发射思维脑波，这些电磁波不会被有形的障碍阻隔，直到与另一个身体里的思维脑波共振才得以让彼此的心灵发生感应。原来没有的，现在好像有了。其实它们一直都存在于那里，不过现在被显化了而已。

两座山不会碰到一起，但两个人可以；两个人不会见面，但两颗心可以。意识因子的重新排列得以组合出新的意识并时刻对应着某个有形的存在。没有了这些创造力的源头驱动，我们就会见面不相识。擦肩而过的不只是某个人，也许还有这个人身上所携带着的、我们还来不及显化的资源。别忘了，所有"达成目标的资源"都存在于这个世界上；所有"达成目标的资源"都要靠"人"来承载；所有"达成目标的资源"都存在于我们自己的体内。

看不见不等于不存在。深入到本质才能够精神同体，能够自由变通才能变换出大千世界的万种风情。你的想法塑造着你的世界，提高感知的能力就会推动显化的进度。思想的空白就是结果的盲区，激活了隐匿资产也就盘活了显化资源。两个有形的东西很难融为一体，但在无形的世界里却没有所谓的障碍。

虽然我们都曾经是3亿个精子里面最强壮的那一个，但在社会化的过程中或多或少封存了一些原始的能量。我们原本有的东西变得好像没有了。内在思想的萎缩让外在的物质表现出了匮乏，毕竟它们之间是在守恒的规则下相互转化的。

如果不能人尽其才，就是在浪费资源；如果不能物尽其用，就是在浪费资源；如果不能人事匹配，就是在浪费资源。既然在浪费资源，请别说你没有资源。

发誓要拯救人民于水火的开国皇帝只会把弓当成开疆辟土的工具，而世袭了国王称号的那个人也许还没有学会自己应该有个使命。在全国张贴"寻弓启示"好像要不务正业了，在各地举办射箭比赛很快就会看到那张金光闪闪的弓了。

顺其自然

缘来珍惜 缘去放下

在中国,没有人不知道《道德经》。你认识这本书的作者吗?跟他吃过饭?我不知道五千年前的老子是怎么从自然中萃取出来的这洋洋洒洒的五千言,但我知道他有一个倒骑驴的习惯来帮助他别无选择地去感觉一切正在发生的事。

当你的感觉向着所有的方向开放时,没有哪一个角落能在你的意识之外。当你专注于所谓的目标时,无形中放弃了许许多多也跟你有关的事。你可能不一定愿意承认自己在利用"专注"来明修栈道,想让"逃避"去暗度陈仓,但请你相信你的视线之外才最有可能是你要找的达成目标的资源的藏身之处。

无欲则刚让我们不再被外在的什么东西给控制,但其中的无欲不代表没有目标。忘记了所有达成目标的资源都在我们体内才会对自己之外的某些因素有所期待,给还是不给不再由自己说了算充分说明了我们的命运已经握在了别人的手掌心里。

不以改变自我为前提的改造世界通常让我们倍感焦虑,因为越抗拒什么似乎就越会被什么给死死地黏住。不喜欢冬天的鸟儿不得不喜欢长途跋涉,不能像候鸟那样迁徙的我们大多也在循着命运的大致方向漂流。

让我们的头脑歇歇吧,因为想改变既成事实的所谓努力真的太累了。如果凡事都在意料之中,那么生活就会变得枯燥。意料之外的惊喜或者惊吓不过是让生活不再乏味的不同佐料,我们的心灵再怎么想追求刺激也不会把它们变成主流。受到了限制的意识无法理解一切都是最好的安排,想碰到不同时刻的生命之美就要在生活怎么来的时候恰如其分的那么去过。

随心而动的人能感应到周围的各种感觉,进而在同频的基础上共振出原本就有但看不见的存在。有缘没分的时候,他们不会认为自己的心态应该有个问题,因为他们觉得就算今生无缘,那么来生再聚。

当种子被埋进泥土的时候,它没有埋怨被人埋没,而是紧紧地抓住这个孕育未来的机会,静静地等待着水分、养分,并在某个该露脸的时候脱颖而出。只有适应了环境,我们才有机会去改变环境。内在的心境也应该被纳入环境的范畴,他好像比外在的境遇更有条件去顺其自然。

随波逐流的境界还达不到顺其自然的高度。提醒你记住适者生存的规律不是想让你学会委屈自己,磨炼自己的意志也不是让我们非要跟老天爷过不去。不想吃眼前亏的好汉已经开始跟着别人跑了,总觉得被绳捆索绑的就算是英雄也没有了用武之地。

虽然水无常形,但水分子的结构却牢不可破。口服心不服的时候已经把自己给一劈两半了,越是在这个时候见风使舵就越可能被风吹得七零八落。以不变应万变不是让我们总板着一张臭脸,万变又不离其宗正说明我们并没有委屈自己。

处方则方、处圆则圆并没有让水少了斤两,我们屈一下还能再伸开就觉得自己不是大丈夫了吗?不去逼着容器变形自然就没了是非,经常去争长短的人才不像个男人呢!不该来的也让它来吧,听说船到了桥头的时候自然就会直。

习惯了往低处流的水无法把我们带到高处,不想走下坡路的话就得借机修炼"有容"来让自己变得"乃大"。高高在上的时候周围已经没有水了,还要跟地心引力为敌难免让该来的都来不了了。

事事不顺的感觉来源于违背规律的行为。我们用螳臂当车来形容不自量力,自己想阻挡冬天逼近的势头怎么就那么乐此不疲呢?浑身是汗的时候不再觉得冬天有那么冷了,误以为春天要来了可不等于我们已经把冬天给撵走了。

多穿点衣服的动作不会被冬天解读为有人要跟它作对,借着寒风送来的大雪给地里的庄稼盖上被子会不会让冬天的心里都暖洋洋的。逼着种子在冬天里发芽会让双方都有些为难,等雪化了的时候再做打算其实很快就会让大家都觉得高兴。

让事情自然而然地发生不代表什么事情都听之任之,但拔苗助长的所谓努力已经彻底打破了从无到有的节奏。认命的人几乎放弃了主观能动,而转了运的人一定是在点儿背的时候储存过能量才有力气一鸣就这么惊人。

无为而治的里面除了"无为",还有"治"。什么都不做不会让事情变得更好,但在老天爷答应帮我们之前最好什么都不做。我们不知道老天爷到底长着一副什么模样,但我们知道它也是照章办事才得以调动天兵天将的。

我们如果不做违背规律的事情,就没有什么事情做不成。该出手的时候就赶紧出手,不该出手的时候请立马住手。没有不顺的感觉是无法识破违背规律的行为的,下一次千万别再这样了自然就会越来越能够掌握好火候。

每一个出现在我们面前的"缘"都在挑逗着我们内在的那个"因",并想跟它生一个叫做"果"的孩子。别再为生男还是生女煞费苦心了,像水那样利万物而不争,就没有人能够争得过你。

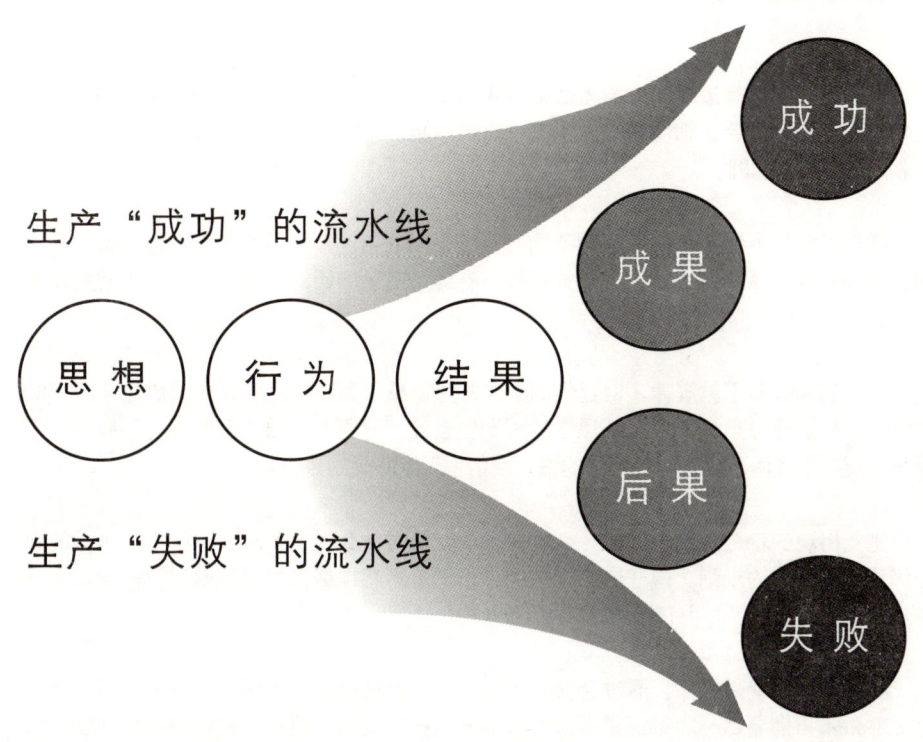

自　由

绳索可以捆住身体，但无法困住心灵。

守规则的人最自由

把规律变成规则

国与国之间都有边界，人与人之间其实也不是没有界限。为了避免因领土纠纷而引起的战争，国与国之间要谈判协商。为了让这段关系跟那段关系不再像乱麻一样，我们有必要请规和矩来校正方和圆。

圆规和曲尺不会因为使用者的不同而得出不同的结论，我们都遵守约定俗成的规则就不用公说公的理、婆说婆的理了。都觉得自己有理说明了参照的是不同的规则，而规律却应该对什么人都一样。

我们的肉眼看不见规律，但我们的心灵却可以感受到在长期实践的过程中不断提纯的智慧结晶。把这些心声翻译成白纸黑字的规则就会让"有所为"跟"有所不为"有所依据，如果这些规则不成体系或者不切实际的话，我们也无法感受到自由。

重复出现的就是规律，想让什么重复出现就要对什么提出要求。这些遵循规律的要求就是确保万无一失的规则。遵守这些规则的人不需要刻意地努力就能够躲过暗礁险滩，违反这些规则的人再怎么小心也有撞到枪口上的时候。

具有共性的就是规律，通过合并同类项也可以把规律变成规则。透过内在逻辑而发生的必然联系不再需要每一次都深思熟虑，只要把这些规则当成路标，就能够确保在安全的通道里行驶，进而大大降低发生事故的概率。

如果把身体比作汽车，那么思想就相当于驾驶汽车的司机。头脑跟心灵认为对的东西并非完全相同，什么地方加油门跟什么时候踩刹车应该也是按照不同的规则来见机行事的。不管油门跟刹车暂时由谁来负责，其实都是为了帮着方向盘出彩。不想让自己像戴着木枷的木匠那样自作自受的话，最好先主动废除那些必须同时踩着刹车跟油门的规则。

客观的规律是不以人的意志为转移的，但主观的规则却可以任由人想怎么改就怎么改。制定规则的人似乎从一开始就占尽了先机，遵守规则的人再怎么玩好像也玩不过告诉他应该怎么玩的人。不能为规律代言的不该被当成规则，思想上有盲区的人经常吹着口哨就把车开进了雷区。

几乎每个人的思维模式或多或少都有些漏洞，很多人一辈子很努力地做着加速自己失败的事情却以为是在追求成功。让规则无限接近规律的努力有利于我们建设性地调度深埋在潜意识里的巨大能量，等到没人跟自己玩了的时候再修改规则很可能会在未来的某个时刻看到历史在重演。在别人要求自己之前就提高对于自己的要求会堵上很多可能漏水的地方，遵守的都是启动成功模式的规则也就没那么多失败的感觉了。

跟人玩之前就讲清楚的才叫做规则，玩着玩着就开始谈条件了说明这个人在耍赖。事先没有想周全是因为我们的思想里有一片荒地，如果不先把这个地方给开垦出来，恐怕也拿不到开发别人的资质。

在社会化的过程中，几乎每个人都被各种规则修理过。并不是所有制定规则的人都有水平充分考虑到人性在不同层次上的各类需求，不得不削足适履难免会让人觉得是规则限制了自由。如果制定规则的人不遵守制定规则的规则，那么该遵守规则的人就更不想束手就擒了。

规则应该是用来保护人的。即使在限制人，也是在通过限制来达到保护的目的。越是被充分满足过的人就越知道该怎样去满足别人，越是想获得满足的人就越应该听听那些已经获得了满足的人在获得满足的过程中究竟都关注过什么。

遵守规则的本质是遵循规律。让规则越来越符合规律是一个值得努力的方向，让自己去遵守而不是等别人先遵守也是一个必须要通关的测试。越知道规则背后的规律就越愿意遵守规则，越愿意遵守规则就越感觉不到有什么东西在跟自己对着干。

追求自由的梦想背后是一个并不感觉自由的"残酷"现实。自由不是个有形的东西，按理说无形的东西应该越分越多，为什么我们会觉得有人在跟自己抢呢？大家都感觉舒服才不会给你气受，我相信你也不愿意把自己的自由建立在别人的不自由之上吧？

身心合一的人已经在自我对话的时候说服了自己身上的每一个零件，都往同一个方向使劲才能汇聚起类似激光那样的能量去打通自由之路。整个宇宙就是一个充满不同能量的场域，我们肉眼看到的东西其实都是不同的振动在同频的时候才从那个看不见的领域里显化而来的。虽然物与物、人与人是彼此分开的，但从量子这个最小单位的角度看，他们仍然是互相连接在一起的。

当天人合一的时候，我们好像都变成神仙了。没听说锁在屋子里的手机就收不到从外面传过来的无形信号，我们的心也可以离开身体去吸引那些自己之外的资源来给我们打开房门。没必要非修炼到不食人间烟火的境界才停止向别人伸手，知道哪些规则能保障自给自足就已经可以说自己快要解放了。

自己之外的任何因素都是无常的，正如再好的车也不知道自己会在什么样的路上走。车到山前必有路说明了人是活的，调校好自己的神经系统才不会让我们这辆车坏在路上。上万个零件不是随便拼凑在汽车身上的，我们得遵守多少规则才能够成为变形金刚啊！

身体自由

对自己好一点

奴隶的身体是不自由的，但我们已经远离奴隶社会几千年了。犯人的身体是不自由的，但已经习惯了遵守规则的我们怎么可能会被关进笼子里去呢？身体确实是自己的，但你觉得你的身体自由吗？

人类不过是个混迹自然的生物，早晚都有要死的一天。就算那是一百年以后才有的事，但整天吃五谷杂粮哪有不生病的？再好的汽车在行驶了 60 万公里之后也要被强制报废，我们通过什么样的方式对自己好一点才能够延长身体的使用年限呢？

很多人很喜欢朝九晚五的稳定生活，但也经常埋怨老板在剥夺他们身体的自由。不敢迟到不等于很喜欢老板对自己的控制，不想早退不代表就觉得活儿是给自己干的。早出晚归的老板肯定是被谁施了法术，要不他们怎么会心甘情愿地让自己的身体每天超过 8 个小时的疲劳驾驶？

没有定期保养的汽车跑不到 60 万公里就该提前报废了，想用三年的时间吃完一辈子的苦可不就得一天不只干两天的活儿？逼着老板马不停蹄的不知是哪路神仙，不想让自己的服务对象心里憋屈可是佛祖才会去想的事。

活着从来就不是一个人的事，但所有的活儿都让一个人来干并不能说明我们已经翻身当家做了主人。汽车不能为自己做主，司机也要看主人脸色。主人、司机和汽车的三位一体可不是谁都能会的本事，如果连自己身上的零件都整合不到一块儿，我们即使再活 500 年也跑不完这 "60 万公里" 的漫漫人生路。

没有人愿意把自己的身体交给别人去 "驾驶"，孙悟空想找个帮手也只能从自己的身上来拔根毫毛。一个人尽 100% 的努力也许会累个半死，100 个人每人使出 1% 的力气肯定不会有人吐血。把 N 个人变成 1 个人不是一般人能干的活儿，N 个人都来帮 1 个人的忙还用得着担心自己会分身乏术吗？

让地球离了你也转不代表你没有能力，把自己的本事都教给别人还不怕漏了自己的老底看来还真的有货。奴隶主不一定希望奴隶像他们那样优秀，企业家不为服务对象着想就只能一个人去为 "人民" 服务了。

埋怨员工不给力的老板其实想证明自己比员工给力，自己把员工的活儿都给干了还给员工发什么工资啊。通过别人拿结果不需要自己的身体东奔西走，自己不在现场也能把活儿给干了才说明我们的身体已经自由了。

想要非现场管理的替身多多益善就不能像忙得没有时间思考的奴隶那样白长了一个脑袋，提前让遥控车的接收装置跟遥控器的发射系统保持联系就需要身未动而心已远。不同的身体接收相同的指令才会出现统一的行动，万一在信号传输的过程中遭遇干扰很可能会让奴隶们的思想突然间就开了窍。

不愿做奴隶的人们会同时将矛头指向那个对着他们发号施令的人，不想被怒火烧着眉毛就必须让他们知道你是来救他们的。为了让身体脱离苦海的他们一定想要复制你的思想，都按照你的想法干活儿了还用得着你亲自动手吗？

长时间不开的汽车很容易坏掉，所以说什么活儿都不干并不能让身体真的自由。多活动活动筋骨会让身上的零件不至于锈掉，再把个人能力转化为组织能力怎么还多不出个三头或者六臂啊。

基因在复制的过程中有可能发生突变，耗时费力的沟通成本对谁都是一种刺激。恨不得自己来一个冲锋去斩断乱麻好像已经身不由己了，习惯了亲力亲为之后还能有喘息的机会吗？别忘了，身体才是革命的本钱啊！

很多四肢发达的人不知道怎样将自己的身体使用到极致，即使头脑发出了指令，也是在传达别人的命令。被人卖了还替人数钱是个天大的笑话，没被绳捆索绑就不觉得自己被关了禁闭还能有什么出息。

身体无法在同一个时间出现在不同的地点，而一个人在一生中必须要扮演的角色可不只一个。你在上班的时间里扮演着老板的角色，突然接到老爸的电话时，你能迅速就拿出一副儿子的腔调吗？电影里的两车相撞也许是剧情的需要，现实中的档期冲突难道就不能把你撕成碎片吗？

你的人生是你自编、自导、自演的，在你控制局面的同时不觉得局面也把你给控制了吗？如果你演的是主角，再像你的替身也露不了脸。即使你扮的是配角，也不能随便就找个替身来让他替你说话。

被人拿来当枪使不应该成为我们锻炼身体的理由，肩负的是自己的使命才能说身体是好样的。头脑跟心灵碰撞出来的火花可以照亮身体前进的方向，也可能把身体烧成灰烬。司机跟主人的争吵会影响汽车的表现，让头脑跟心灵达成一致后再通过不同的程序向着身体发出指令才会让身体真的自由。

心灵自由

有选择就有自由

人跟动物的最大区别是多了个意识，如果这个意识没有了用武之地，我们就很难活出个人样儿。奴隶的心灵是不自由的，必须要顺从主人的意志不就跟没长脑子一样吗？现在的整个社会都消灭阶级了，为什么我们还时常能感受到压迫？

碰到事情的时候，你可以这样想，也可以那样想。你想怎么想不会让你的思想有什么负担，但有人让你这么想就像是给心灵戴上了枷锁。你想怎么想就可以怎么想，但不是你想怎么做就能够怎么做。

想法大多来自知识和经验，而这些代表过去的东西不经意间就给思想勾勒出了边界。来自外界的刺激撩拨着似曾相识的感觉，看似不同的所谓努力其实都在不断推动着历史重演。没听说哪一个国家的边界挡住了飞鸟展开的翅膀，思想在遨游的时候好像也不应该被铁丝网给拦住。

如果你不敢想，说明你把自己给关起来了。很多人终其一生过着没有悬念的生活，虽然无聊，但也无险。害怕改变让我们错过了很多扭转乾坤的机会，不知道自己在吓唬自己才会觉得困难比我们强大。

很多人在社会化的过程中被戴上了不同型号的紧箍咒，不做出符合标准的姿态就很难在这个社会上立足。不断重复别人的话语让我们渐渐变成了一个二手货，没有通过自己的体验来完成学习的过程等于把心灵推进了语言的陷阱。相同的语言被不同的人类进行着不同的解读，越来越让人觉得语言虽然在描述事物但并非事物本身。

如果你想不通，说明你已经陷入重围了。跟更高的意识共振能够显化出生路，借着别人的眼睛看世界可以少交不少学费。再识途的老马也不知道我们的心被锁在了什么地方，想找条出路就必须亲自尝试不同的思路看看哪一条不是死路。

当注意力高度集中在某个事物或者某件事情上时，与之无关的就好像从我们的世界里消失了一样。虽然有点像把头插进沙子里的鸵鸟，但有时却也能暂时让我们的思想从困扰中脱身。我这样说不是鼓励你去钻那个牛角尖，都没有选择了还有什么自由可言呢？

不确定性跟没安全感怂恿着我们到外面的世界去寻找保障，不管最终觉得外面的世界很精彩还是很无奈，其实都源于内心的感应或者投射。心静自然凉让我们发现调节气候的按钮不只在空调机上，静心才能抹平水面的褶皱进而由内而外地呈现出真实和客观。全神贯注于内在意识的流动会给我们带来旁观者清的释然，看来在自己身上下功夫好像胜过去征服全世界。

堆满垃圾的房间已经装不下新的东西了，想让我们的内心装下外面的世界就必须先清空里面的库存。倒空自己不是一件谁都能做到的事，中性觉察和延迟判断才不会继续在有限的空间里囤积垃圾。该来的能来说明我们有容量，该走的就走不也正好增加了我们的容量？

　　对于知识结构尚未健全的孩子而言，每一次的触动都会在他们的心灵深处留下印迹。在自己的思维体系还没有完全成形之前，他们的心经常悬挂在半空中而且前不着村后不着店。走着走着就迷了路，还真的希望能出来个向导控制一下自己，但并不是所有的导游都去过我们想去的那个地方。

　　不想被别人控制，就得能左右自己的思想。天马行空的时候自己就是主人，降低一下我们的欲望就不会轻易被别人套上缰绳。尽在不言中的意境对话传导的多是接近客观的真实存在，能不被不同的解读束缚住手脚自然就能够伸展开放飞心灵的翅膀。

　　习惯了随波逐流的人大多没有自己的导航系统，总觉得变成最优秀的老二就掌握了自己的命运。因为自己的定力不够，所以他们很容易被自己之外的某个人影响。万一被不好的影响给影响了，他们再怎么落地好像也生不了根。

　　打着"为了自由"的旗号造反的奴隶也许只是不想被奴隶主吆三喝四，看到了断了线的风筝没有未来让他们的潜意识里又开始希望出现个救世主来冲着他们吆五喝六。想卸掉手铐和脚镣是他们的进步，思想上没能突破让这些自由了的奴隶始终都不去找或者总是都找不到打开自己心门的钥匙。

　　觉得别人比自己懂得多才会崇尚权威，而那些号称自己什么都知道的人只是怕别人知道他们也有不知道的。只知道给方法的人其实很想证明自己比别人知道，而那些真的知道的人更知道自己也有没去过的地方。他们不会押着别人的灵魂去游览自己曾经去过N次的地方，但别人总能从这个路标释放出来的信息中找到心灵向往已久的那个方向。

　　功能再强大的挖掘机也无法拆除心与心之间的藩篱，但不同国家的天空却是无缝连接的。如果做不到人与人之间的模式兼容，我们就打不通去往不同世界的各条"航线"。虽然说着同一种语言，但未必听得懂对方真正想表达的那个意思。翻译心声也许会成为一个热门的职业，既然能够在不同的世界里"神游"，何必非要在自己的心里装那么多事？

　　自由并不是为所欲为，经常跟真相发生关系才会让我们的心跟明镜似的。借来的光让眼睛看到了镜子，自己能发光才能让我们看清楚自己。舍不得丢掉的多是过去没有真正完成的功课，让自己彻底变成那个经验才能从中解脱进而腾出地方来接纳外面的世界。

财务自由

不再为钱工作

老话说"桃三、杏四、梨五",意思是刚种下的桃树苗在三年后才能挂上果子、刚栽下的杏树苗在四年后才能结出果实、刚插上的梨树苗在五年后才能开始换钱。熬过这几年的果农终于可以年年进账了,为什么我们辛苦了一辈子却只能盼着通过领取退休金来让自己的财务实现自由呢?

所谓的财务自由就是摆脱了为了生存而不得不努力工作的状态。不用干活也能生活需要有人替我们的日常开支买单,没有让钱生孩子的本事千万别辞掉你并不喜欢的工作。虽然用价值换钱能够降低用时间换钱的成本,但通过工资这个渠道过来的钱很快就会被我们的吃、喝、玩、乐给消耗掉了。

生活的压力让很多人像跳蚤一样跳来跳去,为的就是能跳到几百倍于自己原先收入的某个岗位。收入的增加助长着支出的勇气,"10000-10001"好像跟"1000-1001"一样都留不出确保来年收成的种子。

银行给我们的利息可以看作我们的钱生出来的孩子。都知道复利计息可以让鸡生蛋、蛋生鸡,但必须在很长的一段岁月里不吃蛋也不杀鸡才能够看到财富疯长。还没有被通货膨胀稀释掉的购买力决定着我们的生活水平,想让以防不测的钱越来越多最好让自己多几个渠道进账。

房产给我们的租金可以看作我们的钱生出来的孩子。号称有几套房子的人不会跟你说他们的产权证明还在银行手里,刚到手的钱眨眼就转给银行了竟然还意识不到自己是个房奴。首付跟分期都是在让现金流出,如果没有现金的流入,我们就别想打开手铐和脚镣了。用房租还房贷是个自由之道,如果能再剩下几个,也算是多了一个收入的来源。

公司给我们的分红可以看作我们的钱生出来的孩子。分红可不像利息或者房租那样有个稳定的预期,它虽然答应你"上不封顶",但也没向你保证"下有保底"。被套牢的股票让它的主人不断降低自己的身价,怕血本无归的思想最爱去抚摸那个随时可能让心脏病发作的按钮。

在银行给你的利息超过你给银行的本金之前、在房产给你的租金超过你在房产上的投资之前、在公司给你的分红超过你给公司的股本之前,你一直处于一个负债的状态。流向我们的钱顺手就拿走了更多我们的钱,而那些只知道倒卖"猪肉"的家伙在经过了几番折腾之后满手都是油星儿。如果我们不想办法缩短这个投入跟产出倒挂的时间,恐怕就只能继续做牛做马了。

借别人的肚子生出来的孩子不只跟我们亲，自己有让钱越花越多的模式才不必担心钱不够花的。在别人的地里忙活也许会让我们的收入很高，在自己的地里播种才能够让我们剩下的很多。没有让钱生钱的本钱就很难让钱为我们工作，我们想让钱跟着我们走就必须让里面的"钱"比外面的钱还多。

心灵上不自由的人往往对物质有着夸张的追求，生钱的速度总是跑不过花钱的速度让财务也没法自由了。想用钱去解决"用钱解决不了的问题"简直就是把钱往火坑里推，种子要是塞不进土里去，就算等上一万年，也看不到有东西在生根、发芽、开花和结果。

能觉察到自己内心需求的人也有能力感应到别人想要的是什么，更能够满足别人的需求才会让钱主动地向着我们的这个方向移动。提前退休不代表我们想很快变老，有心思做些有意义的事才不枉费这如此短暂的一生。

习惯了为五斗米折腰的人不一定习惯在钱的面前挺直腰板，不觉得自己比钱值钱就很难得到钱的青睐。给我们锦上添花的钱自己都带着干粮，花出去的钱都知道怎么自己回来让我们花再多的钱都不会破产。

手头紧的原因要么是挣的少了、要么是花的多了，如果二者都占的话，说明我们并没有真正解决过多少问题。解决了小问题就进点小钱，解决了大问题就来些大钱。如果没有解决问题的能力，就只能在白日做梦的时候才有机会碰到白给你钱的那个人了。一旦发挥出解决问题的能力，我们总有机会将所谓的付出换算成该有的回报。

想让钱光临你的寒舍，最好提前在你的门口陈列上用来满足不同需求的各类价值。有价值的东西一般都有个价格，而不被需要就没有价值。现金流跟着意识流东跑西颠，一心想着为"人民"服务的你一定会碰到不想让你受苦受难的人。

跟钱搞好关系不是谁都能有的本事，你认识钱但钱不认识你真让人猴急。你想认识有钱的人也许是为了发笔横财，但有钱的人想认识你才最有可能改善你的财务状况。只出不进的池塘早晚要枯竭，保持着进的总比出的多才算是做到了跟钱的和睦相处。

维持生存的消耗不仅需要物质，还需要精神。现金在物质世界里是一种计价的工具，而更高层次的精神需求却无法用金钱来计量。精神上的自给自足已经不再需要钱来鞍前马后，不用花钱也能把事给办了还需要钱来干什么呢？当大把大把的钱都花不出去的时候，你还会为了钱而起早贪黑吗？

时间自由

有时间说明还活着

谁都知道这个世界上最值钱的就是时间,但在用时间换钱的时候却不是谁都知道自己有个不知道怎么核算的时间成本。老板在花钱买员工的时间之前肯定进行过核算,你要是不设法提高单位时间内的价值输出就休怪没人愿意使用你的时间了。

当大把大把的时间不知道该如何打发的时候,谁不希望有个人来陪陪自己?在电话里跟你说他没时间的那个人其实正在陪着别人呢,你愿意相信他觉得你这个人不重要还是你这件事不重要?之所以有人满脸堆笑地调侃自己忙得要死,是因为他们坚信别人也觉得只有忙得没时间去死的人才最有可能把"成功"追求到手。

累得吐血的老板已经在听从员工的调遣了,什么事都自己说了算说明公司的制度一点都不完善。仓库保管员手里的钥匙再多也不能证明他是一个很大的领导,把总经理的位置让出来的那个人才有时间去当董事长。

给你干活的人觉得是给自己干的就不用你24个小时都睁着眼睛了,想达到这个效果可不能总举着鞭子。如果没有员工的身心自由,老板的时间也很难自由。希望别人比自己过得更好不是谁都能有的胸怀,别人能比自己干得漂亮还用得着你亲自动手吗?

没时间也是个大限将至的意思,有时间才说明我们还活着。之所以重要的事能变紧急是因为我们在有时间干的时候并没有按部就班,非要到紧急了的时候才开始全力以赴,这不就相当于在拔苗助长吗?经常被拔的苗有时间也不长了,我们提高时间的使用效率可不是为了让自己越来越没有时间。

没时间陪父母过生日的人却有时间陪着客户在夜总会里嚎叫到凌晨一点。如果按照"给谁时间就是爱谁"的标准评判,他们也许不会承认自己生命中最重要的人就是这些跟自己逢场作戏的家伙。既然鱼和熊掌不可兼得,就要好好想想自己到底想要什么了。排出个轻重缓急有利于我们安排时间,有些事连干都不用干应该有时间了吧?

想用你的人总找不到用你的时间也许能增加你用价值换钱的本钱,省出来的时间继续升级自我的价值当然能让我们越来越有时间。"磨刀"的动作看起来跟目标没有直接的关系,但"不误砍柴工"就不能说这样的行为在耽误时间。

有钱但没时间的人不过是个金钱的奴隶,忙得没时间思考更说明他们已经落魄得不像个主人了。与其说他们把钱给控制了,不如说钱把他们给绑架了。如果用钱可以赎回时间,还不赶紧贸易贸易?等到大家都想要时间的时候,谁还稀罕这些生不带来、死不带去的身外之物啊!

让我来教教你怎么核算你的时间成本吧，但需要你拿出时间来思考。思考什么呢？

就想想你打算什么时候去死吧！60 岁？不甘心吧？别跟我说是 150 岁，虽然我也知道这是符合生命科学的一种推演。让我替你做个假设吧，假设你到了 100 岁的时候就不打算活了。你现在几岁？算算自己还差多少年就要跟这个世界说再见了？

就想想你打算什么时候退休吧！即使你还没有到领取退休金的年龄，只要不再为钱发愁，就有资格宣布自己可以退休了。如果到了领退休金的时候还在加油，就不能把别人宣布你退休的那个时间当成计算的节点。你现在几岁？算算自己还差多少年就要没人理了？

尽量把退休的时间提前、努力将离开的时间拖后应该是很多正常人的心理反应，但不干活光浪费粮食应该不是一个有价值的人生里面的全部内涵。我请你用"人之将死其言也善"的视角来回眸一下"从现在到退休""从退休到离开"的这两段时间，你觉得它们应该是两种截然不同的生活方式吗？

两种生活方式的断崖式拼接会撕裂你的生活。我真的不希望你没领几年退休金就必须要永远地睡着了，你生命中最重要的那些人也不愿意看到你临走的那一刻还保持着战斗的姿势。让自己沉浸在生命中的每一个发生里，该干什么的时候就干什么，也就没时间去埋怨岁月催人老了。

身、心同时待在一个地点会出现一种忘我的状态，经常感觉自己像是长了翅膀就会缩短从出发点到目的地的这段时间。时间自由的本质不是储备大量的时间让自己长生不老，花出去的每一分、每一秒都有意义才能够让我们也永垂不朽。永远活在"人民"心中已经没有时间的概念了，思维脑波能以光的速度穿越还担心什么阴阳两隔？

人类通过潜意识跟宇宙能量对接，这些空中加油的惊险动作常常眨眼间就会被发射或者接收。想象着你头顶上有一根天线，它在发射心声的同时也在接收启示。跟你能量匹配的那些频率迟早会显化在你的生活里，而这个精神孕育的过程花得好像不全是你的时间。

想让老天爷给你打工就需要你的身体里荡漾起爱的能量，这个全世界都通用的语言会帮助你跟不同的能量场建立联系、发生关系。潜意识的工作效率往往事半功倍，总能在事情还没有变得更不好之前切中要害就不会掉进时间的陷阱。

最后还想要提醒你一下，再忙也不要忙得没时间思考！尤其得想明白为了什么而努力奋斗，为了谁去忍辱负重。

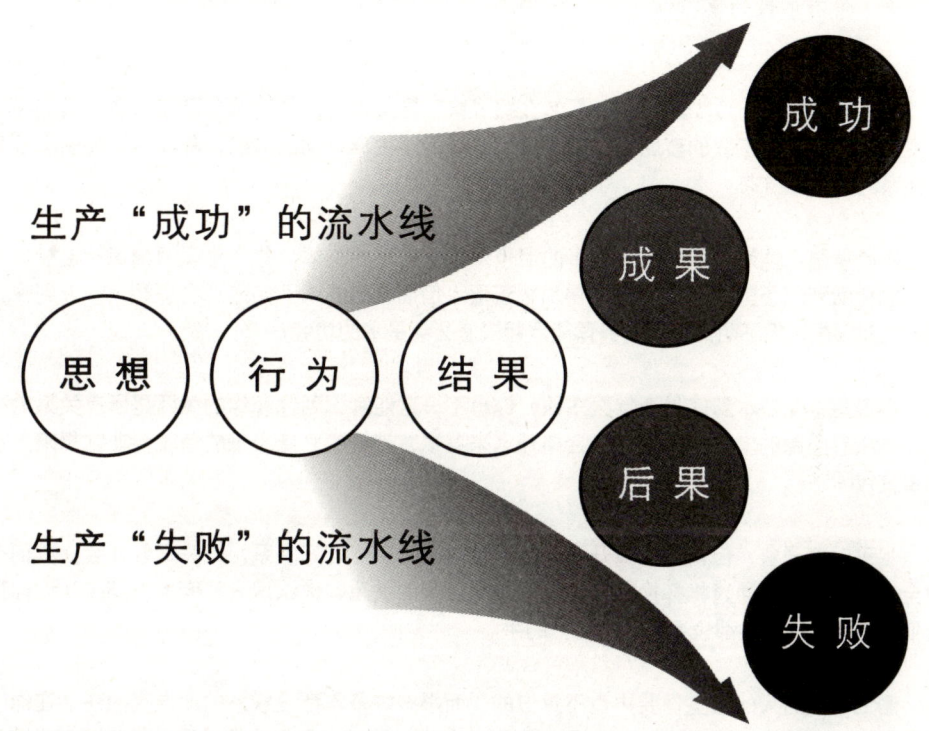

生 死

生与死的本质就是关系的开始与结束。

离愁别绪

天下没有不散的宴席

我不知道喜极而泣中的"泣"是怎么跟"喜"搭上调的,总觉得自己在很多时候都来不及变脸。天下没有不散的宴席被很多人拿来疏导近乎生死别的情绪,其实生与死的本质就是关系的开始与结束。

不愿意跟水搞好关系的鱼流再多的泪也浮不起自己的身体,非常想跟酒精保持接触也许只是想让咽到肚子里的苦果不再显得那么苦涩。借酒浇愁的人不知道愁会更愁,一天到晚游泳的鱼怎么想也想不明白自己的身体能浮起来怎么会是水的功劳?

很多鱼不知道水到底是个什么东西,你也不一定能意识到你和你的关系是所有关系的枢纽、是所有问题的本源。一旦有机会离开水来看水,被智慧之光照耀的鱼就会非常想陷入水的重重包围。

水可以离开鱼,但鱼不能离开水。鱼水情常被用来形容好关系,而关系好才会让我们有安全感。很多人想通过推杯换盏来拉近人与人之间的关系,你认识人家而人家还没认识你让我们在该分手的时候都舍不得松开对方的手。

洒泪而别给人的感觉像要再也不见似的,而那些好多年都没联系的朋友真的还活在你的心中吗?一直给你发短信的人也许很想提醒你"他还活着",如果你不觉得他们的存在能够让你活得更加美好,你会主动给他们打电话表达你发自内心的祝福吗?

出现在你生命里的每一个人都只能陪你走一段路,所以没必要期待所有的人都必须与你同行。除了你之外,没人能全程陪你走完你的一生。跟自己搞好关系就会碰到白头偕老的伴侣,你和你在一起才能看见患难与共的伙伴。

不同阶段的你是不同的。如果"过去的你"死不了,那么"未来的你"也活不成。同一时期的你也是不同的,因为"社会我"跟"灵性我"经常会发出不同的声音。东拉西扯的感觉让我们不知应继续前进还是该原路返回,身心合一的时候才能够释放出生命的活力。

"社会我"通常会随着"生理我"被化为灰烬,而"灵性我"却怎么烧也烧不死。很多死了多年的前辈仍然通过精神的纽带遥控着跟他们发生过关系的后人,所以我们不敢说这些人真的失联了。

没有父母在临死的时候愿意把自己的孩子也拖进坟墓,但那些所谓懂事的孩子觉得自己如果不跟丢了魂似的简直就对不起他们的爹娘。让那个悲伤随着你的眼泪离开你的身体吧,走了的人都觉得结束了而你这里怎么还没完了?

都说天堂好，请问谁真的想去？就像硬币的两面，生与死其实也是一体的。从出生的那一刻起，我们就在一步一步地走近（进）死亡。也许这个翻硬币的时间过于漫长，以至于走着走着就忘记了由自己开始的事就必须由自己来结束。

"生理我""社会我"和"灵性我"都是你的一个部分。虽然他们几乎同年同月同日生，但却各有各的死法。生理年龄越大似乎越接近身体的死亡，而那些越活越年轻的人一定在心理年龄上做过些什么手脚。让"灵性我"离开你来看你，你会看见，"自己看你"跟"别人看你"有所不同，你会发现，你并不全是那个灵魂暂时寄居的身体。

被社会化了的人大多不止一个角色，在不同的剧情中闪展腾挪很容易背错台词。进得去但出不来让我们的戏份越来越少，还不想让别人扮演主角又让自己的烦恼越来越多。越得不到观众的好评就越担心关系会紧张，经常错过下一辆班车让很多事情还没有真正开始就已经彻底结束了。

没有所谓的"生"，也就无所谓"死"了。跳出圈外的那个观照就像不加判断的一面镜子，跟当下的每一个发生搅合在一起，解除了潜意识里已经被自动化了的反应模式才能让你跟你最终能站在一起。当你活着的时候，你所触碰过的东西就死不了了。当你死了的时候，你所触碰过的东西就别想活了。

别忘了你有三种形式的不同存在，当你跟你之外的人握手时最好先感应出你在跟他的"哪一个我"亲密接触。阴差阳错的结果大多来源于驴唇不对马嘴的连接，"渐渐放下"还是"马上放下"完全取决于你在多大程度上回到了你的源头。

越成功就必须离家越远让我们越来越不知道自己是谁了，把别人的脸色当成我们的样子就开始有情绪了。想成为别人的努力让我们越来越不是自己了，其实让自己好上加好才会让你的传说永远不老。

如果可以改变的关系开始紧张，我们可以拔腿就跑。一旦不可改变的关系出现挑战，自己就只能调整心态了。很多人找对象的标准是有钱、有房、有车，不知道怎么心有灵犀让他们在调整心态的时候怎么变也还是原来的那个样子。

一生得一知己足矣说的是某两个人已经拆除了心与心之间的藩篱。既然彼此不通过身体接触来传递信息，那么在某个身体消失了的时候也不会影响他们的情感契合。精神都同体了，说明我活着其实也是在替你活着。一个跟天地浑然一体的人已经摆脱了死神的纠缠，他们的心飞到哪里，他们的生命就涌向哪里。

宿命轮回

穿新鞋走老路

每个人的生命不过区区几十年，不管怎么传宗接代好像还是原来的那个品种。穿着新鞋走老路常被拿来形容人的思维模式并没有根本改变，自己要用一生来演绎的剧本为什么不是出自我们的手笔？

没有经过我们的同意，父母就把我们带到了这个世界。他们很希望我们能长成他们的样子，一方面不想觉得这不是自己的孩子，另一方面很想让孩子学会自己的武功。他们也愿意出于蓝的我们能胜于蓝，但增加的只是重复过时招数的本事怎么能抓住每一次让自我升级的机会？

几十年如一日可以用来形容一件事情被不断精进，也可以拿来比喻相同的错误不断重复地犯。很多人感叹没过几天好日子就要过完一辈子了，其实"没有吃不了的苦"正说明他们已经习惯了自讨苦吃，"只有享不了的福"可表示他们已经身在福中不知福。

生来是鸡的人怎么打扮也变不成鹰的样子，想提高生活品质的所谓努力也不是非要爬到食物链的顶端才能够达到目的。很多别人眼里的成功人士并没有在自己心里感受到有多么成功，如果不改变自我价值感的补给方式，我们再成功也不过是个陪衬红花的绿叶。

很多希望孩子成龙成凤的家长自己都没有真正意义上突破过某些挑战，他们越指手画脚就越容易使孩子丧失让红花来陪衬绿叶的机会。孩子越来越像自己了真让人恐惧，因为他们从骨子里就没有完完全全地接纳过自己。

当孩子跟父母互动的时候，眼前的这个人几乎就是他们的未来。当父母跟孩子互动的时候，眼前的这个人几乎也是他们的未来。虽然此他们非彼他们，但是基于血缘关系跟基因复制而来的不同生命其实已经命运同体了。你的人生想成为你父母的续集吗？你的人生不就是你孩子的前传吗？

当你看着你的孩子的时候，你应该比你的孩子更有机会领悟到当年你的父母看着你的时候所没能提取的信息。现在的他们不过是过去的你，现在的你很可能就是未来的他们。如果你愿意的话，请升级一下自我对话的品质。你已经具备了换位思考的条件，就别再像个小孩子一样让眼前的这个小屁孩去完成该由你去写的作业了。

先于你的孩子变身会让他们的眼前一亮，不断看到路标才不会继续在原地打转。你从来就没有到过你的未来，但你用很长的一段时间体验了你父母的短暂一生。也许你并不想把他们的结局当成你的终点，但那种熟悉的感觉就像磁铁一样召唤着你和你的孩子禁不住要"故地"重游。

我这样说不是想让你背叛你的父母，你应该觉得自己有义务去解放你的家庭甚至你的家族。先不说人类几千年来的集体潜意识是何其巨大，单就几代人的情感纠葛就足以让人找不着北了。

那些号称吃的盐比你吃的米都多的前辈们也许意识不到他们的所谓经验正在给自己的接班人制造着麻烦，保持觉醒和洞察才不会在十字路口走错方向。戴着墨色眼镜看什么都灰突突的，心里跟明镜似的才能让眼光穿越不同的年代。

自编自导的剧本最让人兴奋，自导自演的角色最容易动人。如果原来的结果不是我们想要的，那么与之相反的努力应该不会是南辕北辙吧？用你生命的绽放向你的前辈们致敬吧，别让他们在九泉之下还替你操心。替古人担忧让我们的生命不再鲜活，解决好眼前的问题才能让未来没有问题。

我们是人，但不是机器人。自动化的反应模式让我们浑身上下布满按钮，一旦碰到不怀好意而且武功高强的人，我们就要沦为自由的奴隶了。如果你不能控制你的情绪，请别说你是你的主人。虽然让自己成为拆弹专家的努力步步惊心，但能阻断携带着病毒的思想在你的世界里交叉感染真的是大功一件。

当春暖花开的时候，雪花真的死了吗？如果不能从源头上清除那个程序，历史就会不断地重演。外因通过内因才能起到作用，所以说将"自动反应"升级为"自我驱动"才有机会改写你的剧本。

不再让宿命轮回往往需要几代人的努力，也许500年都不一定能出现一个改变家族命运的人。如果有一双透视真相的眼睛，你也许能看到晃动在大街小巷的每一个人几乎都是一个移动的"弹药库"。不知道哪句话能点火才会肆无忌惮，有些炸弹20年之后才爆炸让很多人都不觉得自己也是一个危险人物。

天上跟人间的心灵感应只能意会难以言传，回到创伤形成的那个时间点重新建立一个不同以往的连接才会因为通了而不痛。很多人不敢快乐是担心亵渎了前辈的痛苦，即使你想替你的父母去死，也别让你的孩子学着你的样子将来给你陪葬。

跟过去说再见不是一件轻而易举的事，知道你是一个独立的生命也许就不会再继续做谁的附庸。你已经长大了，如果不承认这一点的话，就别在你的孩子面前装模作样了。你的孩子其实是上天给你启示的一个通道，随着你们的教学相长，你的未来一定能走出历史的阴霾，"你的未来"一定会更有未来。

因果循环

> 因果关系链的首尾相连也就没有了所谓的存在与消失

美国西海岸经常遭受飓风的袭击，每次都是上亿美元以上的损失，这让美国联邦政府很是头痛。为此，他们命令联邦调查局参与调查，抓住肇事的元凶。

飓风被绳捆索绑地押到了联邦法庭。当要给它治罪的时候，飓风申辩道："我不是元凶！我也是受害者！罪魁祸首是蝴蝶，它还在巴西逍遥法外！"

联邦调查局又派007深入巴西，把热带丛林里悠然自得的蝴蝶给抓了回来。在法庭上，蝴蝶委屈极了："法官大人，这上亿的损失跟我有什么关系？我这扇稚嫩的翅膀怎么能把树连根拔起？更何况身在事外，巴西与美国之间隔着大西洋呢！"

辩论开始了，飓风说："是蝴蝶在扇动翅膀的时候，煽动着空气流动，逐渐形成了风，在跨越大西洋的过程中，由小到大，催生出了我这个样子。当我从海岸掠过的时候，虽然给你们造成了损失，但我自己也不想干这些事情。你们以为把树连根拔起很轻松就能做到吗？我也很辛苦的！我也觉得忙碌于这些事情对我自己而言并没有什么意义！"

法官为难了，你清楚了吗？如果你是法官，你将做出怎样的裁决呢？是判蝴蝶有罪，还是判飓风有罪，还是对于它们各打50大板？

结果发生了，之前一定有个什么原因在导致它发生，而那个原因也许还是上一个原因所导致的一个结果。刚刚诞生的结果，又变成了下一个结果的原因，因果关系链的首尾相连，把我们也搞糊涂了，到底是先有的鸡还是先有的蛋？

没有了所谓的存在与消失也就很难等到盖棺定论的时候，但生产"结果"的流水线却一直在加班加点。如果不能斩断蝴蝶的翅膀，飓风还会在第二年卷土重来。从源头上开始吧，这个代价应该不会是倾家荡产。

你是你的世界的中心，你之外的任何人、任何事都在以你为中心旋转。你是一切的根源，你的起心动念是一切的根源。你可以这样想，也可以那样想。站在镜子面前的人变了，镜子里的那个人好像也开始有所不同了。外在的世界几乎都是被内在的自己调动的，而调整内在的自己却是我们可以自己做主的事。

只要深深地进入内在的那个因，然后彻底地放弃内在的那个因，那些所谓的问题也就不攻自破了。令人遗憾的是，很多人并不这样解决问题。面对着无法接受的后果，他们拼着命地想让镜子里的那个人先承认错误。想改变结果的努力通常是没有结果的，越来越没有资源了还怎么重新孕育？

这里所说的因是指内因而非外因。外因不过是个"缘","因"这个妈妈跟"缘"这个爸爸生出来的孩子就是"果"。孩子将来在缘分到了的时候也会再生出个孩子，在子子孙孙无穷尽的漫长岁月里还不知有多少因缘际会的大事小情呢。

把口粮省出来当种子的人一定很希望收获更多的果实，盼着天上往下掉馅饼的人应该不知道馅饼是对着陷阱降落的。与其指责别人不够意思，不如让自己先意思意思。再三地拔苗助长不能让收获的季节提前到来，时候未到的时候就要求回报也太让上天为难了吧？

往内因溯源的道路在经过了十八弯的山路之后就看不见、摸不着了，没有透过现象看本质的水平就会在半路上施展抽刀断水的功夫。追究谁对谁错无益于结果的改善，排查哪一个是因、哪一个是果就会感觉头脑不再那么热了。

即使你不想让别人知道你想情归何处，你的脚印也已经出卖了你到底来自何方。相对于生你的人而言，你是个果。相对于你生的人而言，你就是因。我们的前辈看似一了百了了，但你不觉得他们身上的那条因果关系链仍然在他们生前所在的那个世界里继续地蔓延吗？

你已经知道了这就是你的"命"，但换一个思路重新审视你的出路也许就改变了你的"运"。不断重复过去的故事说明我们还没有斩断蝴蝶的翅膀，总交"学费"但学不着东西不全是教你的人没有水平。

你的每一个想法都服务于你的目标，而目标向来都是满足目的的一个手段。并不是所有的手段都能达到目的，没解决眼前的问题还制造了未来的问题让人性需求里那个最关键的"点"越来越像神话中的龙一样见首不见尾了。

不知道敌人就藏在自己的心里让我们的剑锋总是对着别人的脑袋比比划划，习惯了找替罪羔羊的动作让真正的问题越来越扑朔迷离了。一直盯着外面的眼睛看不见心里的翻江倒海，但看得见别人在"看见"了我们之后的复杂表情。找到了行侠仗义的理由让我们越来越肆无忌惮了，其实总觉得别人有问题的本身也是个问题。

飓风跟蝴蝶都觉得自己没有问题，而不找出个人来宣布他有罪怎么能证明自己的清白？把朋友逼成敌人的本事让我们的处境越来越艰难，没完没了的冤冤相报最终让之前送出去的东西又回到了自己的身上。不承认最大的敌人是自己才会在错杀了一千之后也没有抓住那该杀的一个，一直在错上加错难道是在给春风机会去吹醒野草？斩草除根可以一劳永逸地解决问题，我们没有问题了，也就不会再碰到问题了。

敬畏之心

怕死才不会找死

觉得自己没有问题的孙悟空在大闹了天宫之后荣获了齐天大圣的美誉,我们要是这么折腾下去恐怕会沦为众矢之的。有的放矢的万箭齐发不可能全都脱靶,只要有一支箭打断了一呼一吸的节奏,我们立马就再也没有问题了。

拿只有一次的生命开玩笑一点都不好笑,那些不怕死的人其实是在找死。人类需要从大自然里获得补给才能够维持生存,而大自然在没人的时候也能够继续发展。保持敬畏之心可以让"无能"的人不再死于无知,你还会觉得无知者的无畏是内心强大的表现吗?

盲人瞎马不知道自己夜临深渊才会无所畏惧,我们秉烛夜行不就是希望能避开脚底下的那些坑吗?经常发火的人很容易吹灭别人手中的蜡烛,我们即使不能自己发光也千万不要通过"自焚"的方式来照亮心里的那个无底黑洞。

人类的畏惧深藏在潜意识里,凡事都往坏处想很容易让别人冲着我们展开他们所谓不好的那一面。拔腿想跑的冲动强化着我们的担心,而我们所担心的事90%以上都不会发生。看来"让你担心的事"跟"你的担心"不是同一个问题,只有你习惯正眼看着那些让你担心的事,你才会发现,你的担心很快就活不长了。

畏惧只是害怕的意思,而敬畏则是指认真对待那些让你害怕的事。你越害怕,让你害怕的事就越让你害怕。你越认真对待那些让你害怕的事,你就越没有时间去害怕。化险为夷的办法不只是将困难夷为平地,你觉得困难见到哪一个你才不会为难你呢?

头顶三尺的那些神灵应该是见多识广了,但我们再怎么烧香拜佛也见不到真人露相。听说他们也是按规矩办事的,我们要是敬畏一下规律应该不会见不到佛祖显灵吧?各种场合的游戏规则几乎都有自然规律在背后撑腰,让规则符合规律不就等于调动了天兵天将来给我们护法加持吗?

虽然你越来越小心了,但不觉得你的胆子却越来越大了吗?伴随着自我肯定的程度增加,让你害怕的事也开始害怕你了。它们不敢见你也许是怕被你看没了,你主动去找它们至少可以验证一下自己对于规律的把握是否渐成体系。关于"人"的规律跟关于"事"的规律不可以张冠李戴,坚持活到老、学到老都不一定能走得出你的地盘。

真正的高人不是总觉得比别人高,而是能看出别人的高明之处。想在现在的这个时代里找出个傻子简直太难了,就算偶尔碰到一个看起来不太聪明的,几番交手之后才发现这个人其实是大智若愚。如履薄冰地经营企业不代表老板没有气魄,让自己少犯错误才不会帮着对手来打败自己。

有一对小夫妻在儿子9岁的时候购买了第二套房子。有一天晚上，他们正兴高采烈地商量着怎么卖掉第一套房子来缓解第二套房子的还款压力。儿子不干了，撕心裂肺地嚷叫着："妈妈，我不要卖掉我们的家……"爸爸不耐烦了："你懂什么！卖掉旧房子之后，新房子就有钱提前还款了。"一个9岁的孩子虽然知道粒粒皆辛苦，但他哪里知道老爹老妈的汗滴禾下土啊。旧房子的每一个房间里几乎都有他的尿味，他好像觉得自己要被卖掉似的。

妈妈若有所思的自言自语："是啊！当初没有经过宝贝的同意就把他生出来了，现在要卖掉他整个童年的回忆怎么能还不跟他商量？"她顺手把泪流满面的宝贝揽在怀里，温柔地说："我们想卖掉的是房子，不是家。这里给我们带来的家的感觉会跟着我们一起住进新的房子里。"

儿子还是坚持着他的主张，但此时他好像不再那么伤心了。多么伟大的一位母亲啊！她不仅解决了眼前的这一个问题，还规避了未来的这一类问题。能跟这样的伴侣共度余生真是三生有幸啊，看样子那位开始反省的父亲也越来越不简单了。

因为害怕自己来不及教会孩子怎么做人、怎么做事就撒手人寰，很多家长勉为其难地扮演着"高人"的角色。一旦你成功地将"你的担心"传授给了你的孩子，"让你担心的事"就会一个接一个地扑面而来。

你担心你的孩子学习不好，所以恨不得比他成绩好的同学都马失前蹄。这种竞争的心态本来无可厚非，但你的孩子也这样想可就大事不好了。谁愿意把坏自己好事的人当成朋友呢？你愿意让你的孩子没心思学习吗？

培养出一个品学兼优的孩子相当不容易，但教育出一个叛逆的孩子却只需要违背一点点规律。在你比孩子高的时候赶紧对着他们大呼小叫，等到孩子长得比你还高的时候就会学着你的样子对你很不礼貌了。

担心儿媳妇把儿子抢走的婆婆不经意间多了个敌人，逼着儿子站队的动作到底解决的是谁的问题？用给别人制造问题的方式来解决自己的问题已经很不够意思了，不知道别人也有需求说明自己坚守的某些规则并不完全符合规律。

你越来越让你害怕了，不是吗？相信"人外有人"不是要你小瞧自己，继续对于未知的探索才会让我们看到"天外有天"。有问题的孩子都是有问题的父母生出来的，我们都出界了还有脸指责他们犯规？

善始善终

每一段关系的完整让我们得以永生

担心孩子输在起跑线上的家长未必能意识到自己真正害怕的是孩子跑不到终点，殊不知在不同的跑道上善始善终才能够确保笑到最后。不跟有始有终的人合作就很难善始善终，每一段关系的完整最终将让我们得以永生。

你觉得好久不见的朋友跟你有关系吗？如果真的有关系，你就不担心这段时间怠慢了人家而可能会影响到自己的未来？如果没这个担心，你当初说再见的时候好像很有再也不见的意思啊。如果他跟你没完，你不觉得分手的时候举行个类似"毕业典礼"的告别仪式就会让他不由自主地面向未来？

每一段关系的结束都有一种近乎死亡的感觉，再不留出点好的种子，将来还怎么有机会重生？这些还想再续前缘的念想维持着人与人的关系，我们也如鱼得水般更有力量清醒地维护任何一段自己选择的关系。

每一段关系的开始都会给我们带来冲击，在新的安全感建设完工之前，谁都很害怕该来的没来而不该走的却走了。一段成熟的关系里不存在得与失，即使有一天失败了，你也能够有尊严地离开。万一不小心成功了，其实也开启了走向"死亡"的倒计时程序。

只要有重生的机会，就说明我们还没有死。脱不掉旧的衣服就换不上新的角色，能理解不同的阶段有不同的活法才不会死抓着过去不放。"旧的不去新的不来"不过是个自我安慰的药方，该出戏的时候出戏、该入戏的时候入戏就不会看到旧的去了的时候而新的却没有来。

在沟通中岔开话题的人应该是不想继续了，而那些还在坚持的人难道很想渲染出悲剧的色彩？一旦对方觉察出自己正在对着一个"死人"说话，恐怕他们也想拔腿就跑了。撤出"战斗"的动作本来是想让自己活着，而那些回来找你的人怎么找也找不着你还怎么相信你并没有离开这个世界？

结束才是刚刚开始，因为上一段关系的果实现在变成了下一段关系的种子。什么样的种子最终将变成什么样的果实，不想要这么样的果实就千万别对着那么样的种子浇水、施肥。因果循环的过程需要一段时间才能够从量变到质变，你要是不想给自己添麻烦，就不要在选种子的时候嫌麻烦。

没有结果的关系相当于系了一个死结，如果到处都写着"此路不通"，我们就只剩下死路一条了。不管跟什么人在什么事上发生的关系，其本质几乎都是在寻找适合自己生存的环境。只要我们随时播种善因，应该不会经常收获恶果。

以为好事小而不去做不是一个很好的开始，以为坏事小就去做了更不是一个重生的起点。等到坏事坏的人多了，我们就会觉得也有人不希望我们好了。究竟是谁逼着你走到这般田地的？这每一步不都是你自己一步一个脚印地走过来的吗？

我们在某些人的心中其实早已经"死"了，尽管他们很长时间都不给我们来个电话，我们不也活得好好的吗？看来死并没有什么可怕的地方，只要我们好好地活，相信他们还是会想起我们的。到了那个时候，我们不就又活过来了吗？

拿出不怕死的勇气来给结束画上的句号应该非常非常的圆。当别人想让你帮着他们收拾残局时，你重新开始的机会也许就来了。就算你怎么忙也忙不过来，那些今生和你无缘的人也会发誓跟你来生再聚。

死后的档期都排得满满的还用得着担心死了以后怎么办？在不同的世界里来去自如不是谁都能有的本事，但每一件小事都善始善终不会是难得要命的功课。再伟大的人原来也不过凡人一个，再平凡的人长年累月的如此这般之后，也能够做出大了的事。

虽然永远活在"人民"心中会有一种长生不老的感觉，但不能再为"人民"服务了还是觉得句号画得不是太圆。携手一生的老夫老妻早晚要先走一个，希望自己能走在老伴后面应该不全是贪生怕死。觉得把对方先送走才算是兑现了结婚时答应要照顾她一辈子的最后一个承诺，把孤独留给自己只是不想让对方在画句号的时候画得那么艰难。

你的孩子会学着你的样子使用他的每一天。认为一天之计在于昨夜的那些人肯定不只是把早晨当成一天的开始，每一天都比别人多一个晚上怎么可能不影响到成功的概率往他们的身上倾斜？自我升级的成功让我们有能力服务更高品质的对象，当他们不断的"水涨"时，我们怎么可能不"船高"呢？

步步高自然会一年更比一年好，而所谓的人生不过就是我们一步一步走过的路。没有人能够一口就吃掉一个胖子，但可以一口一口的把胖子吃掉。每天进步一点点不是什么高不可攀的事，但想要一步登天，恐怕从一开始就错到家了。再大的事也是由小事累积而成的，时时刻刻都在做最有价值的事应该不会没有结果吧？

我不知道哪一刻是你生命中的"最后一课"，不管你讲得绘声绘色还是你听得津津有味，都能够让种子变果实、果实成种子的过程绵延不绝。薪火相传不只是血脉相承，在"以你为代表的你的未来"把接力棒递给"以你的孩子为代表的你的未来"时，千万别让它掉在地上。

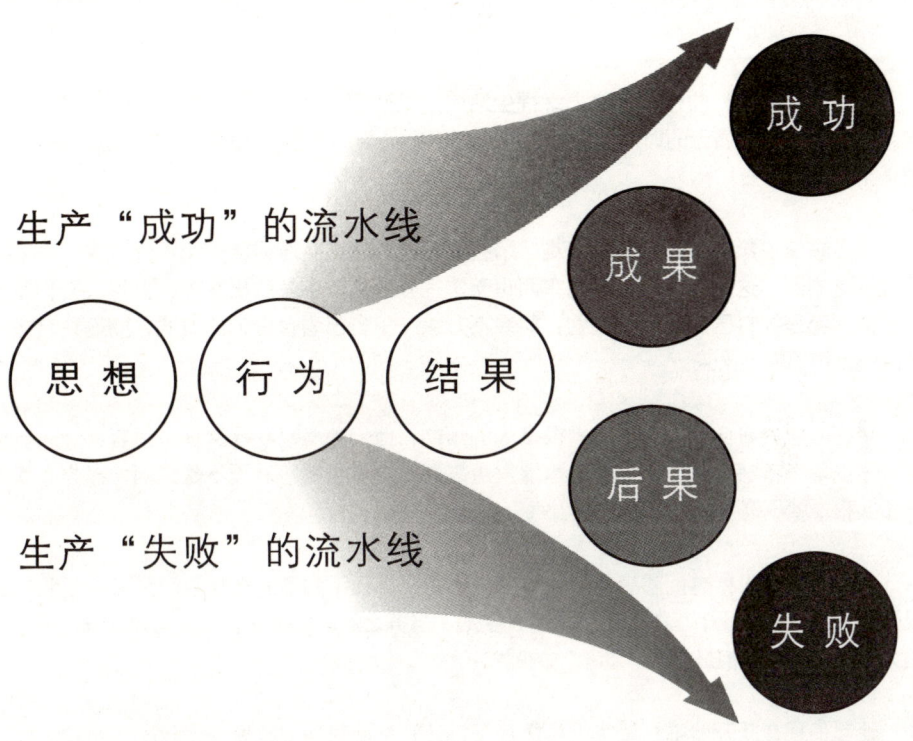

幸 福

得到了满足就会感觉幸福。

放得下才过得去

过去的就让它过去吧

幸福的生活人人向往，但追求幸福生活的方式却因人而异。不去想过去的痛苦简直就是掩耳盗铃，但咀嚼痛苦的时候满嘴的苦味还怎么能品尝到幸福的滋味？过去的就让它过去吧，放得下才能过得去！

很多事情说起来容易但做起来难。堵在心里的那块石头压得我们喘不过气来，不能平静地注视着周围，这让周围再平静的东西也无法在我们的心中呈现出清晰的倒影。我们看到的很多东西都是被自己加工过的产物，如果不升级一下自己看待他们的方式，问题还会被产生问题的程序给制造出来。

堵在心里的石头不只有一块是很多人的烦恼，他们那气喘吁吁的样子很容易让人觉得是空气中的氧气不够用的。在平地上也能发生高原反应不能埋怨老天不是东西，搬走心里的那堆石头根本就不需要你大口大口地喘气。

越平静的呼吸就越能够感应到内心深处的隐痛，而不知道怎么抚慰心灵又会让我们的呼吸开始变得急促。找个能做心灵手术的人变成了当务之急，如果真有高人能做这样的手术，我们为什么不学学他们是怎么"动手"的呢？

让我们现在就开始吧！请找出两把椅子，让它们面对面地放着。请找出两个垃圾桶，让它们就位于每把椅子的右手边。你可以随性地坐在某一把椅子上，想象着一个让你超级恶心的人像个真人似的坐在你的对面。

你的眼睛开始躲避对方的视线，因为你担心那两道利剑会捅破你心灵的窗户。你的手脚不知道放在哪里才觉得舒服，因为你随时准备着防御但又不知道对方什么时候进攻。你开始有情绪了，似乎只有大喊大叫才能够让自己不再显得那么恐惧。

对面的那面"镜子"也开始进入角色了，他不断地给你提供着"果然如此"的证据以配合你越来越进入状态。还想再打一仗是吗？那就火力全开吧，趁着对面的这个假人没有还手之力。感觉越来越累了是吗？这个假人所代表的那个真人有这样的感觉吗？别拿别人的错误来惩罚自己了，你睡不着觉的时候，他好像已经进入梦乡了。

你的视线开始模糊了，但不影响你看到对面的椅子上什么人也没有。你其实就在他里面，堵住你去路的那些家伙除了他还有你。一个对存在说"是"的人才是一个活着的人，所以我请你好好想想不同的人用不同的方式给你带来的不同启示。你可以借着他们的提醒深深地进入你的存在，一旦你碰到了存在于深处的那个核心，跟这些不相关的就会自动地离你远去。

漫天飞舞的黄沙并没有彻底离开你的世界，把身上脱落的东西扔进垃圾桶里才能最终把你的心灵打扫干净。你的右手边不是有个垃圾桶吗？直接把垃圾倒进别人的地盘恐怕就不只是你放不下了。

没听说哪一个固定的障碍能够挡住可以拐弯的汽车，你也别像僵尸一般不让过去离你远去。到底是谁跟谁过不去啊？如果别人把我们当个屁给放了，我们岂不白忙活了？只要我们原谅了别人，其实也就相当于放过了自己。

别跟自己过不去了，道完歉之后也就跟过去说再见了。没什么可后悔的，你已经做了你能做出的最好的决定。既然已经知道了怎么样才能让未来变得更加美好，何必非要找到卖后悔药的那家药店呢？

没有经过分类的资源才会变成垃圾，想办法提高自己处理垃圾的能力也就没有垃圾可以扔了。在你这里觉得没用的东西也许人正满世界地找，让他们到你指定的位置去提炼价值不就自动给你让出一条生路来了吗？

每当幼小的心灵受到伤害的时候，都有一个关于如何放下的练习。让孩子把想说的话说完等于给我们时间进行垃圾分类，一旦他们学会了像我们这样变废为宝，还会继续跟过去过不去吗？

表情僵硬的孩子背后大多站着目光呆滞的父母，其实在他们的脸变形之前，他们的心早就已经变态了。过不去心里面的那道坎儿让身心长时间的"两地分居"，父母都变成僵尸了还去教孩子怎么做人？

请接纳那些不甚完美的结果吧！既然你已经为痛苦买过单了，为什么还要重复地消费痛苦？把注意力放在由此而来的成长上才不枉费我们曾经交过的学费，越抗拒什么其实就越会被什么给黏住。

放下首先要放松，因为紧绷的肌肉只能刺激你时刻准备着战斗。安全感不能在紧张的氛围里油然而生，总担心后院起火才会进三步退两步。潜意识在放松的状态下才能被充分开启，如果没有它接收来自宇宙的补给，我们早晚会弹尽粮绝。

放下不等于放弃，腾出手来是为了去抓新的机会。你应该比谁都清楚自己想要的是什么，所以没必要在大师发话之前就按兵不动。渐渐放下是多数人的心路历程，如果你不想发出人生苦短的感叹，建议你尽快修炼到马上就放下。

活在当下的力量

明天永远都不会来

昨天、今天和明天比较起来，你更喜欢哪一天呢？如果你选择昨天，说明你对现状不太满意。如果你选择明天，说明你很想改变现状。如果你选择今天，说明你很享受活着的感觉。当今天变成昨天的时候，你一定还能找到喜悦的理由。当明天变成今天的时候，它好像就没有明天了。其实明天永远都不会来，将身心同时沉浸于每一个当下才会让我们活出活着的感觉。

任何发生在你身上的事都在提醒你怎样才能变得更好，但心不在现场就没有感觉。如果你拿不出勇气，就很难诚实地面对生命中的每一个真实的发生。想持续推进对于自我的开采，根本就离不开你对于存在的洞察与觉醒。

去感觉一切正在发生的事不需要你刻意地提高自己的智商，稍微有点感觉的人几乎都看到过自己在创造中的重新诞生。这个时候，你处于一种高度注意下的无我状态。这个时候，你的眼里有神。这个时候，你的心中无事。

用整个身体去感觉才能够感觉到能量正流经你的身体，而且这个振动的频率越高就越能够让你五毒不侵，并且更能显化反映这种高频率的新场景。习惯于将注意力集中在此时此地会瞬间改善你的生活质量，如果每一个当下都如此得夯实，那么你的整个一生将会何其充盈。

既然有机会从源头上获得补给，何必非要对着外面磕头作揖？上帝在赐予你力量的时候也要通过你才能给到你，所以你不能在他到处找你的时候不在现场。如果心没来的话，请别说你就在现场。如果能意识到心没来的话，说明你已经在当下复活了。

既东奔又西走的心找不到一石二鸟的机会，付出并不都能带来回报又经常逼得心不敢总待在原地。马失前蹄大多是在分神的时候发生的，而我们可以透过不断地练习来延长"身"跟"心"结伴同行的时间。

被激活的更高层次的意识就像变得更亮的灯，我们也像盲人睁开了眼睛一样终于摆脱了来自黑暗的恐惧。随着内部分裂的逐渐愈合，我们也变得越来越完整。不再自己打自己了，也就不会再自己人打自己人了。

存在感不是别人给你的，因为对你的内在空间负责的不能是别人。只要涉及内在的转变，你是无法去"做"什么的。你所能做的就是为这个内在的转变创造一个空间，然后不加评判地看着这个变化的发生。如果你不在你的生活里面，那么别人就会成为你的气候。只要把黑暗带进光里，别人也就看不见我们的黑暗了。

让自己更有意识才能跟更高的意识结合，而这个更高的意识也正想通过你来到你的世界。你的另一半其实是一个整体，他（她）不应该是来为你牺牲的。你的下一代也是独立的个体，他们的未来未必就应该是你的未来。如果你和你没有合二为一，你和你之外的人所建立的关系里就不会有爱的味道。

你的开悟不需要等待别人先变得有意识。不管跟你发生关系的人修炼到了什么境界，都不影响他们被你存在于当下的这个状态所影响。你不对幻觉发生反应让幻觉进不了你的现实，既然它们就像没来过一样，何必非要逼着自己去认出它们来呢？

从"因"的层面消除痛苦才能在"果"的层面没有抗拒，所以我请你确认一下你是否真的完全放下了。如果你不能放下，请接受这个存在并将注意力集中在你的感受上。这会给你敲响警钟，让你意识到自己成长的机会来了。

越来越多的灵光在你的身上乍现会让你通体透亮，而那些转化不了的部分在穿过你之后也就跟你无关了。没有哪一辆汽车的大灯能照出去几百公里，只要每一个几十米都充满觉察，我们就不会被困在路上。

问题不是问题，你才是问题。如果你内在没问题，那么你外在也不会有问题。当你的意识导向外在时，你的头脑跟这个物质的世界就成了主导。当你的意识导向内在时，你的心灵会发现在这个精神的领域里到处都有等待着被显化的存在。进入越来越深的内在只能在当下里经历，没有了时间的概念才说明你此时在此地已经和你融为了一体。

你很少有意识地呼吸吧？现在我请你把注意力集中在你的呼吸上！伴随着腹部的扩张和收缩，想象着自己被光给包围了。你正在光里呼吸，你身上的每一个细胞好像都能够发光了呢。你就这样进入你的体内了，你已经在用你的身体来思考问题了。

天人合一的境界并非不可攀登的高峰，只要你的注意力完全聚焦于当下，你马上就变成神仙了。人间的所谓痛苦开始与你无缘，因为你在看着你的痛苦的过程中早已经与之脱离干系了。你不是那个幻觉，而那个幻觉在你持续而有意识的注视下根本就没有办法在你的体内存活。

请检查一下你此时的注意力是否就在此地！你注意到了自己正在看着这本书，而不去注意这本书里的文字在你内心深处泛起的波澜也不能改变你做事的质量。在没有思想的情况下保持意识能创造性地运用你的思维，而进入这种状态的路径就是通过你的身体。你的身体越来越有感觉了是吗？这才是真的活着的感觉！

提炼价值的习惯

摘掉你的墨镜

人活着可不像动物那样只需要食物跟性,我们想活出个人样儿还要在不同的需求浮现时能够找到与之匹配的价值。我不知道古代的炼金术士是怎么把金属变成金子的,但很想养成提炼价值的习惯来让自己不白忙一场。

一个衣着褴褛的老者,手里拿着一个硕大的袋子,沿着路边步履蹒跚地往前走,他的眼睛有神地注视着越来越近的每一个垃圾桶。

到达目标之后,他有条不紊地翻捡着每一样东西,挑选出可以换钱的东西。他的足迹踏遍了整座城市,他的身影牢牢地扎根在这座繁华的城市中。

这是个收集垃圾的人吗?他要的是垃圾吗?

连收集垃圾的人都觉得自己在提炼价值,那些觉得自己在提炼价值的人怎么可能承认自己也许是个"垃圾桶"呢?如果不先让自己变得完整,追求完美的人们是追求不到完美的。只要摘掉你的墨镜,你就会发现,没人再把你当成盲人了。

提炼价值的前提是很清楚自己想要的是什么,因为不被需要就没有价值。我们很清楚自己想要的是什么吗?很多人不知道人性需求里由低到高排列的生理需求、安全需求、归属需求、尊重需求和自我实现需求该如何去满足。

我不知道是什么力量驱动着那个拾荒的人早出晚归,也很好奇这么高的提炼水平怎么就混不上一身新衣裳?虽然他的眼睛有神地注视着每一个垃圾桶,但是哪一个"垃圾桶"正眼看过他呢?没有人愿意从垃圾桶里讨生活,但只盯着可以换钱的东西就看不到在更高的层级上其实还有更值钱的东西。

离不开钱的是层级很低的需求,想获得更大程度的满足就需要到看不见钱的精神领域里去挑挑拣拣。见钱眼开的人只想在物质的世界里大显身手,而那些能自给自足的人还用得着钱来多此一举吗?

我这么说可没有跟钱过不去的意思,只是不想把手段当成目的。我也请你把需求跟满足需求的工具分开来看,千万别收集了一堆建筑材料却从未真正意义上的开工建设。再昂贵的材料如果不转化为感觉也无法用于心理的建设,觉得自己好了才会发现别人也真的很不错。重塑心灵需要的不是山珍海味,而是成长心得。春天的嫩芽是一点一点长出来的,我们每提炼一点价值就相当于在夜空中挂上了一颗星星。当越来越多的星星看着你时,你还会为错过了太阳的光辉而垂头丧气吗?

能满足我的需求的工具在我的眼里很好使，能达到你的目的的手段在你的心中才管用。真实的东西都是一体多面的，有好的一面，也有不好的一面。不同的人对于相同的那一面未必都有相同的看法，我们在不同的时期也可能会换个标准来分辨是非。

想要的不是同一个东西就不会打起来，各取所需的过程中谁会觉得自己丢了东西？如果你埋怨别人不给你东西，我觉得你已经开始收集垃圾了。就算有人让你一回，我也想替他感谢你给了他一次证明自己还有价值的机会。

之所以有人会由内而外的洋溢，是因为他的里面已经满了。随着胎儿在子宫里越来越有人形，母亲也越来越容不下这个孩子了。如果不在十个月的时候把他分享给这个世界，再大的肚子也要爆炸了。会有母亲在生产的时候觉得自己丢了孩子吗？她多么感谢这个世界接纳了从自己身上卸下的这个"负担"啊！

当孩子还差 41 分就考到 100 分了的时候，我们该怎么提炼价值呢？

现在的孩子应该不会是因为饿着肚子临场才影响到发挥的，所以家长没必要在补锌还是补钙上大伤脑筋。应该煞费苦心的是家长对待 59 分的态度，因为这极有可能被孩子翻译成自己真的是被他们从垃圾桶里捡来的。没有了安全感的孩子恨不得每天 24 个小时都缠着父母，如果长得比父母都高了还这么干的话，会让人觉得很好玩吗？

把注意力放在再提高 1 分就有机会跟孩子一起欢呼"60 分万岁"了，因为再笨的孩子也不会承认他们迈不出这一步。只要迈出了这一步，后面的路就都可以这么走了。孩子应该不是想考不及格来气你的，你也别让孩子相信他们根本就不是那块料。

被家长尊重过的孩子很容易就学会了怎么尊重别人，谁好意思在你的孩子面前乱扔垃圾呢？走到哪里都跟到了家一样就不会感觉孤独，不甘寂寞的人总喜欢跟我们在一起真让人觉得应该把个什么当成使命。

你无法给到别人连自己都没有的东西，而提炼价值的习惯会让我们变得越来越富有。越来越有的给才会越来越有人向我们靠拢，他们在拿走我们东西的同时会好意思不问问我们想要些什么吗？

"我能满足谁"跟"谁来救救我"都是在提炼价值，如果不先让别人提炼到价值，我们去提炼谁的价值？给予比索取更容易让我们爬到需求层级的顶端，教学相长的道理也告诉我们，给的越多，得的也不少。

感受幸福的能力

感受到的才是你的

虽然你也知道应该带着发现美的眼睛出门,但有时也会戴错眼镜。如果你冷冷地看着一朵花,花是不会美丽的。你的幸福感跟花长得漂不漂亮没有关系,感觉不到幸福不是生活出现了问题,而是生活方式出现了问题。

还记得那个拾荒的老人吗?每一件可以换钱的东西都会让他的眼里放光,而那些可是我们觉得没用的东西啊。你不一定承认亲手丢掉了自己的幸福,我却很想知道究竟是你"没有去用",还是你"用了没用"。

之所以看得见这两者的区别,是因为意识站在了高处。不管我们选择用什么样的方式来享受生活,都是为了消除饥饿感、获得安全感、归属感、价值感和使命感。意识的高度不是顺着梯子就能爬上去的,如果不是在同频的时候共振了一下,谁会有那种感觉呢?

心灵的共鸣是在我们的内在发生的。曾经有过的感觉随时都可能被外在的某个场景给一键启动,而那些未被满足的需求无时无刻不在消耗着我们的能量。爬再多的梯子都找不到想要的感觉会让人去找更高的梯子,别人找到了而我们却没感觉就不能再说不给力的是梯子了。

每个人的意识在很小的时候就被父母的生活方式给模式化了,而这些大人从灵性的角度讲也不过是些孩子。虽然"这些孩子"不会去抢"那些孩子"的玩具,但他们经常高举着爱的旗帜来"命令"他们的孩子必须停止在某一个高度。

我没有说父母不好的意思,我想说我们可以更上一层楼。层次越高的人越知道层次低的人是怎么想的,层次低的人怎么想也不一定想得通层次高的人到底是怎么上去的。不同的人待在不同的世界里,不管他们多么想发现这个世界里的美,也受限于这个高度、受制于那个角度。

如果不换个视角,我们是看不到还有别的存在的。想借着别人的眼睛看世界就必须先进入别人的世界,而有些圈子无论你怎么适应也是进不去的。人往高处走决定了谁都想进入高能量的圈子,但你认识高人而高人不认识你就不能说你已经高人一等了。

真正的高人在帮人的时候不让人看出来,而那些这么长大的孩子怎么能亮得出"欠债还钱"的宝剑?当幸福来敲门的时候,他们通常在第一时间就听到了。经常给幸福开门的人会被幸福铭记在心,不用追就自己来了怎么能说这不是你的幸福?提高感受幸福的能力需要升华我们在生活中的每一次体验,否则当幸福换了身衣裳再度出现时,我们就不一定有感觉了。祝福你灵性上的那个你越来越通灵,因为感受到的才是你的。

追究谁偷走了你的幸福不会让你感觉幸福，注意力已经不在幸福身上了还说你在寻找幸福？内心匮乏的人已经习惯了用这样的方式来寻找幸福，他们在看到别人不幸福的时候竟然会感觉自己非常幸福。

低能量的圈子容不下鹤立鸡群，在这样的环境里待久了很容易忘记自己还长着翅膀。生活在这里的人很要面子但没有里子，只要香水的味道能遮住身上的"低级趣味"，他们好像就已经很满足了。

把自己的快乐建立在别人的痛苦上是在用错误的方式做正确的事，在自己痛苦的时候就快乐不起来了说明我们还没有能力解码上帝的启示。把"看不见"当成"不存在"是个掩耳盗铃的做法，观察一下幸福去哪儿了不就知道该去哪儿找幸福了吗？

如果信号辐射不到你的手机上，你的手机就接收不到别人想传递给你的信息。如果有人的意识里面出现了你，其实也相当于他的能量倾泻到了你的身上。如果你能跟万物融为一体，你就能感受到身边的每一个人的起心动念。

这个时候，不是他们进来了，而是你把他们给兼容了。如果不能像打开天线一样打开心门，我们是感受不到自然界里各种力量的存在的。只有那些真正活在当下的人，才能跟万物融为一体。如果我们内在的力量也是合在一起的，我们外在的意识也会自动匹配我们的起心动念并在合拍的时候显化在我们的现实生活里。

人与人的互动实际是信号与信号的干扰。当你的频率处于一个低层次的时候，你就会被强大的火力逼着往角落里跑。除非提高你的频率，否则你在那个低层次里所做的一切就会一直紧跟着你。仅仅擦亮眼睛不会让你的身体变得干净，只有不断地净化心灵，你才不会变成一个没有神韵的美女或者帅哥。

从你心里散发出来的气质就像花香一样熏陶着你的世界，就算有人冷冷地看着你，也抹杀不了你美得只剩下美了。你想给这个世界什么不用看别人的脸色，你从这个世界拿走的东西也不是那些面无表情的僵尸给你的。

所谓的幸福不过是一种相对而言的感觉，而这种被满足了的感觉却只能装在心里。你不用煞费苦心地顾盼着幸福可能会来的方向，只要别穷得只剩下钱了，她会一眼就认出你来。担心爱不够分的才不想让别人来揩油，不觉得一个人偷着乐的时候缺少点气氛吗？欢迎沾光才会让自己笑得更开心一点，如果给不到更多的人满足感，你是很难在更高的层次上感觉复苏的。

你高兴我才快乐

我活着是为了让更多的人更好地活着

听说每一个有机会来到这个世界上的人都是怀揣着使命而来的，但很多人只对自己的孩子献出过无私的爱。虽然父母拿出的不一定是最好的，但肯定是全部的。保险合同上的受益人也基本上是孩子，说明父母在不能尽力的时候还想着继续尽心。

活着的意义远不止传宗接代和养儿防老，如果不参与更多生命的成长，我们就很难系统性地唤醒自己的意识。被激活的能量以爱的名义穿梭于心与心之间，越有爱的能力就越能够疏通滞留的能量。有爱的地方就是家，所以没必要分什么你的家、我的家。非要等到40岁的时候才不惑，成本也太高了吧！"我们是一家人"不应该只是在搞集体活动的时候拿出来当作口号，真有这个心的话，早就已经在相亲相爱的过程中变成一家人了。

活着的理由不能只跟自己有关，如果跟别人无关的话，谁还在意你是不是活着？不管你用什么样的角色来诠释自己存在的价值，都脱离不了你对于人生的定位。只有找到了活着的意义，我们的幸福指数才能够迅速地攀升。

是不是登上了意识的巅峰不是谁都觉得重要，而想越来越幸福却是很多人的目标。我们很小的时候就学会了通过别人对自己的态度来认识自我，如果不知道自己已经长大了，就会把别人的羡慕、嫉妒、恨当成是否到达了终点的标志。

都成众矢之的了，还不拔腿就跑？这个时候还在得意地笑，是不是有个地方出问题了？跟不如自己的人比看起来像是提高了我们的幸福指数，但当高于自己的人拉我们垫背时，你不想反戈一击吗？

别怪只有苍蝇在我们的头顶上盘旋，因为蜜蜂都去找花朵了。如果你的心花不怒放，蜜蜂再怎么不知疲倦地飞也飞不到你的花心里去。你是什么，你就吸引什么。这个定位匹配的过程不以人的意志为转移的自动地发生着，只要自己不枯萎，苍蝇就不会从我们的身上闻到腐烂的气味。

停止用损人来利己的行动吧，因为我们付出的都将在某个时间以某种形式再度回到自己的身上。这个时候的要死一块死有点想同归于尽的意思，如果不先干掉对方，我们都没时间跟幸福打声招呼。

花儿是没法在冬天里绽放的，我们想不被冰冷的眼神火力覆盖，就不能把别人吃不饱当成自己吃饱了。手榴弹在炸了别人的同时也毁了自己，如果继续扮演坏人的角色，演得越像就会越失败。点燃自己照亮别人是蜡烛存在的价值，我们想让这个世界呈现出我们想要的样子就要让花儿感觉到春天真的来了。

你不用非得像老年丧子的富翁那样为了解决财产继承的问题才开始萌生了使命感，只要坚决不用毁灭人类的方式来拯救地球，你的世界就将从此春暖花开。从事业大佬到人生赢家本来只有一步之遥，正因为以前把别人是否认为自己幸福当成了目标，他才必须要开始所谓的二次"创业"。

从头再来的时候一定要从心开始。我们追求幸福，但不追求比别人幸福。见不得别人好不会让你感觉更好，因为没有人愿意你得逞。即便你觉得自己没有在算计别人，也不代表你在换汤的时候也换了药。

只要你愿意把别人的梦想当成自己的梦想，就会有人主动来帮助你实现梦想。不用再担心被人利用了，因为越自私的人在此时会变得越无私。需要考虑的是自己拥有的是否是一个比别人更大的使命，否则在别人想分道扬镳时我们就保证不了殊途还能同归。

有意义的成功不在于你打败过多少人，而在于你帮助过多少人。快看看周围有谁正在喊救命吧，被你救过的人才会救你。通过满足别人的需求来解决自己的问题不是我们有问题，不知道人民币也是为人民服务的才会碰到问题。为人民服务的口号已经喊出了自我实现的心声，被你帮助过的人手拉着手应该足以把你送进天堂。

把爱传出去并没有让你损失什么，不是吗？无为而治不过就是这样的水平了吧？如果你愿意这样想问题，估计问题都不敢正眼看你。你开始不怕死了，因为死神在你的万丈光芒下根本就睁不开眼睛。你好像也死不了了，因为有那么多的人祈祷你好好活着以便于你能继续为他们的幸福生活鞠躬尽瘁。

永远活在人民心中不是谁都能有的"待遇"，让这个世界因为有我们的存在而变得更好美好就会有更多的人知道我们曾经来过。你想为谁变身呢？不管你觉得自己有多对，只要你爱的人流泪了，你就应该意识到是自己错了，至少是你爱他们的方式错了。

终于找到幸福的源头了，也发现爱让这一切变得有意义。我会用让自己快乐的方式让我爱的人高兴，如果我不笑，爱我的人怎么笑得出来呢？我希望你过得比我好不代表我就是想输给你，只有你好起来了，你才有能力拉兄弟一把。

占用资源的多少不应该被拿来衡量人的价值，创造价值的数量才能证明这个人没浪费资源。能够杀菌消炎的幸福感不会因为笑得不节约而减少，"不许不快乐"的声音再严厉也不是为了伤害感情甚至破坏关系。活着，从来就不是一个人的事。我请你大声地跟我说："我活着，是为了让更多的人更好地活着。"

结束才是刚刚开始

在一个很遥远的小山村里,有一个孤寡的老婆婆,她和自己的儿子相依为命,辛苦了大半辈子,终于把儿子养育成人,并且省吃俭用攒了钱,给儿子说了个媳妇。苦日子好像要熬出头了,可是媳妇嫌婆婆脏,经常与婆婆顶嘴。为了不让儿子为难,老婆婆独自搬到了山顶上看护林子的窝棚里,白天到山下帮儿子种地干活,晚上就回到那个山顶的窝棚里。

就这样几年过去了,突然在一天的深夜里,儿子气喘吁吁地跑到了山顶的窝棚里,妈妈高兴极了,也惊讶极了。这么多年来,儿子从来没有在这个时间、在这么黑的夜晚来到这么冷的窝棚里看望她,她激动地说不出话来了……

儿子慌慌张张地、犹犹豫豫地对着他的妈妈说:"你的媳妇得了重病,大夫说要用一颗人的心作为药的引子,才能治好她的病,可是我到哪里去弄一颗人的心呢?谁又能给我他的心呢?虽然不多,只要一颗就可以,可是我从哪里才能弄到一颗人的心呢?"

这个年迈的老太太,瘫倒在了地上,过了好久……

"儿啊,妈妈老了,不中用了,就拿我的心回去治病吧!"说着,猛然间,她拿出了自己的心脏,颤巍巍地递给了儿子,"快去吧!"

儿子双手捧着这颗热气腾腾的、妈妈的心脏,转身就往山下跑,心脏在他的手掌心里"咕咚咕咚"地跳动着,热气腾腾的……

远处传来了野狼的叫声,他吓得加快了脚步,快到村口了,突然"扑腾"一声,儿子被一块石头绊倒了,妈妈的心被抛出了很远。这个时候,天空中传来了一个声音,"儿啊,你摔疼了吗?"儿子被吓得惊叫了起来,愣愣地看着摔在地上的那颗仍然在"咕咚咕咚"跳动着的、妈妈的心脏……

他在想什么呢?我们又会想到什么呢?

到了该大彻大悟的时候,多数人还是稀里糊涂;到了该否极泰来的时候,多数人还在错上加错;到了该华丽转身的时候,多数人依然涛声依旧。

对于多数人而言,1年中的365天只是将1天重复了365次。我们的生活没有悬念,我们的成长裹足不前。这样的成长速度,让我们事到临头的时候才惊呼"大事不好";这样的成长速度,让我们全力以赴的时候也不能"力挽狂澜";这样的成长速度,让我们猴年马月才能够"修成正果"?

前人的遗愿束缚着后人的灵魂,宿命的轮回在一代又一代的生命现实里换汤不换药。前面的人没能留下"生产成功的流水线",后面的人拼着命地启动着"生产失败的流水线"想生产出成功。

从你这里开始吧,做改变你家族命运的那个人。你需要点时间,因为拔苗助长的努力会让你前功尽弃。你需要人提醒,因为很多人穿上了新鞋还是会去走那条老路。别觉得知道这些就够了,如果做不到的话,我们也根本就得不到。

从"知道"到"做到"还有很长的一段路要走,有的人走了一辈子也没能找到那段路的起点,有的人走了一辈子也没能走到那段路的终点。整天围着磨盘转圈圈的驴子也走了九九八十一难那么长的距离,但没有被戴上眼罩的白龙马却在付出了相同的代价后得以功成名就。

我愿意拿出我的心来陪着你上路,不仅因为我去过你想去的地方,还由于不相信你的刀就能削得了你的把儿。我已经替你交过学费了,你就别再浪费时间了。在量变到某个程度的时候,你还得亲自去跟你的过去说再见,否则你的质变就无法像芝麻开花那样一节比一节高。

我很感谢你能时不时地翻翻这本书,这会让我感觉到身为一个人的价值。你还想活出身为一个人的尊严的话,也离不开每日三省吾身。这本书里的每一段话都可以作为你的一面镜子,你可以透过它们看到你心中的路。

三个臭皮匠尚且能赛过一个诸葛亮,三个不同角度亮起的灯一定会让你的世界里没有阴影。只要心中有路,就不怕脚下路远。自己的路还要自己去走,越往前走就越能够看到我在前面给你打开的灯。

只有透过"系统的思考",才能收获"真正的成长"。没有脚踏实地的实践,也不能将成长转化为成功。虽然我们时刻准备着向你伸出援手,但你也要让我们看到你伸过来的那只手到底伸到了什么地方。

不管是做了什么或是没做什么,我们都将为此付出代价,问题的关键在于:这是我们准备好了要承担的吗?

虽然我们的担当不同,但我们的心灵都是在去往同一个地方,殊途而同归。

真心地祝福你,心中有路!

如果你愿意,我们可以相互扶持着往前走……

别说再见

为了自我升级，我十几年如一日的在这个领域里沙里淘金，累积了何止 1 万个小时的坚持……

出现在自己生命里的一个个有价值的点堆砌成了我攀登人类意识巅峰的阶梯，让我在登高而呼时有能量把自己的信号给发射出去。接收到了这份爱的人陆陆续续而且源源不断地向我靠拢，让我越来越有能力为"企业家修炼"提供系统支持。

我很庆幸自己走上了从创业者到企业家的涅槃之旅，汗水、泪水和血水逐渐汇聚成了自成一派的企业家修炼秘笈。这股涓涓细流每时每刻都在荡涤着我的心灵，最终冲刷出了"企业家修炼"这么一个全新的行业。

我不仅制造"好心情"，还能生产"印钞机"。越来越多的能量交换站为想在只有一次的生命里活出最大可能性的人提供着补给，越来越亮的智慧之光正在把黑暗挤出我们的世界。

不想白活一回的话，一起干吧。

别说再见。